Berlin – Eine postkoloniale Metropole

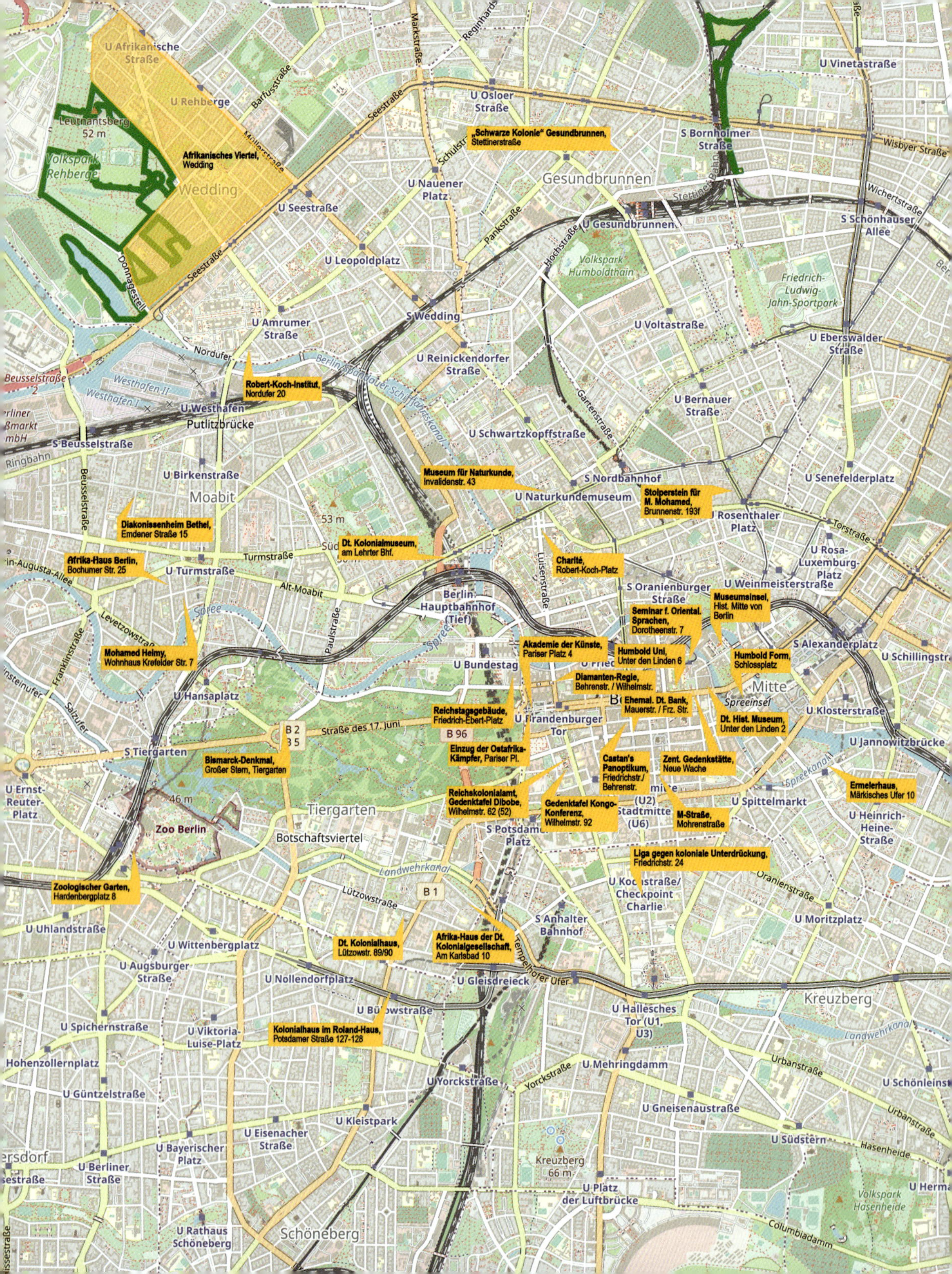
Afrikanisches Viertel, Wedding
„Schwarze Kolonie" Gesundbrunnen, Stettinerstraße
Robert-Koch-Institut, Nordufer 20
Museum für Naturkunde, Invalidenstr. 43
Stolperstein für M. Mohamed, Brunnenstr. 193f
Diakonissenheim Bethel, Emdener Straße 15
Dt. Kolonialmuseum, am Lehrter Bhf.
Afrika-Haus Berlin, Bochumer Str. 25
Charité, Robert-Koch-Platz
Museumsinsel, Hist. Mitte von Berlin
Seminar f. Oriental. Sprachen, Dorotheenstr. 7
Mohamed Helmy, Wohnhaus Krefelder Str. 7
Akademie der Künste, Pariser Platz 4
Humbold Uni, Unter den Linden 6
Humbold Form, Schlossplatz
Diamanten-Regie, Behrenstr. / Wilhelmstr.
Ehemal. Dt. Bank, Mauerstr. / Frz. Str.
Reichstagsgebäude, Friedrich-Ebert-Platz
Dt. Hist. Museum, Unter den Linden 2
Einzug der Ostafrika-Kämpfer, Pariser Pl.
Bismarck-Denkmal, Großer Stern, Tiergarten
Castan's Panoptikum, Friedrichstr./ Behrenstr.
Zent. Gedenkstätte, Neue Wache
Ermelerhaus, Märkisches Ufer 10
Reichskolonialamt, Gedenktafel Dibobe, Wilhelmstr. 62 (52)
Gedenktafel Kongo-Konferenz, Wilhelmstr. 92
M-Straße, Mohrenstraße
Liga gegen koloniale Unterdrückung, Friedrichstr. 24
Zoologischer Garten, Hardenbergplatz 8
Dt. Kolonialhaus, Lützowstr. 89/90
Afrika-Haus der Dt. Kolonialgesellschaft, Am Karlsbad 10
Kolonialhaus im Roland-Haus, Potsdamer Straße 127-128

Oumar Diallo & Joachim Zeller

BERLIN – EINE POSTKOLONIALE METROPOLE

Ein historisch-kritischer Stadtrundgang im Bezirk Mitte

Herausgegeben von
Farafina e. V. Berlin-Moabit

METROPOL

Gedruckt mit freundlicher Unterstützung

Gefördert vom

im Rahmen des Bundesprogramms

Demokratie leben!

Umschlagabbildung vorn:
„‚Was Alles in Berlin passiert.' Eine Raubtier-Karawane aus unseren Colonieen passiert das Brandenburger Thor. / Scherz-Aufnahme von Georg Busse", Postkarte, um 1903, Verlag Novitas, Berlin | *Peter Weiss*

Umschlagabbildung hinten:
Berlin, Mitte Oktober 2016: Herero und Nama aus Namibia demonstrieren auf dem Boulevard Unter den Linden anlässlich des transnationalen Solidaritätskongresses „Restorative Justice after Genocide".
Foto: Joachim Zeller

ISBN: 978-3-86331-710-2

2. aktualisierte und erweiterte Auflage 2024

Ansbacher Straße 70
10777 Berlin
www.metropol-verlag.de

Druck: AALEXX Druck Produktion, Großburgwedel

Inhalt

Vorwort

Berlin war einst das Zentrum des deutschen Kolonialimperialismus. Hier entstand nach 1884 eine Infrastruktur von kolonialen Verwaltungseinrichtungen, Verbänden der Koloniallobby, von Kolonialwarenhäusern, wissenschaftlichen Institutionen und Missionsgesellschaften. Das damals sogenannte Völkerkunde-Museum (heute Ethnologisches Museum) der Reichshauptstadt füllte sich mit den in den Kolonien „erworbenen" Objekten und Kunstwerken. Menschen aus den wilhelminischen Überseekolonien kamen in die Reichshauptstadt. In Berlin fand nicht zuletzt eines der zentralen Ereignisse der europäischen Kolonialgeschichte statt: die berühmtberüchtigte Kongo-Konferenz von 1884/85. Auf ihr wurden die völkerrechtlichen Modalitäten zur Aufteilung Afrikas unter den europäischen Kolonialmächten festgelegt.

Dieser Stadtführer stellt eine Auswahl von kolonialhistorisch bedeutsamen Erinnerungsorten im Bezirk Mitte vor, zu dem die sechs Ortsteile Mitte, Moabit, Hansaviertel, Tiergarten, Wedding und Gesundbrunnen gehören. Wer Berlin als (post-)koloniale Metropole entdecken möchte, wird jedoch an vielen einschlägigen Stätten keine sichtbaren Spuren mehr vorfinden. Es passt ins Bild, dass die deutsche Kolonialgeschichte im allgemeinen Geschichtsbewusstsein kaum verankert ist und in der offiziellen Gedenk- und Erinnerungskultur der Stadt bisher keine oder nur eine nachgeordnete Rolle spielte. Gleichwohl ist in den vergangenen Jahren eine beträchtliche Zahl von Veröffentlichungen vorgelegt worden, hat es Ausstellungen und besonders Projekte zivilgesellschaftlicher postkolonialer Initiativen gegeben, die den Fokus auf die lokale Globalgeschichte Berlins gerichtet haben.

Auch die Politik hat wichtige Schritte unternommen. In dem zwischen SPD, DIE GRÜNEN und DIE LINKE verabschiedeten Koalitionsvertrag der Berliner Landesregierung von 2016 ist festlegt, dass die Rolle Berlins als ehemalige Kolonialmetropole Eingang in die Bildungs- und Kulturpolitik und die Forschung finden soll. Im August 2019 beschloss das Berliner Abgeordnetenhaus, ein „gesamtstädtisches Aufarbeitungs- und Erinnerungskonzept zur Geschichte und zu den Folgen des Kolonialismus des Landes Berlins“ auf den Weg zu bringen. Auch auf Bundesebene kam einiges in Bewegung. Der Koalitionsvertrag der CDU/CSU-SPD-Regierung von 2018 hält fest, zum „demokratischen Grundkonsens“ gehöre neben der „Aufarbeitung der NS-Terrorherrschaft und der SED-Diktatur“ die Aufarbeitung der „deutschen Kolonialgeschichte“.

Anfang des Jahres 2020 erfolgte schließlich der Startschuss für eine auf die Dauer von fünf Jahren angelegte „Initiative für postkoloniales Erinnern in der Stadt“ Berlin. Geplant sind Ausstellungen, Veranstaltungen, Festivals und künstlerische Interventionen im Stadtraum sowie eine Web-Kartierung kolonialer und postkolonialer Orte. Koordiniert werden sollen die Vorhaben durch das zivilgesellschaftliche Bündnis „Decolonize Berlin“. Um die gesamtgesellschaftliche Dekolonisierung voranzubringen, soll die Stiftung Stadtmuseum als wichtige Plattform fungieren, ebenso wie Kooperationen mit Bezirksmuseen, Einzelakteuren und Partnern aus den ehemaligen Kolonien angestrebt werden. Zudem plant die Berliner Landesregierung in Zusammenarbeit mit dem Bund die Errichtung einer zentralen Gedenkstätte als Lern- und Erinnerungsort und eine (Re-)Aktivierung der Städtepartnerschaft zwischen Berlin und Windhoek.

Wie schon in den vergangenen Jahren zu beobachten war, werden bei der Aufarbeitung der kolonialen Vergangenheit Deutschlands Kontroversen nicht ausbleiben, und manche Wunde dürfte aufreißen, nicht nur bei den Nachfahren der Opfer deutscher Kolonialherrschaft. Der nigerianische Literaturnobelpreisträger Wole Soyinka spricht in seinem Buch „Die Last des Erinnerns“ vom „stechenden Schmerz des Gedächtnisses“. Dieser Stadtführer möchte zu einer kritischen Auseinandersetzung mit der hierzulande weitgehend vergessenen Kolonialgeschichte anregen und einen Beitrag zu einer kosmopolitisch und integrativ geprägten Erinnerungskultur leisten.

Initiiert wurde das Projekt von dem im Afrika-Haus in Moabit angesiedelten Verein Farafina e. V. Für die großzügige Unterstützung bei der Drucklegung dieses Stadtführers danken die Herausgeber dem Bündnis Demokratie in der Mitte.

Oumar Diallo und Joachim Zeller, Berlin, im Februar 2021

Vorwort zur 2. aktualisierten und erweiterten Auflage

Mit großer Freude können wir die zweite Auflage des Bandes „Berlin – Eine postkoloniale Metropole“ vorlegen. Wo dies notwendig war, sind in den Texten Berichtigungen und Ergänzungen vorgenommen worden. Außerdem wurde das Buch um einige Beiträge erweitert. Für sein Vorwort, das der Berliner Kultursenator Dr. Klaus Lederer verfasst hat, dürfen wir ihm unseren herzlichen Dank aussprechen.

Oumar Diallo und Joachim Zeller, Mai 2023

▲ Die jüngste Initiative des Vereins Farafina, der auch dieses Buch herausgegeben hat: Einweihung der Mahn- und Informationstafel zum „Afrika-Haus“ Am Karlsbad 10 im Tiergarten am 20. September 2023. Links neben der Stele steht Oumar Diallo, der Gründer des Vereins Farafina und Hauptinitiator des Denkmalprojekts und links der Historiker Joachim Zeller, ebenfalls Mitglied des Vereins Farafina. An der Einweihung nahmen auch der Berliner Kultursenator Joe Chialo (rechts) und die Bezirksstadträtin Almut Neumann (zweite von links) teil.
Foto: Matthias Henkel

Grußwort von Dr. Klaus Lederer
Senator für Kultur und Europa in Berlin (bis 2023)

In Berlin ist heute noch an vielen Orten sichtbar, dass die ehemalige Reichshauptstadt des Deutschen Kaiserreichs einst das politische Zentrum der deutschen Kolonialherrschaft war. Über ein Jahrhundert nach dem Ende des Kaiserreichs und der deutschen Kolonialherrschaft ist die Beschäftigung mit der kolonialen Vergangenheit und ihren Auswirkungen auf die Gegenwart glücklicherweise im breiten öffentlichen Diskurs angekommen.

Es waren zivilgesellschaftliche Akteure und Initiativen, die über Jahrzehnte auf das Thema aufmerksam gemacht haben. Ihre politischen Forderungen sowohl nach Straßenumbenennungen, Reparationszahlungen für den Genozid an den Herero und Nama als auch nach einer neuen Erinnerungskultur für alle Opfer der deutschen Kolonialherrschaft haben das Thema auf die politische Agenda geholt und in die breite Öffentlichkeit getragen.

Eine deutliche Verschiebung des Diskurses lässt sich in den letzten Jahren an der veränderten Haltung gegenüber Restitutionen von kolonialen Raubgütern aus den Sammlungen der deutschen Museen erkennen. Zunehmend setzt sich der Konsens durch, dass Raubkunst und Human Remains aus deutschen Sammlungen an die Herkunftsstaaten zurückgegeben werden müssen. Die Restitution von geraubten Kulturgütern stellt allerdings nur einen ersten Schritt in der kritischen Aufarbeitung der Kolonialvergangenheit dar. Für Berlin stellt sich die Aufgabe, zeitgemäße und geeignete Formen der Erinnerungskultur zu entwickeln, um in den Museen und in der Stadt an die Kolonialvergangenheit zu erinnern und sie der Öffentlichkeit zu vermitteln.

Im März 2019 beschloss das Berliner Abgeordnetenhaus den Antrag „Berlin übernimmt Verantwortung für seine koloniale Vergangenheit", der zahlreiche Maßnahmen zur Aufarbeitung der Kolonialvergangenheit vorsieht, auch für den Kulturbereich. Dazu zählen Maßnahmen im Bereich der Kulturförderung, insbesondere der Berliner Museumsarbeit, zur Geschichte und Provenienz ihrer Bestände sowie Maßnahmen für eine sichtbare Erinnerung im öffentlichen Raum, die in ein gesamtstädtisches Erinnerungskonzept einzubetten sind.

Seitdem ist viel passiert. Gemeinsam mit zivilgesellschaftlichen Akteuren wurden verschiedene Projekte entwickelt, um die vorhandenen Leerstellen in der Berliner Museumsarbeit sowie in der Erinnerungslandschaft im öffentlichen Raum zu füllen. Als zentrales Projekt zur Auseinandersetzung mit der Kolonialgeschichte Berlins und der Dekolonisierung der Museen steht das fünfjährige Projekt „Dekoloniale", das gemeinsam mit den Vereinen „Initiative Schwarze Menschen in Deutschland", „Berlin Postkolonial", „Each One Teach One" und der Stiftung Stadtmuseum entwickelt wurde und vom Land Berlin gemeinsam mit der Kulturstiftung des Bundes gefördert wird.

Welche bedeutende Rolle Berlin während der deutschen Kolonialzeit inne hatte wird auch am Ort der Projekträume der „Dekoloniale" in Berlin-Mitte deutlich, der Wilhelmstraße 92. Im Jahr 1884/1885 fand dort die sogenannte „Kongo-Konferenz" – auch Berliner Konferenz oder Afrika-Konferenz genannt – im damaligen Reichskanzlerpalais statt, das im Zweiten Weltkrieg zerstört wurde. Auf Einladung von Reichskanzler Bismarck trafen sich dort die diplomatischen Vertreter der kolonialen Weltmächte, um de facto die Modalitäten der Kolonisierung des afrikanischen Kontinents zu verhandeln. Das Schlussdokument der Konferenz, die „Kongoakte", bildete die Grundlage für die Aufteilung Afrikas in Kolonien im folgenden Wettlauf um Afrika. Im Jahr 2005 wurde eine Gedenkstele errichtet, um an dieses folgenreiche globalhistorische Ereignis zu erinnern.

Im vorliegenden Buch findet sich ein eigenes Kapitel über die Wilhelmstraße 92. Für viele andere Orte und Ereignisse der deutschen Kolonialgeschichte in Berlin-Mitte, die in diesem historischen Stadtführer näher beleuchtet werden, gibt es im Gegensatz zur Wilhelmstraße bislang keine Hinweise oder Markierungen im öffentlichen Raum, die Passanten über die koloniale Geschichte der Orte informieren können. Ohne entsprechendes Hintergrundwissen wird nicht deutlich, dass es sich um Orte von historischer Bedeutung handelt, die im Zusammenhang mit der deutschen Kolonialvergangenheit stehen. Bis 2024 wird daher von der Zivilgesellschaft ein gesamtstädtisches Erinnerungskonzept erarbeitet, das als Grundlage dazu dienen wird, diese bislang unmarkierten Orte in Zukunft sichtbar zu machen und im Stadtraum hervorzuheben.

Ich freue mich sehr, dass dieses Buch schon jetzt seiner interessierten Leserschaft fundiertes Hintergrundwissen über Orte kolonialhistorischer Bedeutung im Bezirk Mitte bereitstellt und so einen wichtigen und lange vernachlässigten Teil der Stadtgeschichte öffentlich zugänglich macht. Darüber hinaus ist es dem Engagement des Afrika-Hauses Berlin und Oumar Diallo zu verdanken, dass am früheren Sitz der Deutschen Kolonialgesellschaft in Berlin-Mitte eine weitere Tafel errichtet wird. Ich möchte Herrn Diallo, der das heutige Afrika-Haus im Jahr 1993 gegründet und es über die Grenzen Berlins hinaus zu einer wichtigen Institution entwickelt und bekannt gemacht hat, für sein jahrzehntelanges und wichtiges Engagement danken.

Dr. Klaus Lederer, Senator für Kultur und Europa in Berlin
Berlin, im November 2022

▲ Das Humboldt Forum in Berlin, das hinter der rekonstruierten Barockfassade des wiederaufgebauten Stadtschlosses untergebracht ist. 1950 hatte die DDR-Führung die Reste des alten Residenzschlosses gesprengt. In den 1970er-Jahren wurde dort der Palast der Republik errichtet, der 2008 abgerissen wurde. Der Wiederaufbau der Anlage sieht sich scharfer Kritik ausgesetzt. Ein solches „vordemokratisches Gebäude" stehe für Preußentum, Militarismus, Krieg und koloniale Expansion. Immer wieder wurde moniert, dass die Architektur dem Projekt „Weltkulturmuseum" im Wege stehe. Das Vorhaben, den einst ohne konkreten Nutzungsbedarf errichteten Retro-Klotz durch die Befüllung mit außereuropäischen Exotika zu legitimieren, ist krachend gescheitert. Auch um die Kuppel mit dem Kreuz als Abschluss – als offensichtlichem Symbol für das Gottesgnadentum preußischer Königsherrschaft – entfachten sich Streitereien. Die Initiatoren ließen sich nicht einmal davon abhalten, auf die unsägliche Inschrift am Kuppeltambour zu verzichten, in der sich ein christlicher Überlegenheitsgestus manifestiert. Was wohl der berühmte Berliner Baumeister Karl Friedrich Schinkel (1781–1841), dessen Denkmal rechts im Bild zu sehen ist, zu der Schlossattrappe gesagt hätte? Schinkel hatte einst als Abschluss eine Kuppel ohne Kreuz vorgeschlagen. Ihm schwebte eine runde Öffnung wie beim Pantheon in Rom vor, die den freien Blick in den Himmel erlaubt hätte.
Foto: Joachim Zeller

Humboldt Forum
Schlossplatz

Es ist *der* postkoloniale Ort in Deutschland, das neue Humboldt Forum in Berlin. Sein Domizil hat es hinter der rekonstruierten Barockfassade des wiederaufgebauten Stadtschlosses gefunden. Nach ersten Teileröffnungen wurde das Humboldt Forum im Jahr 2022 mit all seinen Räumlichkeiten für das Publikum zugänglich gemacht. Im Humboldt Forum werden unter anderem die zur Stiftung Preußischer Kulturbesitz (SPK) gehörenden Sammlungen des Ethnologischen Museums und des Museums für Asiatische Kunst präsentiert, die bisher im Museumszentrum in Berlin-Dahlem zu Hause waren. Allein die Sammlungen des Ethnologischen Museums umfassen über 500 000 Objekte, von denen rund 12 000 ständig präsentiert werden. Die Afrika-Sammlung ist eine der bedeutendsten der Welt, während etwa die mexikanischen und altperuanischen Sammlungen die größten außerhalb ihres Herkunftsgebietes sind.

Geworben wird für das Großprojekt nur im Superlativ. Das Schloss sei ein „Jahrhundertbau" und das Humboldt Forum ein „Weltkulturmuseum" neuen Formats. Es soll ein „Kompass für das globale Miteinander" sein, ein „kulturelles Zentrum von nationaler und internationaler Ausstrahlung", mit dem sich Berlin im Kreis der

„weltweit führenden Kultur- und Museumsstädte“ etablieren will. Im Humboldt Forum als einem „multiperspektivischen Ort der Weltkulturen“ sollen die Objekte der außereuropäischen Kulturen auf Augenhöhe mit denen westlicher Kulturen präsentieren werden. Nach den Verlautbarungen der Verantwortlichen handelt es sich bei dem Vorhaben „Berliner Schloss – Humboldt Forum“ um das „wichtigste kulturpolitische Projekt in Deutschland am Beginn des 21. Jahrhunderts“.

Doch von Beginn an hagelte es Kritik an dem Großprojekt, mitunter wird die Legitimation des gesamten Museumskomplexes infrage gestellt. Widerspruch erfuhr zunächst die Architektur, von Spöttern ein Retro-Klotz genannt. Bei dem Schloss – vielmehr eine Schlossattrappe, die städtebaulich zur Harmonisierung der Stadtmitte Berlins fungieren soll – handele es sich um ein „vordemokratisches Gebäude“, das für Preußentum, Militarismus, Krieg und koloniale Expansion stehe. Das Vorhaben, die Schlossrekonstruktion durch die Befüllung mit außereuropäischen Exotika zu legitimieren, sei krachend gescheitert. Hat sich, so hieß es weiter, unser demokratisches Gemeinwesen mit diesem Staatsbau und seiner ihm anhaftenden zutiefst antidemokratischen Attitude einen Gefallen getan? Und was ist mit denjenigen Spendern des Neubaus, von deren rechtsradikalen Gesinnung man nichts wissen wollte? Das Bauwerk ist in dieser verunglückten Form einem Club von Preußenfans und mit ihnen im Bunde hochkonservativen Kulturpolitikern, Stadtplanern und Kunsthistorikern zu verdanken. Strittig bleibt die Frage, ob es Form ohne Inhalt, ohne Botschaft gibt. Passt eine solche rückwärtsgewandte Architektur in das Heute?

Scharfer Kritik sieht sich aber vor allem auch die inhaltliche und konzeptuelle Ausgestaltung des Museumskomplexes ausgesetzt. In dieser feudalistischen Herrschaftsarchitektur könne man keine „ethnologischen Objekte“ – darunter koloniale Raubkunst – ausstellen, die koloniale Gier und imperialistisches Großmachtgehabe in die vormalige Kolonialmetropole Berlin gebracht hätten. Man dürfe nicht ein „geteiltes Erbe“ postulieren, wenn ein illegaler Beschaffungsakt Grundlage für das „gemeinsame“ Kulturerbe ist. In der aktuellen Ausrichtung des Humboldt Forums wird eine unkritische Fortschreibung der über 300-jährigen, kolonial geprägten Sammlungsgeschichte gesehen.

Von anderer Seite wurde eingewendet, die notwendige Provenienzforschung – also die Erforschung der Herkunft der Kulturgüter – könne nicht allein von der Debatte um Raubkunst aus gedacht werden. Nicht immer würden kolonialzeitliche Erwerbszusammenhänge bedeuten, dass es sich um Beutegut handelt. Denn die kolonialisierten Gesellschaften betrieben auch Handel mit „Ethnographica", und es gab eine regelrechte Produktion für den Tauschhandel. Die Gesellschaften müssten demnach als handelnde Subjekte und nicht nur als passive Opfer wahrgenommen werden.

Den Herkunftsgesellschaften wie der hiesigen afrikanischen Diaspora geht es aber keineswegs allein um Restitutionen, sondern auch um Teilhabe an den Objekten und dem Wissen über sie, den Zugang zu den Archiven bis hin zur Mitbestimmung bei der Museumspräsentation. Davon abgesehen liegen Rückgabegesuche zu einzelnen Kunst- und Kulturobjekten aus den Beständen des Humboldt Forums teilweise schon seit Jahrzehnten auf dem Tisch. Dazu gehören die Kultmasken der Kogi (Kolumbien), die berühmten Benin-Bronzen (Nigeria) oder der Thron des Königs Njoya (Kamerun). Weitere Museen in Berlin und anderen deutschen Städten sind ebenfalls von Rückgabeforderungen betroffen. Zu den bekanntesten Fällen gehört die Büste der Nofretete aus Ägypten, eine der Hauptattraktionen auf der Berliner Museumsinsel. Die Säule von Cape Cross aus Namibia wurde unlängst vom Deutschen Historischen Museum Berlin an das südwestafrikanische Land zurückgegeben. Im Museum Fünf Kontinente in München ist es etwa der berühmte Schiffsschnabel (Tangué), zu dem Rückgabeforderungen aus Kamerun vorliegen.

Den Kurator:innen des Humboldt Forums kann auf den ersten Blick nicht vorgeworfen werden, auf die im Zuge des *postcolonial turn* aufgeworfenen Grundsatzfragen im Umgang mit Kunst- und Kulturobjekten aus kolonialen (Unrechts-)Kontexten nicht reagiert zu haben. So warten im Entrée zu den Sammlungsräumen Hinweistafeln, die Grundsätzliches verhandeln. Die „kritische Aufarbeitung von Beständen aus der Kolonialzeit und deren gewaltsamen Aneignung" sei vonnöten und „unverzichtbar" die Provenienzforschung. Die „Kooperation mit den Herkunftsgesellschaften", den „Angehörigen der Diaspora" und der „breiten Öffentlichkeit" werde angestrebt, um sie an den „zukunftsweisenden Entscheidungen" teilhaben zu lassen. Und gleich zu Anfang der Afrika-Abteilung heißt es: „I have a white frame of reference and a white worldview". Hier wird die hierzulande immer noch nicht überwundene eurozentristische Perspektive des „*weißen* Mannes" respektive der „*weißen* Frau" problematisiert.

Doch trotz dieser hehren Vorsätze kann die gegenwärtige Präsentation der zigtausenden Sammlungsstücke dem ehrgeizigen Ausstellungskonzept nicht gerecht werden. So werden die oftmals problematische Erwerbsgeschichte der Werke während des Kolonialzeitalters und die damit verbundenen rassistisch motivierten Forschungspraxen häufig immer noch unterschlagen, vertuscht oder kleingeredet. Viele Objektbeschriftungen sorgen nicht für Transparenz und weisen gravierende Lücken auf. Fast durchgehend unerwähnt bleiben die zu einzelnen Kunstwerken vorliegenden Restitutionsforderungen. Ein museumsdidaktischer Skandal sind die vielen „Schaumagazine", in denen die Objekte zusammengepfercht präsentiert werden. Die Glasvitrinen erinnern auf fatale Weise an die grottigen Depotschränke, die es vor Jahrzehnten am alten Standort der ethnologischen Sammlungen in Dahlem gab. Würde man die Michelangelos oder Dürers in solche Schaukästen gestopft zeigen? Was sich bei Werken der „Hochkunst" verbietet, ist ganz offensichtlich bei „ethnologischen Objekten" immer noch zulässig.

Damit ist ein ganz grundsätzliches Problem angesprochen. Die SPK hat es bisher versäumt – oder besser gesagt, wohl mit Kalkül unterbunden –, die hier aufscheinenden strukturellen Schwachstellen des Humboldt Forums anzugehen. Es fehlt der Wille, das viel monierte koloniale Konstrukt „The West and the Rest", die Aufteilung in „wir" (Museumsinsel mit den Sammlungen „klassischer Hochkulturen") und die „Anderen" (Humboldt Forum) aufzuheben. Zur Museumsinsel selbst wäre noch auf die wenig diskutierte Tatsache hinzuweisen, dass dort auch außereuropäische Kulturen (u. a. das Ägyptische Museum) präsentiert werden, die „wir" offenbar als europäisch angeeignet und in deren Tradition wir uns gestellt haben. In den Kulturtempeln der Berliner Museumsinsel wurde es nicht zuletzt versäumt, das euro- und germanozentrische Weltbild des wilhelminischen Kaiserreichs zu korrigieren.

Natürlich sind auch Lichtblicke im Humboldt Forum zu finden, doch eher punktuell wie etwa die in der Afrika-Abteilung stehende Vitrine zu

Namibia. Die Installation beeindruckt nicht nur durch die Verweigerung des einfachen Konsums schöner Artefakte, sondern auch durch das mit einer meterlangen Schleppe versehene Herero-Kleid der namibischen Künstlerin Cynthia Schimming. Doch auf dem weiteren Rundgang wird es nicht wirklich besser, nicht in der Südsee-Abteilung mit einem der größten Ausstellungsstücke, dem berühmten Luf-Boot, und nicht durch die in manchen Sälen aufgebauten Werke zeitgenössischer Künstlerinnen und Künstler aus den Herkunftsgesellschaften der Exponate. Diese Installationen wirken wie Fremdkörper und muten wie Alibiveranstaltungen an. Die angestrebte Multiperspektivität im Umgang mit den Artefakten lässt sich dadurch nicht herbeizaubern. Die mittlerweile erfolgte Rückübertragung eines Großteils der ikonischen Benin-Bronzen an Nigeria – sie kam nur auf erheblichen Druck aus Nigeria und vor allem der hiesigen postkolonialen Initiativen zustande – vermag an dem desaströsen Erscheinungsbild nicht wirklich etwas zu ändern. Gespannt kann man sein, wie das Humboldt Forum auf die im Juli 2023 veröffentlichte Publikation „Atlas der Abwesenheit. Kameruns Kulturerbe in Deutschland“ reagieren wird. Sie thematisiert die unrechtmäßige Aneignung vieler prominenter Objekte aus dem westafrikanischen Land gerade auch in den Berliner Beständen. Um die Aufgabe, pragmatische Wegen der Rückgabe zu finden, dürfte keine der betroffenen Institutionen herumkommen.

Das Humboldt Forum ist – ungewollt – zu einem symbolischen Ort geworden, der Anlass bietet, über das Selbstverständnis der bundesdeutschen Gesellschaft als Migrationsgesellschaft nachzudenken. Es geht um nicht weniger als die Suche nach einer modernen kulturellen Identität und um globale Kulturvielfalt im Zeichen des Postkolonialismus. Nicht zuletzt deshalb sollte, ja muss das Humboldt Forum die verschiedenen zivilgesellschaftlichen Akteure, darunter auch die Migrant:innen hierzulande, ansprechen und in den Gestaltungsprozess mit einbinden, um die notwendige Dekolonisierung der Museumslandschaft Berlins voranzubringen. Einstweilen bleibt unklar, wie das zu einem zentralen Ort nationaler Staatskultur avancierte Humboldt Forum aus seiner selbst gemachten Dauerkrise herausfinden will. Die Herausforderungen sind hoch angesichts des universalen Anspruchs, das „Fremde“ und das „Eigene“ neu verhandeln zu wollen. Deutschlands größtes

Kulturprojekt ist in die Turbulenzen einer postkolonialen Dynamik geraten, die sich hier wie andernorts, ob gewollt oder ungewollt, an der Kolonialvergangenheit abarbeitet.

Den Mut aufzubringen, das Humboldt Forum – und mit ihm die Museumsinsel – zu einem ganz neuen Museumstyp weiterzuentwickeln, ist einstweilen von den Verantwortlichen der SPK nicht zu erwarten. (Immerhin wurde zuletzt darüber diskutiert, die SPK umzubenennen, da der Stiftungsname nicht die Weltläufigkeit der Kulturgüter zum Ausdruck bringe. Gescheitert ist allerdings kürzlich der Versuch, die Riesen-Institution grundlegend neu aufzustellen und zu reformieren.) Im Gegenteil, man ließ immer wieder durchblicken, aus dem Humboldt Forum kein kolonialhistorisches Museum machen zu wollen, um mit ihm einen weiteren Teil der historischen Schuld Deutschlands abzutragen. Da nutzt es auch nichts, darauf zu verweisen, „Kolonialismus und Kolonialität" zum Kernthema der zukünftigen Programmarbeit auszurufen. Unglaubwürdig macht man sich schon dadurch, bis dato nur lächerliche vier Stellen für die dringend notwendige Provenienzforschung eingerichtet zu haben. Auch die Überarbeitung der sich in einem grottenschlechten Zustand befindenden Datenbanken kann unter diesen Rahmenbedingungen in absehbarer Zeit nicht gelingen. Wie mit dem winzigen Mitarbeiterstab die Herkunft des riesigen Bestandes an Sammlungsstücken geklärt werden soll, bleibt schleierhaft. Es ist die altbekannte Hinhaltetaktik, die letztlich auf eine Politik der Besitzstandswahrung hinausläuft. Vorerst kann das Vorzeigeprojekt den eigenen Ansprüchen, ein „Ort der Welterkundung" zu sein, nicht gerecht werden. In seinem jetzigen Zustand kommt das Humboldt Forum einem *Failed* Museum gleich. Die Jahrhundertaufgabe der Dekolonisierung des Museums lastet schwer (zu schwer?) auf den Schultern der verantwortlichen Museumsfachleute. Ein überzeugendes Konzept, die kolonialen Gespenster zu vertreiben, lässt auf sich warten.

Wie immer sich das Humboldt Forum weiterentwickeln wird, die Auseinandersetzung mit den Kunst- und Kulturwerken aus aller Welt bietet gleichwohl die Chance, eine jahrhundertealte gemeinsame verflochtene Geschichte zu entdecken. Im Gegensatz zu dauerhaften Rückgaben plädiert einer der führenden Theoretiker des Postkolonialismus, der Kameruner

Politikwissenschaftler Achille Mbembe, für ein „grenzenloses Zirkulieren von Kunstgegenständen" und den Aufbau und Unterhalt von Museen in Afrika, die von den ehemaligen Kolonialmächten zu bezahlen seien. Grenzenlos zirkulieren müssten aber nicht nur die (geraubten) Objekte aus Afrika oder Asien, sondern das gesamte Erbe der Menschheit. Damit ist das geradezu utopische Gedankenspiel formuliert, dass nun auch Nofretete oder die Werke von Michelangelo und Dürer allen gehören und überall zugänglich sein sollen.

♦ Literatur: www.no-humboldt21.de; Zeller: Failed Museum; Zeller: Weltkulturmuseum; Sprute: Gaben tauscht man auf Augenhöhe; Falentin/Militz: Plakatguerilla; Brusius: Dekolonisiert die Museumsinsel; Assilkinga u. a.: Atlas der Abwesenheit. Kameruns Kulturerbe in Deutschland.

▶ Einige Werke der Afrika-Sammlung des Ethnologischen Museums im Humboldt Forum werden in solchen verglasten „Schaumagazinen" gezeigt, wie diese aus dem Kongo stammenden Objekte aus der Sammlung Wissmann.
Foto: Joachim Zeller
Hermann von Wissmann (1853–1905) war Reichskommissar und Gouverneur der Kolonie Deutsch-Ostafrika, dem heutigen Tansania, Ruanda und Burundi. Als Befehlshaber der deutschen Kolonialtruppe schlug er in den Jahren 1889 und 1890 mit aller Brutalität den Widerstand der ostafrikanischen Küstenbevölkerung nieder. Zuvor war er an Expeditionen durch Zentralafrika beteiligt, die im Auftrag geografischer Gesellschaften und europäischer Machthaber die Kartierung des Kongos betrieben. So erkundete er im Auftrag des belgischen Königs Leopold II. die Region des Flusses Kasai, um die koloniale Besetzung vorzubereiten. Der wohl größte Teil der hier gezeigten Objekte aus der „Sammlung Wissmann" sind als koloniale Beutestücke einzustufen, denn Wissmann war alles andere als ein disziplinierter „Afrikaforscher" im Dienste der Wissenschaft. Vielmehr verkörpert er in geradezu klassischer Weise den Konquistador, der plündernd durch Zentral- und Ostafrika zog. Die Informationen, die auf einem Bildschirm abrufbar sind, beschränken sich weitgehend auf die Angaben zur kulturhistorischen Bedeutung der Objekte und verschweigen die meist gewaltsame Erwerbungsgeschichte.

WISSMANN, EROBERUNG DES KONGO
WISSMANN, CONQUERING CONGO
1880–1887

▲ Thron *Mandù-Yénù*, Kamerun, Ende des 19. Jahrhunderts. Der berühmte Thron, der aus dem Königreich Bamum im Hochland des heutigen Nordwest-Kamerun stammt, wurde 1908 von dem damaligen König Njoya dem deutschen Kaiser Wilhelm II. als „Geburtstagsgeschenk“ übergeben. Über dieses Objekt, das in der Afrika-Abteilung des Humboldt Forums gezeigt wird, gibt es seit Jahren heftige Debatten. Die viel diskutierte Frage lautet, ob man unter den Bedingungen kolonialer Abhängigkeit überhaupt von einem „Geschenk“ reden könne. War die damalige „Schenkung“ nicht unter massivem politischen Druck zustande gekommen? König Njoya hatte eine Kopie des Thrones anfertigen lassen, um sie dem Kaiser zu überreichen. Da sie aber nicht rechtzeitig fertig wurde, gab er seinen Thron her und benutzte fortan die Kopie. Die Kopie des Thrones ist bis heute im Sultanspalast von Bamum erhalten. In der neueren Literatur ist von einer „erzwungenen Abgabeleistung“ des Königs Njoya, der seine Souveränität als eigenständiger Herrscher zu dieser Zeit längst hatte aufgeben müssen, die Rede. Wäre es nicht eine Geste des Respekts gewesen, das Original in Berlin mit der Kopie in Kamerun zu tauschen? Der dem Thron beigefügte Text verschweigt die Kontroverse um das Objekt; mittlerweile wurde eilig eine kleine Informationstafel hinzugefügt, die erste Korrekturen bei der Objektbeschreibung vornimmt. Heute sind es einzelne Persönlichkeiten aus Kamerun und postkoloniale Aktivist:innen, die eine Restitution des originalen Throns fordern. Einer der wichtigsten Intellektuellen Afrikas, der Kameruner Politikwissenschaftler Achille Mbembe, sagte kürzlich, gäbe „es in Kamerun eine funktionierende Kulturpolitik, dann würde die Regierung den Thron aus gutem Grund zurückfordern“. Anfang Juni 2023 kam es zu einer spektakulären Aktion. Der jetzige Sultan Nabil Mbombo Nyoya von Bamum besuchte das Humboldt Forum und nahm dabei Platz auf dem *Mandù-Yénù*. Deutlicher konnte die (wenn auch zunächst nur symbolische) Wiederinbesitznahme des Throns nicht ausfallen. *Foto: Joachim Zeller*

▲ Die Arroganz der Sieger und ihre Trophäen: Mitglieder der Kaiserlichen Schutztruppe nach einer siegreich durchgeführten „Strafexpedition“ gegen das Königreich von Bekom vor dem Königspalast in Laikom/Kamerun, Januar 1905. Nach der Eroberung plünderten die Deutschen die Kulturobjekte der Kom, darunter anthropomorphe und zoomorphe Masken, die sich heute in der Afrika-Abteilung des Ethnologischen Museums in Berlin befinden. Was die Sammlungen insbesondere vom afrikanischen Kontinent betrifft, so verdanken sie ihr Zustandekommen ganz wesentlich dem Kolonialismus und vor allem der Phase des Hochimperialismus im späten 19. Jahrhundert. Befanden sich im Jahr 1880 rund 3500 Objekte aus Afrika in Berlin, so zählte man 1914 um die 55 000 Artefakte in dem 1886 eröffneten Völkerkundemuseum. Die betreffenden Objekte stammen überwiegend aus den deutschen „Schutzgebieten“.
Bildsammlung der Deutschen Kolonialgesellschaft in der Stadt- und Universitätsbibliothek Frankfurt/Main)

▲ Gedenkthron der Königinmutter Naya (links) und Gedenkthron des Königs Tufoyn (rechts), Kamerun, Bekom, 19. Jahrhundert (auf dem Foto der gegenüberliegenden Bildseite sind beide Werke rechts und links der Kolonialsoldaten stehend zu erkennen). In den Informationen, die den Holzskulpturen beigefügt sind, wird die gewaltvolle Erwerbungsgeschichte weitgehend verschwiegen. Dort heißt es, sie seien von den deutschen Kolonialherren „entwendet" worden. Das Wort „Raub" taucht nicht auf. Zudem wird darauf verwiesen, dass in Kamerun Ersatzthrone hergestellt worden seien. Damit wird der Eindruck erweckt, dieser klare Fall von kolonialer Raubkunst sei nicht so gravierend. Nicht nur bei diesen beiden Ausstellungsobjekten setzt das Humboldt Forum die vielkritisierte Politik der Vernebelung fort. Mit dieser Form der Präsentation versagt das Humboldt Forum darin, zu einem angemessenen Umgang mit den Objekten aus kolonialen (Unrechts-)Kontexten zu gelangen. Was Werke aus der ehemaligen deutschen Kolonie Kamerun betrifft, so wurde unlängst entschieden, die bekannte Ngonnso-Statue, die Muttergöttin der Nso, nach Kamerun zu restituieren. Damit kam das Ethnologische Museum Berlin Forderungen von Kameruner Aktivist:innen nach. *Foto: Joachim Zeller*

▲ Ausschnitt des Wandbildes „Weltdenken“ in der Berlin-Global-Ausstellung im Humboldt Forum. Das großflächige Wandbild stammt von dem Urban Artists Künstlerpaar How und Nosm und wurde von der Gründerin von Urban Nation, Berlins Museum für zeitgenössische Urbane Kunst, Yasha Young kuratiert. Es zeigt verschiedene Motive der europäischen Kolonialgeschichte in Afrika, so die Figur des britischen Imperialisten Cecil Rhodes (links), Reichskanzler Bismarck bei der Aufteilung des „afrikanischen Kuchens“ (Figur rechts unten neben Cecil Rhodes) und Szenen aus dem Kolonialkrieg von 1904 bis 1908 im ehemaligen Deutsch-Südwestafrika, dem heutigen Namibia. Links sind Soldaten der deutschen „Schutztruppe“ und rechts Krieger der Herero und Nama zu erkennen. Problematisch an dieser Darstellung ist zum einen, dass nicht klar erkennbar ist, wer der Aggressor war, nämlich die deutsche Kolonialmacht. Zum anderen entspricht die Visualisierung der Herero- und Nama-Krieger nicht den historischen Tatsachen. Sie kämpften nicht mit Speer, Schild und Tomahawk, sondern waren mit Gewehren bewaffnet. Hier stellt sich die Frage, ob das New Yorker Künstlerduo Bilder von „Indianern“ vor Augen hatte, als es das Wandgemälde ausführte. Selbst in einer solchen kolonialkritischen Visualisierung werden Afrikaner noch in stereotyper Weise dargestellt. | *Foto: Joachim Zeller*

▲ Seit November 2022 erinnert eine Gedenkstele in der Stresemannstraße, Ecke Niederkirchnerstraße an die kolonialen Verstrickungen des ehemaligen Museums für Völkerkunde, das hier gestanden hat (links im Bild). Das Museum für Völkerkunde ist die Vorgängerinstitution des zur Stiftung Preußischer Kulturbesitz gehörenden Ethnologischen Museums Berlin. Im Jahr 2009 wurde an dieser Stelle bereits eine Gedenktafel zu Ehren des Gründungsdirektors Adolf Bastian eingeweiht (rechts im Bild). Der Text dieser Tafel berücksichtigt den kolonialen Kontext des Museums allerdings kaum, während die neue Gedenktafel die kolonialen Verstrickungen in den Fokus nimmt. | *Foto: Joachim Zeller*

DEUTSCHLAND
KÖNIGIN NOFRETETE
UM 1340 V. CHR.
58
2013
BRIEFZENTRUM 10
29-5-13

Museumsinsel
Historische Mitte von Berlin

Die Museumsinsel im nördlichen Teil der Spreeinsel gehört mit ihren fünf Museen zu den wichtigsten Sehenswürdigkeiten der Stadt und ist zugleich einer der bedeutendsten Museumskomplexe weltweit. 1999 ist sie mit dem Alten und dem Neuen Museum, der Alten Nationalgalerie, dem Bode- und dem Pergamonmuseum in die Liste des UNESCO-Weltkulturerbes aufgenommen worden. Seit vielen Jahren finden Sanierungs- und Erweiterungsarbeiten auf der Museumsinsel statt. 2019 eröffnete die James-Simon-Galerie als neues Besucherzentrum.

Die auf der Museumsinsel gezeigten Sammlungen der Stiftung Preußischer Kulturbesitz spannen einen Bogen von der Prähistorie über die Antike bis zur Kunst des 19. Jahrhunderts. Hauptattraktionen, die ein Millionenpublikum anziehen, sind der Pergamonaltar und die Büste der Nofretete – Kulturobjekte, zu denen Rückgabeforderungen aus den Herkunftsländern vorliegen. Beide Objekte gelangten zur Zeit des Hochimperialismus nach Berlin. Ihre Erwerbsgeschichte kann nicht ohne einen Blick auf die historischen Zeitumstände verstanden werden.

Um 1900 beschäftigte keine kolonial- bzw. weltpolitische Frage die reichsdeutsche Öffentlichkeit so sehr

◂ Auch eine Form der Vereinnahmung der Afrikanerin im Ägyptischen Museum auf der Museumsinsel in Berlin: die Nofretete-Büste auf einer Briefmarke der Deutschen Bundespost.
Foto: Joachim Zeller

wie die „orientalische“. Sie resultierte aus dem Niedergang des Osmanischen Reiches und dem dadurch entstandenen Machtvakuum. Abgesehen vom Balkan ließ dies die Interessenpolitik der Großmächte im nördlichen Afrika nicht unberührt, die Erbmasse des Osmanischen Reiches auch dort neu zu verteilen. Schwärmereien von einem „deutschen Orient“ zogen im 19. Jahrhundert viele Deutsche ins Osmanische Reich. Die bisherige – vor allem auf die afrikanischen Kolonien fixierte – Imperialismusforschung hat dem sogenannten Orient als Objekt deutscher Begierde bisher vergleichsweise wenig Aufmerksamkeit geschenkt. Die Region der Ägäis, so der häufig vorgetragene Vorbehalt, sei nicht von kolonialer Fremdherrschaft betroffen gewesen.

Doch das deutsche Streben nach Hegemonie in dieser Region umfasste praktische und symbolische Strategien der Bemächtigung. Neben der Gründung von Ackerbau- und Handelskolonien wurden Bergbauunternehmen zur Erschließung und Ausbeutung der Bodenschätze initiiert. Das wichtigste Prestigeprojekt wilhelminischer „Weltpolitik“ nach 1900 war die Bagdadbahn, die Berlin über die schon bestehende Strecke nach Konstantinopel hinaus mit dem „Orient“ verbinden sollte. Das Vorhaben – ein Musterbeispiel für den später so genannten informellen Kolonialismus – beflügelte die Fantasien von Börsenspekulanten, ebenso wie mancher Politiker davon träumte, zwei Millionen deutsche Kolonisten entlang der Bahnstrecke anzusiedeln. Doch so sehr die Deutschen sich auch mühten, all diese Kolonisationsprojekte blieben Feuilletondebatten, waren nur von kurzer Dauer oder verliefen sang- und klanglos im Sande und scheiterten letztlich an der Konkurrenz mit den anderen Kolonialmächten. Zudem migrierte die größte Gruppe von Deutschen in andere Regionen des Osmanischen Reiches, nach Syrien und Palästina. Auch wenn der Einfluss der Deutschen im Osmanischen Reich begrenzt blieb, kann ihr Expansionsstreben im östlichen Mittelmeerraum als Variante des Semikolonialismus aufgefasst werden.

Da die kolonialen Erfolge im Orient ausblieben, musste die deutsche Archäologie zur Kompensation herhalten, um wilhelminische Großmannssucht zu befriedigen. Die spektakuläre Ausgrabung des Pergamonaltars erlaubte es dem Deutschen Reich, wenigstens symbolische Präsenz im Osmanischen Reich zu zeigen. Die in Kleinasien gemachten Funde – dazu gehört zum Beispiel auch das Markttor von Milet – wurden dank geschickter

Großmachtdiplomatie ins neu gegründete Pergamonmuseum nach Berlin überführt. Die Reichshauptstadt konnte auf diese Weise ihren Ruf als „Spree-Athen" festigen. Im Wettstreit mit den anderen europäischen Kolonialmetropolen wie London oder Paris ermöglichte ihr der pompöse Musentempel, imperiale Größe zur Schau zu stellen. Der darwinistische Biologe Ernst Haeckel formulierte 1890 ganz in diesem Sinne, dass die „pergamenischen Alterthümer [...] uns einen Anspruch auf dauernden Colonialbesitz in jenen herrenlosen Gebieten sichern". Das Berliner Pergamonmuseum kann insofern auch als Zeugnis einer kulturellen Kolonisierung des Vorderen Orients betrachtet werden.

Der Pergamonaltar aus dem griechisch-hellenistischen Reich der Pergamenen mit seinen Szenerien aus der olympischen Götterwelt, der in der Antike als eines der Sieben Weltwunder galt, ist bis heute ein Streitthema zwischen der Stiftung Preußischer Kulturbesitz und dem türkischen Staat. Die Türkei beharrt auf ihrem Standpunkt, wonach der deutsche Ingenieur Carl Humann den Fries in den Jahren zwischen 1868 und 1878 auf dem Burgberg im anatolischen Bergama illegal ausgegraben und ins Deutsche Reich verfrachtet habe. Ganz anders die Sichtweise in Berlin, wo man die Ansicht vertritt, dass die Deutschen die Ausgrabungen mit ausdrücklicher Genehmigung des Osmanischen Reichs durchgeführt hätten und auch die Fundteilung nach den damaligen Osmanischen Antikengesetzen vonstattengegangen sei. Humann, heißt es weiter, habe den Altar geradezu gerettet. In den 1860er-Jahren, als er als Straßenbauingenieur nahe Pergamon tätig war, hatte er gesehen, wie zahlreiche Reliefblöcke in die Kalköfen wanderten und antike Bildhauerarbeiten als Baumaterial Verwendung fanden. Außerdem sei bis heute keine offizielle Rückgabeforderung der türkischen Regierung eingegangen. Juristisch gesehen, falle der Pergamon-Altar nicht unter den internationalen Kulturgüterschutz.

Einen seit Jahrzehnten schwelenden Antikenstreit gibt es auch über die Restitution der weltberühmten Nofretete-Büste, der „Mona Lisa" aus Stein auf der Museumsinsel. Die um die 3300 Jahre alte farbig gefasste Büste der Nofretete, der Gemahlin von Pharao Echnaton und Mutter des späteren Pharaos Tutanchamun, war von dem deutschen Archäologen Ludwig Borchardt im Jahr 1912 in Tell al-Amarna ausgegraben worden. Über die Umstände der

Fundteilung ist vielfach spekuliert worden. Borchardt soll Nofretetes Porträt mit Gips verdeckt haben, um den Franzosen ihr gewinnendes Lächeln vorzuenthalten. Bei der Fundteilung am 20. Januar 1913 waren Vertreter Ägyptens nicht zugelassen, denn zum Zeitpunkt von Borchardts Grabungen stand Ägypten unter britischer Besatzung und der damalige ägyptische Antikendienst unter französischer Aufsicht.

Nach der Überführung der Büste nach Berlin bekam sie Anfang November 1913 nur Kaiser Wilhelm II. kurz zu Gesicht, der sich besonders für die „bunte Königin" interessierte. Der breiten Öffentlichkeit blieb der Zugang verwehrt. Ludwig Borchardt warnte vor allzu großem Aufsehen und wollte die Entdeckung „nicht an die große Glocke" hängen. Da der spektakuläre Fund das Misstrauen der anderen Kolonialmächte erregen könnte, hielt er es für geboten, Nofretete erst einmal verschwinden zu lassen. Nach deren erster öffentlicher Ausstellung 1924 im Neuen Museum folgten prompt Rückgabeforderungen Ägyptens, seit 1922 unter Fu'ad I. ein weitgehend selbstständiges Königreich.

Bereits im 19. Jahrhundert war Ägypten wichtiger Schauplatz kolonialer Konkurrenzkämpfe gewesen, bei denen das Deutsche Reich ein ums andere Mal gegenüber Frankreich und dem Britischen Empire den Kürzeren zog. So wurde etwa der Suez-Kanal, der sich zur wichtigsten Verkehrsader im kolonialen Güterverkehr entwickelte, ohne deutsche Beteiligung gebaut. Umso prestigeträchtiger war daher der Kampf um das symbolische Kapital altägyptischer Kulturdenkmäler. Federführend war im Reich die Deutsche Orient-Gesellschaft, die auf die Unterstützung des Staates und des Kaisers zählen konnte.

Heutigen, immer wieder vorgebrachten Forderungen nach einer Restitution der sagenumwobenen Nofretete-Büste – der Weltikone und der mittlerweile als „schönste Berlinerin" vereinnahmten Afrikanerin im Ägyptischen Museum – wird vonseiten der Stiftung Preußischer Kulturbesitz stets eine Absage erteilt. Die Stiftung verweist darauf, dass es eine offizielle Rückforderung der ägyptischen Regierung nie gegeben habe. Die Fundteilung von Mitte Januar 1913 habe gemäß den damals geltenden Antikengesetzen „zu gleichen Teilen" für Ägypten und das die Ausgrabung durchführende Land, mithin das Deutsche Reich, stattgefunden. Dass diese Gesetze von den damaligen kolonialen Besatzungsmächten erlassen wurden, bleibt unerwähnt. Auf Vorbehalte stieß auch schon 1984 die Publikation „Nofretete will nach Hause. Europa – Schatzhaus der ‚Dritten Welt'" von Gert von Paczensky und Herbert Ganslmayr. Provokativ sprachen die Autoren von den „Kulturkolonien" Ägypten, Türkei und Irak.

Nicht zuletzt monieren Kritiker das koloniale Konstrukt „The West and the Rest", die nach wie vor bestehende Aufteilung in „Wir" und die „Anderen". „Wir", das ist die Museumsinsel mit den Sammlungen „klassischer Hochkulturen", während die „Anderen" mit den ethnologischen Sammlungen im Humboldt Forum untergebracht sind. Unbeantwortet bleibt, warum die einen Objekte als der Ethnologie zugehörig und die anderen als Kunstwerke klassifiziert werden. Der beninische Künstler Romuald Hazoumé hat hierzu eine klare Haltung: „Wir gehören zur globalisierten Moderne und lassen uns nicht mehr in eure ethnologischen Sammlungen abschieben."

Zur Museumsinsel selbst wäre noch auf die wenig diskutierte Tatsache hinzuweisen, dass dort etwa mit den ägyptischen Sammlungen auch außereuropäische Kulturen präsentiert werden, die „wir" uns offenbar als europäisch angeeignet und in deren Tradition „wir" uns gestellt haben. Wissenschaftler heben hervor, dass auf der Berliner Museumsinsel das euro- und germanozentrische Weltbild des wilhelminischen Kaiserreichs nie korrigiert worden ist.

♦ Literatur: Simons: Der Raub der Nofretete; Fuhrmann: Der Traum vom deutschen Orient; Voß/Pilgrim: Ludwig Borchardt und die deutschen Interessen am Nil; Savoy: Nofretete; Schlögl: Nofretete; Gottschlich/Zaptcioglu-Gottschlich: Die Schatzjäger des Kaisers.

▲ Der Pergamonaltar im Pergamonmuseum auf der Museumsinsel in Berlin, Postkarte.
Sammlung Joachim Zeller

▲ Das Markttor von Milet, ein römischer Torbau aus dem 2. Jahrhundert n. Chr. im Pergamonmuseum auf der Museumsinsel in Berlin.
Foto: Joachim Zeller

50 WILDE
KONGOWEIBER
OHNE
EXTRA
ENTREE

Deutsches Historisches Museum

Unter den Linden 2

◀ Der „Kolonialkasten" im Deutschen Historischen Museum in Berlin, 2015
Foto: Joachim Zeller

Die postkoloniale Erinnerungskultur hat hierzulande in den vergangenen Jahren eine durchaus erstaunliche Entwicklung genommen. Es ist noch gar nicht so lange her, da galt die Kolonialgeschichte eher als exotisches Randthema, als zu vernachlässigende Fußnote des wilhelminischen Kaiserreichs von 1871 – und dies nicht nur in den Medien und der breiten Öffentlichkeit, sondern selbst in den Geschichts- und Kulturwissenschaften. Die schiere Zahl an einschlägigen Publikationen, Projekten und Geschichtsinitiativen landauf landab hat gezeigt, dass vieles in Bewegung gekommen ist. Ebenso hat sich in der deutschen Museumslandschaft einiges getan, nicht zuletzt bei dem zentralen Geschichtsmuseum der Bundesrepublik Deutschland, dem Deutschen Historischen Museum (DHM) in der Bundeshauptstadt. Mitte Oktober 2016 wurde dort die Sonderausstellung „Deutscher Kolonialismus. Fragmente seiner Geschichte und Gegenwart" eröffnet. Ob mit dieser Ausstellung von einer Trendwende weg vom Vergessen und Verdrängen der kolonialen Vergangenheit gesprochen werden kann, wird sich zeigen.

Indes ist die Aufarbeitung des Kolonialismus-Themas in der Dauerausstellung des Museums wiederholt auf heftige Kritik gestoßen und als völlig unzureichend moniert worden. So kam es Anfang März 2013 zu einer subversiven Aktion der zivilgesellschaftlichen Gruppe „Kolonialismus im Kasten". Sie hackte die Internetseite des DHM, um mit ihrer nicht autorisierten App alternative Texte zu kolonialen Objekten in der Dauerausstellung bereitzustellen (www.kolonialismusimkasten.de). Auf der Internetseite der Gruppe heißt es dazu:

„Die Dauerausstellung des Deutschen Historischen Museums versammelt beeindruckende 8000 Exponate zur ‚Geschichte von Deutschen und Europäern'. Die Geschichte des deutschen Kolonialismus ist darin allerdings fast unsichtbar: Im umfangreichen Abschnitt, der sich dem deutschen Kaiserreich widmet, findet sie lediglich in einer versteckten Vitrine Erwähnung. Deutsche Kolonialgeschichte wird damit von allen anderen Entwicklungen abgetrennt, die in der Ausstellung dargestellt werden – als gäbe es zwischen Kolonialismus und Populärkultur, Reichstagsdebatten oder Wissenschaften keinen Zusammenhang. Tatsächlich bestanden aber vielfältige Verbindungen zwischen diesen Phänomenen. Dass die deutsche Kolonialgeschichte zudem eine äußerst gewaltvolle war, blendet das Museum ebenfalls weitgehend aus. Unser Anliegen ist es, diese problematische Darstellung des Kolonialismus in der Dauerausstellung des Deutschen Historischen Museums zu beleuchten und andere Perspektiven zu eröffnen. Wir möchten die vielfältigen Verbindungen zwischen dem, was als deutsche Geschichte und was als Kolonialgeschichte gedacht wird, hör- und sichtbar machen. Dabei gehen wir den Geschichten kolonisierender wie kolonisierter Gesellschaften und Personen nach."

Der von der Gruppe entwickelte Audioguide soll den Besucher:innen adäquate, den Stand der postkolonialen Debatte berücksichtigende Informationen bereitstellen. In der Zwischenzeit hat das DHM – dessen Leitung im Übrigen keinen direkten Kontakt zu der Gruppe „Kolonialismus im Kasten" aufgenommen hat – auf diese Entwicklung reagiert. Es nahm wiederholt Änderungen in der besagten Vitrine vor. Schließlich wurde sie aufgelöst und im August 2020 eine sehr viel größere Abteilung zur deutschen Kolonialgeschichte eingerichtet. Dabei griff das Museum ganz offensichtlich auf eine ganze Reihe von Objekten aus der Kolonialismus-Ausstellung von 2016 zurück. Doch nach wie vor, so die weiterhin bestehende Kritik insbesondere auch an der Kommentierung einzelner Ausstellungsstücke, bleibt das Museum einem nationalgeschichtlichen Narrativ verhaftet. Die Vergangenheit der Deutschen werde nicht als eine „verflochtene Geschichte" oder als „geteilte Geschichte" erzählt, um so die Verbindungen des Kolonialismus mit der/den Geschichte(n) anderer Weltregionen zu problematisieren.

♦ Literatur: Bauche/Lerp/Lewerenz/Muschalek/Weber: Das Beispiel des Deutschen Historischen Museums; Bresky: Deutscher Kolonialismus; Henrichsen: Cape Cross?; www.kolonialismusimkasten.de; Lerp/Lewerenz: Getrennte Geschichten.

▲ Die neu eingerichtete Abteilung zur deutschen Kolonialgeschichte im Deutschen Historischen Museum in Berlin, 2020
Foto: Joachim Zeller

▲ Abteilung zur deutschen Kolonialgeschichte im DHM in Berlin mit Objekten zum Kolonialkrieg von 1904–1908 im ehemaligen Deutsch-Südwestafrika, dem heutigen Namibia (Aufnahme 2020). Links: „Eingeborenen-Passmarke", Swakopmund, Deutsch-Südwestafrika, um 1907; rechts: Verdienstmedaille („Südwestafrika-Denkmünze") mit Gefechtsspangen, 1907. Die Kommentierung solcher Objekte lässt zu wünschen übrig, wie auch der Einführungstext problematisch ist, in dem es heißt: „Der Krieg gegen die Herero und Nama wird heute in der Forschung überwiegend als Völkermord gewertet." Eine solche Formulierung lässt Zweifel an dieser Deutung des Kolonialkrieges aufkommen und verschweigt, dass selbst die deutsche Bundesregierung den Vernichtungskrieg der kaiserlichen „Schutztruppen" in Deutsch-Südwestafrika mittlerweile als Völkermord anerkennt, wenn auch eine offizielle deutsche Entschuldigung – von Wiedergutmachungen ganz zu schweigen – zwar angekündigt ist, aber bisher aussteht. *Foto: Joachim Zeller*

OBAL AFRIKAN CONGRES
"Repairing the damage...
Koloniale Verbrechen an Afrikaner/innen
weiße Flecken in der deutschen Geschichte

Zentrale Gedenkstätte der Bundesrepublik Deutschland für die Opfer von Krieg und Gewaltherrschaft Neue Wache

Unter den Linden

◄ Im Juni 2004 protestieren Mitglieder afrodeutscher Initiativen vor der Neuen Wache gegen das Vergessen kolonialer Verbrechen. Anlass ist die von vielen als unzureichend empfundene Namibia-Resolution, die der Deutsche Bundestag kurz zuvor verabschiedet hatte. In der Neuen Wache wird an die Opfer der Kolonialkriege nicht explizit erinnert. Die Demonstranten machen darauf aufmerksam, dass die „weiße Flecken" in einer urbanen Erinnerungslandschaft nicht zuletzt auf die Leerstellen im kollektiven Gedächtnis einer Gesellschaft verweisen.
Foto: U. Winkler

In der historisch-politischen Topografie der deutschen Hauptstadt wird bisher nicht der Opfer der Kolonialkriege in den früheren deutschen Überseekolonien gedacht. Dies trifft auch für die Neue Wache zu, die seit 1993 als Zentrale Gedenkstätte der Bundesrepublik Deutschland für die Opfer von Krieg und Gewaltherrschaft dient. Im Text der Inschriftentafel werden vor allem die Opfer der beiden Weltkriege memoriert. Da die Opfer des deutschen Kolonialismus verschwiegen, jedenfalls nicht explizit erwähnt werden, fordern postkoloniale Initiativen die Anbringung einer weiteren Gedenktafel und darüber hinaus die Errichtung eines antikolonialen Mahnmals in Berlin. Um diesen Forderungen Nachdruck zu verleihen, organisiert das Komitee zur Errichtung eines afrikanischen Denkmals in Berlin (KADIB) jährlich gegen Ende Februar einen „Gedenkmarsch in Erinnerung an die afrikanischen / Schwarzen Opfer von Versklavung, Handel mit Versklavten, Kolonialismus und rassistischer Gewalt".

Im November 2004 organisierten Mitglieder der *Anticolonial Africa Conference* anlässlich des 120. Jahrestages der Berliner Westafrika-Konferenz von 1884/85 eine Demonstration vor der Neuen Wache. Sie erhoben die

Forderung, an der Gedenkstätte eine weitere Inschriftentafel anzubringen. Der Text der provisorischen Tafel lautete: „Jeder Kolonialismus ist ein Verbrechen gegen die Menschheit. Die Bundesrepublik gedenkt der Menschen in Afrika, Asien und Ozeanien, die durch den deutschen Kolonialismus verletzt, ihrer Würde beraubt, verjagt und ermordet wurden. Sie bittet die Nachfahren um Entschuldigung."

Mittlerweile liegt ein Entwurf für ein antikoloniales Mahnmal des in Berlin lebenden britischen Künstlers Satch Hoyt vor. Sein Modell mit dem Titel „Shrine for the Forgotten Souls. Denkmal für Schwarze Menschen in Deutschland" zeigt einen aus Glasflaschen aufgebauten, sich nach oben verjüngenden Rundkörper. Die Flaschen – geplant ist, sie mit Flüssigkeiten und schriftlichen Botschaften zu füllen – wecken Assoziationen an den *Black Atlantic*, ein von dem afrobritischen Historiker Paul Gilroy entwickeltes Konzept, das ausgehend von der Geschichte des transatlantischen Sklavenhandels die bisher unterdrückte *Schwarze* Geschichte ans Licht bringen und die Identität afrikanischer Diasporagemeinschaften stärken soll. Die Flaschenpost sendet Botschaften aus der Vergangenheit an die Gegenwart und Zukunft. Sie erinnert an die Geschichte von Sklaverei und Kolonialherrschaft und die Entstehung hybrider Kulturen diesseits und jenseits des Atlantiks.

▶ Ende 2020 tauchte dieses satirische Plakat im öffentlichen Raum in Berlin auf. Es zeigt einen *weißen* Kolonialherren mit Tropenhelm, der sich offensichtlich von einem afrikanischen Kind bedienen lässt. Oben heißt es: „Na, Mibia, darf es ein Trinkgeld sein?" Im unteren Teil des Plakates ist zu lesen: „Die Bundesregierung. Bundesamt für Aufarbeitung deutscher Kolonialverbrechen." Daneben der Text: „10 Millionen Entschädigung für einen Genozid sind doch voll OK. Haben oder nicht haben. Herero hin oder her." Das von einer Aktivistengruppe namens „Rocco und seine Brüder" gestaltete Plakat bezieht sich auf die – zu der Zeit kurz vor ihrem Abschluss stehenden – bilateralen Gespräche zwischen Deutschland und Namibia bezüglich einer symbolischen und materiellen Wiedergutmachung für den Genozid an den Herero und Nama in den Jahren 1904–1908. Das Motiv des Plakates ist unter Verwendung einer Fotografie des britisch-amerikanischen Journalisten und Afrikaforschers Henry Morton Stanley und seines Dieners Ndugu M'Hali oder Kalulu gestaltet worden.

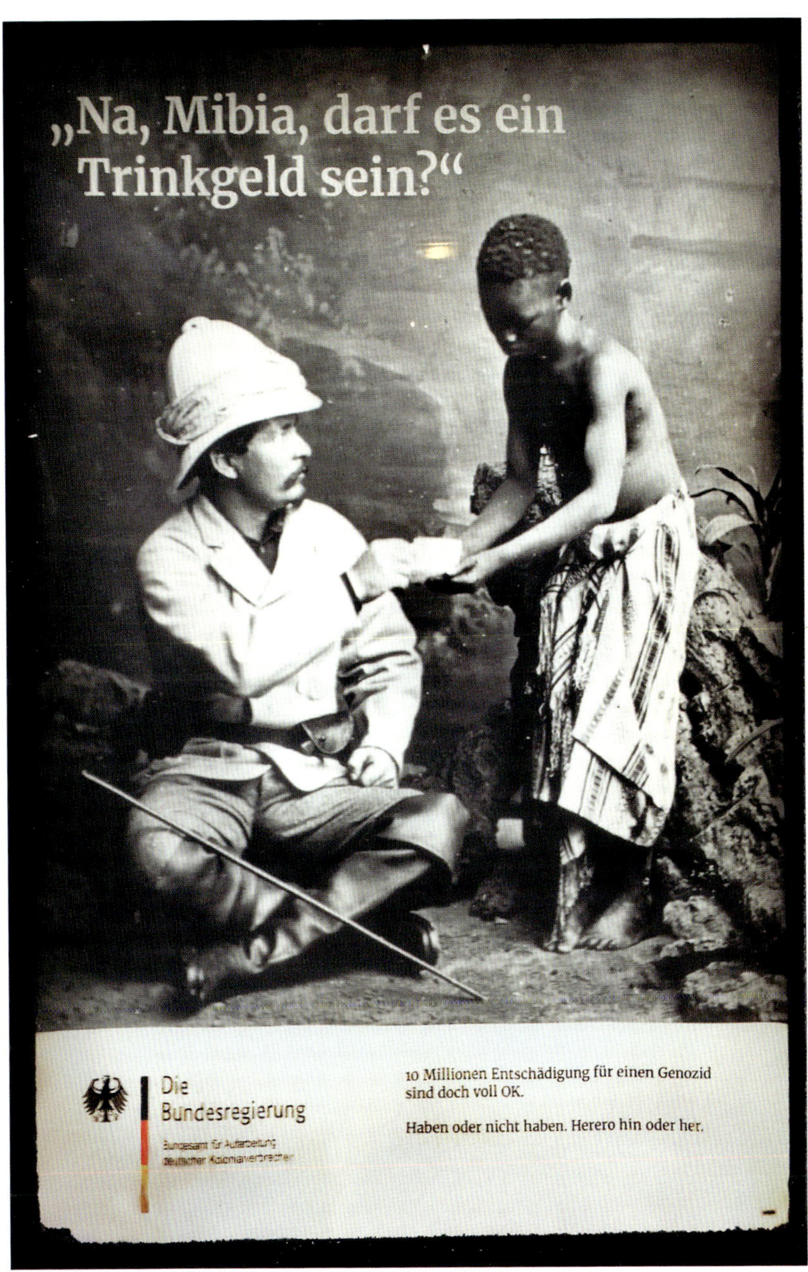
„Na, Mibia, darf es ein Trinkgeld sein?“
Die Bundesregierung
10 Millionen Entschädigung für einen Genozid sind doch voll OK.
Haben oder nicht haben. Herero hin oder her.

▲ Abschlusskundgebung des Maji-Maji-Gedenkzuges am 27. August 2005 auf dem Schlossplatz in Berlin. Die Plastik mit den übergroßen Buchstaben „MAJI MAJI KRIEG“ stammt von dem Künstler Hüseyin Arda. Da keine Genehmigung vorlag, konnte das Monument nur als temporäres Denkmal aufgestellt werden. Die Gedenkaktionen werden von der Berliner Werkstatt der Kulturen, der „Umoja wa Watanzania Berlin/Brandenburg“ (Verein der Tansanier in Berlin/Brandenburg) und zahlreichen Einzelpersonen veranstaltet. Bei den Gedenkzügen und Mahnwachen treten drei Gruppen von Teilnehmer:innen auf: *Schwarze* in schwarzer Kleidung mit Hals- und Fußketten und schwarzen Fahnen an Holzstöcken, *Weiße* in weißer Kleidung mit Fackeln sowie Mitglieder des Jugendtrommelprojektes Bando.
Foto: R. Gründer

▲ Berlin, August 2005: Anlässlich des hundertsten Jahrestages des Maji-Maji-Krieges von 1905–1907 in der Kolonie Deutsch-Ostafrika (heute Tansania, Burundi und Ruanda) demonstrieren Teilnehmer des „Maji-Maji Gedenkzuges" vor der Neuen Wache. Sie stellen außerdem auf dem angrenzenden Schlossplatz ein – temporäres – Mahnmal auf. Stelzenläufer sind als Kolonialherren mit Tropenhelm und Peitsche kostümiert.
Foto: Daniela Incoronato

▲ Satch Hoyt: „Shrine for the Forgotten Souls. Denkmal für Schwarze Menschen in Deutschland", Entwurf für ein antikoloniales Mahnmal in Berlin. Postkarte „Berliner Themenjahr 2013 – Zerstörte Vielfalt".
Sammlung Joachim Zeller

▲ Simone Dede Ayivi: Performing Back – eine zukünftige Erinnerungsperformance zur deutschen Kolonialgeschichte, Berlin 2014. Die afrodeutsche Regisseurin, Autorin und Performerin Simone Dede Ayivi errichtete für ihr Bühnenprojekt einen Modellpark mit Kolonialdenkmälern, die – wie auf dem Foto zu sehen – von ihr umgepustet werden. Zu erkennen sind unter anderem die Nachbildungen des Braunschweiger Kolonialdenkmals (links) und des Windhoeker Reiterdenkmals (rechts).
Foto: Renata Chueire

HUMBO
ALEXANDER
VON
HUMBOLDT
AL SEGUNDO DESCUBRIDOR DE CUBA
LA UNIVERSIDAD DE LA HABANA 1939

Humboldt-Universität zu Berlin

Unter den Linden 6

◂ Denkmal für Alexander von Humboldt vor der Humboldt-Universität zu Berlin, Unter den Linden 6. Alexander von Humboldt wurde auch der friedliche, der bessere Kolumbus genannt. Er trat als Kritiker jeglichen Kolonialismus auf. *Foto: Joachim Zeller*

Vor dem Eingang zum Hauptgebäude der Humboldt-Universität im Zentrum Berlins steht das Denkmal für Alexander von Humboldt (1769–1859). Zusammen mit dem Denkmal seines älteren Bruders, Wilhelm von Humboldt (1767–1835), erinnert es an zwei herausragende Persönlichkeiten der preußisch-deutschen Geschichte. Das Denkmal für Alexander von Humboldt hat zunächst weniger mit der Kolonialgeschichte selbst als mit den preußisch-deutschen sowie deutsch-lateinamerikanischen Mythen über Humboldt zu tun. Der deutsch-lateinamerikanische Mythos ist vor allem ein kubanisch-deutscher: Unten am Sockel findet sich die in Spanisch verfasste, 1939 angebrachte Inschrift: „Dem zweiten Entdecker von Kuba. Die Universität von Havanna, 1939". Das Monument zeigt den deutschen Universalgelehrten des „Kosmos", so der Titel seines fünfbändigen Monumentalwerks, und sozusagen den Humboldt des Kaiserreiches mit dessen Anspruch, Weltmacht der Wissenschaft zu sein. Alexander von Humboldt wurde mit dieser Statue vor der größten und wichtigsten Bildungsanstalt des Reiches auf der Zentralachse der kaiserlichen Hauptstadt in die Runde des wilhelminischen Pantheons aufgenommen.

Der reale Alexander von Humboldt hat sich selbst nicht als „Deutscher" gesehen, sondern als Kosmopolit innerhalb einer Gruppe elitärer Wissenschaftler, Künstler und Gelehrter, die infolge und in Auseinandersetzung mit der Revolution in Frankreich politisch dem frühen Liberalismus zuzurechnen sind. Sein Ruhm basiert auf seinen Leistungen als Wissenschaftler und als Reisender in Süd- und Mittelamerika und Russland. Auf Kuba besuchte er Zuckerplantagen, auf denen er die Sklaverei studieren konnte. Humboldt ließ das Thema Sklaverei seitdem nicht mehr los, zumal auf der benachbarten Insel Saint-Domingue (dem heutigen Haiti) 1791–1803 unter Toussaint Louverture eine der bekanntesten Revolutionen der Weltgeschichte gegen die Sklaverei stattfand. Im „Kosmos" spricht sich Humboldt gegen die „unerfreuliche Annahme von höheren und niederen Menschenrassen" aus und stellte damit einen zentralen Bestandteil der Kolonialideologie infrage. Der Naturforscher Humboldt war in Amerika auch zum Gesellschaftswissenschaftler geworden. Simón Bolivar, südamerikanischer Unabhängigkeitskämpfer, äußerte über ihn: „Baron von Humboldt hat für Amerika mehr Gutes getan als alle Konquistadoren zusammen." Allerdings war Humboldt kein Revolutionär, sein Ziel war es vielmehr, mit seinen guten Kontakten zum Hof in Spanien und seinen Forschungsergebnissen „die Wissenschaften zu fördern und statistisches Material für eine bessere Regierung in Amerika zu liefern".

In dem Denkmal vor der Berliner Humboldt-Universität manifestiert sich der wichtigste Humboldt-Mythos – der vom „zweiten Entdecker Amerikas". Der andere Mythos, der sich aus dem ersten ergibt, ist der vom „universellen" Paradegelehrten Humboldt, der alle seine in Amerika gesammelten Erkenntnisse quasi ohne Vorleistungen spanischer oder kreolischer Wissenschaftler oder ohne Missionsmönche, ja sogar ohne den Wissensschatz vor allem der Indios vor Ort zusammengetragen habe. In Wirklichkeit wussten lokale Fachleute wie Caldas in Neu-Granada oder Arango auf Kuba viel mehr über die Realitäten ihrer Territorien. Humboldt hat das in seinen Tagebüchern meist auch anerkannt. Da er aber Methoden, Klassifizierungen, Systeme und Instrumente aus Europa in die „andere" Welt brachte und sich die „europäische" Wissenschaft – vor allem im spät zur Kolonialmacht aufgestiegenen Deutschen Reich – zu einem Mittel der Kolonialpolitik entwickelte, wurde dieser Mythos im Humboldt-Denkmal sozusagen in Stein gemeißelt. Humboldts

Verdienste – die empirischen Forschungen im Rahmen der von ihm konzipierten „großen Gemälde“ (Amerika, Kosmos) und ihre kommunikative, transkulturelle, visuelle und öffentlichkeitswirksame Darstellung in Form genialer Reiseliteratur – machen ihn am ehesten zum Stammvater globaler Wissenschaft ohne koloniale Attitüden. Aktivist:innen postkolonialer Initiativen und der Black-Lives-Matter-Bewegung sehen die Person Humboldts nicht ganz so positiv. Im Sommer 2020 bespritzten Mitglieder der Aktion *Decolonize the City! #Decolonize Berlin* sein Denkmal mit roter Farbe.

Die im Jahr 1949 nach den Gebrüdern Humboldt benannte Universität hieß zuvor Friedrich-Wilhelms-Universität, sie war 1809/10 gegründet worden. Heute wird eine systematische, europäisch orientierte Universitätsgeschichte aus postkolonialer Perspektive gefordert, um die Verstrickungen (nicht nur) der Humboldt-Universität in Kolonialismus und Kolonialrevisionismus aufzuarbeiten. Eine ganze Reihe von Studien zur Einbindung der Universität in das koloniale Projekt liegt bereits vor, so zur Geografie, Völkerkunde/Ethnologie, Medizin, Orientalistik, Afrikanistik, Indologie, Sinologie, Ägyptologie, Archäologie, Geschichtswissenschaft oder den Missionswissenschaften, die aber zum Teil aktualisiert und systematisch zusammengeführt werden müssen. Zu erinnern sein wird nicht nur – um ein Beispiel zu nennen – an solche Professoren wie den Historiker Heinrich von Treitschke, der seinen Studenten um 1900 den Zeitgeist seiner Epoche in den für ihn typisch markigen Worten deutete: „Alle großen Völker der Geschichte haben, wenn sie stark geworden waren, den Drang gefühlt, Barbarenvölkern den Stempel ihres Wesens aufzudrücken. Und heute sehen wir die Völker Europas drauf und dran, weit über den Erdkreis eine Massenaristokratie der weißen Rasse zu schaffen. […] Es ist daher eine Lebensfrage für eine große Nation heute, kolonialen Drang zu zeigen.“ Solche Zitate spiegeln die Prägung des europäischen – bzw. angloamerikanischen – Kolonialimperialismus jener Tage wider: Weltmachtansprüche, wirtschaftspolitisches Dominanzstreben, nationales Prestige und ein rassistisch-sozialdarwinistisch unterfütterter Überlegenheitsdünkel gegenüber dem „Rest der Welt“. Dazu gehört aber etwa auch die Mitarbeit von Wissenschaftlern der Friedrich-Wilhelms-Universität am „Generalplan Ost“, der Blaupause für die Neugestaltung Osteuropas für die Zeit nach dem NS-Vernichtungskrieg, die kolonialen Denkmustern entsprach und die sich in diesem Fall auf die Errichtung eines deutschen Kontinentalimperiums richtete. Als Metropole der Wissenschaften und zur Neuerfindung Berlins als postkolonialer Metropole, so heißt es, dürfe Berlin diese Dimension der kolonialen Vergangenheit nicht ausblenden.

- Literatur: Zeuske: Der andere Entdecker; Humboldt: Kosmos; Metzler: Kolonialismus muss aufgearbeitet werden.

▲ „Alexander von Humboldt. Erforschung Brasilien's 1800–1804", Sammelbild, Liebig Company's Fleisch-Extract, 1891

▲ Denkmal für Alexander von Humboldt in der Budapester Straße in Berlin (Ausschnitt)
Foto: Joachim Zeller

Seminar für Orientalische Sprachen

Dorotheenstraße 7

◄ Porträt eines namentlich nicht bekannten Suaheli-Lektors am Seminar für Orientalische Sprachen in Berlin, vor 1914. Es könnte sich um Halidi bin Kirama aus Ostafrika handeln. *Privatarchiv Alice Carnwath*

Hinter dem Hauptgebäude der Humboldt-Universität, deren Name zuvor Friedrich-Wilhelms-Universität war, befand sich das Seminar für Orientalische Sprachen. 1887 gegründet, hatte es von 1904 bis 1945 seinen Sitz in dem Gebäude an der Dorotheenstraße 7, Ecke Universitätsstraße. Das Seminar sollte keineswegs in Konkurrenz zu den an der Universität bereits existierenden orientalistischen Lehrstühlen treten. Vielmehr hatten die Initiatoren an ein Lehrinstitut gedacht, das die Sprachen des Orients und Ostasiens „lehren solle für den praktischen Gebrauch zur Ausrüstung für Ziele, welche außerhalb des Gebietes der Philologie liegen". Nicht wissenschaftliche Forschung, sondern die Vermittlung von Sprachen für den praktischen Gebrauch sollte die wesentliche Aufgabe des Seminars sein. Eine solche Lehranstalt war aufgrund des wachsenden außen- und handelspolitischen Engagements Deutschlands in Asien und Afrika sowie nach der Einleitung der deutschen Kolonialpolitik 1884 und dem Berliner Kongress von 1884/85 für notwendig erachtet worden, in erster Linie, um geeignete Dolmetscher für das Auswärtige Amt auszubilden. Reichskanzler Otto von Bismarck wünschte „für den auswärtigen Reichsdienst ein Korps linguistisch vorgebildeter Beamter [...], welche in verantwortlicher Stellung den mündlichen und schriftlichen Verkehr mit den fremden Regierungen vermitteln sollten". Die Ausbildung von sogenannten Dragomanen, d. h. von sprachlich und landeskundlich geschulten Übersetzern in diplomatischen bzw. konsularischen Diensten, stand mithin zunächst im Vordergrund.

Zudem wurde mit der Einrichtung des Seminars das Ziel formuliert, „für die Vertretung aller Interessen der deutschen Nation in diesen Ländern junge Männer vorzubilden, sie mit einer solchen Summe von sprachlichen und realistischen Kenntnissen und Fertigkeiten auszurüsten, welche sie befähigen würde, eine kompetente Vermittlung bei fremden Behörden und Privatpersonen durchzuführen". Dieses zweite Aufgabenfeld, das sog. Kolonialstudium, erstreckte sich auf Unterweisungen in Sprachen und Landeskunde sowohl der deutschen „Schutzgebiete" in Übersee als auch der Regionen, in denen das Deutsche Reich zwar Handel trieb, aber keinen eigenen Kolonialbesitz zu verwalten hatte. Wegen der doppelten Aufgabenstellung des Seminars für Orientalische Sprachen teilten sich das Auswärtige Amt als Reichsbehörde und das federführende Preußische Kultusministerium die Trägerschaft und damit die Kosten. Das Seminar war institutionell zwar an die Friedrich-Wilhelms-Universität zu Berlin angebunden, aber kein Teil von ihr. Diese Konstruktion hatte bis Ende der 1930er-Jahre Bestand.

Der Lehrplan umfasste zunächst asiatische und afrikanische Verkehrssprachen – Arabisch, Chinesisch, Hindustani, Japanisch, Persisch, Swahili und Türkisch – sowie die „Realien" der betreffenden Gebiete. Diese Sprachen und Gebiete bildeten durchgängig den Kern der Lehre. Die sogenannten Realienfächer vermittelten „kolonialkundliche" und praktische Kenntnisse für den Aufenthalt in diesen Gebieten: Tropenhygiene, Religionen, Sitten und Gebräuche, Geografie, Geschichte, Kolonial- und Konsularrecht, wissenschaftliche Beobachtungen auf Reisen, tropische Nutzpflanzen, wirtschaftliche Verhältnisse und Fotografie waren die Themen der Vorlesungen. Bald nach der Gründung des Seminars wurde das Lehrangebot ergänzt um Sprachen der deutschen Kolonien in Afrika: Herero, Nama und Ovambo (Deutsch-Südwestafrika), Haussa, Duala, Fulbe, und Jaunde (Kamerun), Twi und Ewe (Togo) sowie Gujarati (ein in Deutsch-Ostafrika gesprochener indischer Dialekt), die je nach Bedarf unterrichtet wurden. „Südseesprachen" wurden nicht gelehrt. Hinzu kamen seit 1905/06 die Sprachen Äthiopisch (Oromo) und Amharisch, die allerdings nicht in den deutschen Kolonien gesprochen wurden. Ebenso wurden noch vor dem Ersten Weltkrieg am Seminar die Sprachen der europäischen Kolonialmächte Englisch, Französisch, Spanisch und Portugiesisch unterrichtet, daneben auch Russisch und Neugriechisch.

Die Ausbildung für den Dienst im Auswärtigen Amt dauerte meist vier Semester und richtete sich vor allem an Jura-Studenten. Die Schüler des am Seminar angebotenen Kolonialstudiums waren hingegen vor allem junge Beamte, die für verschiedene Bereiche des Kolonialdienstes vorgesehen waren, sich auf den Dienst in den Kaiserlichen Schutztruppen vorbereitende Offiziere, Missionare sowie Privatpersonen. Ihre Ausbildungsdauer betrug selten mehr als zwei Semester.

Der Sprachunterricht wurde jeweils gemeinsam von einem deutschen Lehrer und einem muttersprachlichen Lektor abgehalten. Lehrer wie Lektoren hatten in der Regel täglich drei Stunden Unterricht zu geben. Von den afrikanischen Lektoren ist bekannt, dass einige von Missionaren aus Afrika mitgebracht worden waren, andere wurden über die Kolonialverwaltungen nach Berlin vermittelt. Sie blieben selten länger als zwei Jahre am Seminar, bevor sie in der Regel wieder in ihre Heimat zurückgeschickt wurden. Die deutschen Dozenten schätzten an ihren afrikanischen Kollegen deren hohen Bildungsstand und ihre Kenntnisse der afrikanischen Sprachen, Literatur und Oratur. Ohne sie wäre die durchaus ansehnliche Ausbildungsbilanz des Seminars vor dem Ersten Weltkrieg undenkbar gewesen. Allerdings schützte diese Wertschätzung die ausländischen Lektoren und insbesondere die afrikanischen „Sprachgehilfen" keineswegs vor Diskriminierungen und Schikanen seitens der Seminarleitung und der deutschen Ämter. So wurde der Swahili-Lektor Mtoro bin Mwenyi Bakari (geb. 1869) 1905 aus dem Seminar entlassen, weil er eine deutsche Frau heiratete. Nur drei der insgesamt 25 namentlich bekannten Lektoren afrikanischer Sprachen des Seminars kamen erst nach 1918 nach Berlin: Der eine, der Ewe- und Haussa-Lektor Bonifatius Foli (ca. 1877–1947), wirkte von 1926 bis mindestens 1944 am Seminar bzw. dessen Nachfolgeeinrichtungen, ein Weiterer war der Swahili-Lektor Bayume Mohamed Husen (1904–1944), der 1932 an das Seminar kam und 1941 von den Nazis ins KZ Sachsenhausen verschleppt und dort ermordet wurde.

Das Seminar für Orientalische Sprachen war die Wirkungsstätte von Carl Meinhof (1856–1944) und Diedrich Westermann (1875–1956), die als Begründer der Afrikanistik in Deutschland gelten.

Das der nationalsozialistischen „Machtergreifung“ 1933 folgende Gerangel um wissenschaftspolitische Zuständigkeiten machte es möglich, dass im Zuge einer Universitätsreform 1935/36 quasi handstreichartig das Seminar zur „Auslandhochschule an der Berliner Universität“ umgebildet wurde, an der nun „Nationenwissenschaften“ gelehrt werden sollten. Der Beginn des Zweiten Weltkrieges beschleunigte das Ende dieses Provisoriums. Anfang Januar 1940 wurde die Auslandhochschule mit der gleichgeschalteten Deutschen Hochschule für Politik vereint und als Auslandswissenschaftliche Fakultät in die Berliner Universität eingegliedert. Damit erreichte die „nationenwissenschaftliche“ Lehre und Forschung in Berlin den ersehnten universitären Status. Mit dem Ende der NS-Diktatur wurde die Auslandswissenschaftliche Fakultät aufgelöst.

• Literatur: Stoecker: Das Seminar für Orientalische Sprachen; Stoecker: Afrikawissenschaften in Berlin von 1919 bis 1945.

▶ Die Fotoreportage von 1933 zeigt Bonifacius Folli, der aus einer „Oberhäuptlingsfamilie“ in Togo stammt. 1913 war Folli als Koch von Herzog Adolf Friedrich zu Mecklenburg (1912–1914 Gouverneur der Kolonie Togo) nach Deutschland gekommen. Von 1926 bis 1944 wirkte er als Lektor am Berliner Seminar für Orientalische Sprachen und dessen Nachfolgeeinrichtungen für die Sprachen Ewe und Haussa. 1930 erwarb der mit einer *weißen* deutschen Frau verheiratete Folli die „Preußische Staatsbürgerschaft“. 1947 starb Bonifacius Folli in Berlin.
Kölnische Illustrierte Zeitung 1933

Das ist mein Reich!

WARME SP

Majestät privat!

Bonifacius Folli, der schwarze König, Lektor und Koch

Cäsar, so erzählt man, wollte lieber in einem Dorf der Erste als in Rom der Zweite sein. Der Negerkönig Folli von Togo ist anderer Meinung. Er verließ 1913 sein Königreich, um Leibkoch des deutschen Kolonialpioniers Herzog Adolf Friedrich von Mecklenburg zu werden. Und auch nach dem Kriege ist er in Berlin geblieben, wo er, seit 1930 preußischer Staatsbürger, vormittags an der Universität afrikanische Sprachen lehrt, nachmittags in einem Restaurant Kaffee kocht. Sein schwarzes Königreich, das ihm auch heute noch offensteht, lockt ihn nicht . . .

Fr. Schöllmann H. Huppenbauer L. Ebert Abdallah, W. Gra
(Goldküste) (Togo). (Goldküste). Hausa-Lehrer, (Goldküst
gest. im Sommer 1912. J. Kies (Togo).

Angehende Basler Missionare im orientalischen Seminar in Berlin im

F. Weiß (Goldküste). Prof. Westermann.

hjahr 1912 mit ihren Lehrern.

◂ Angehende Basler Missionare am Seminar für Orientalische Sprachen in Berlin, 1912. In ihrer Mitte steht ihr Lehrer Abdallah Adam, seit 1910 als „Sprachgehilfe“ für Ful und Haussa in Berlin tätig. Am 11. August 1912 ist er hier verstorben. Ganz rechts sitzt Diedrich Westermann, zu jener Zeit Lehrer für westafrikanische Sprachen am Seminar.
Evangelischer Heidenbote, Basel 1912, S. 81

Gegen Kolonial-Sklaverei!

Freitag, den 14. Juni
20 Uhr, ANDREAS-SÄLE, Andreasstr. 21

KUNDGEBUNG

der „Liga gegen Imperialismus" zum antiimperialistisch. Weltkongreß in Paris

THEMA:

Befreiungskämpfe der kolonialen Arbeiterklasse und die Aufgaben des deutschen Proletariats

REDNER: Emil Burns, London; Regina Rubens, Berlin; Abdul Shaika, Bombay; Prof. Resch, Berlin

URAUFFÜHRUNG:

IMPERIALISMUS

Propaganda-Szenen von Hans Huss. Mitwirkende: ROTE BLUSEN, Berlin (A.Th.B.D.) sowie indische, japanische u. chinesische Arbeiter. Musik: Lichtenberger Liebhaber-Orchester

Arbeiter, Angestellte, Frauen u. Männer Berlins! Beweist durch Massenbesuch Eure Klassen-Solidarität mit den ausgebeuteten u. unterdrückten Arbeitern der Kolonial-Länder!

Liga gegen Imperialismus und koloniale Unterdrückung Ortsgruppe Berlin

BEREK DRUCK
GRÜNSTR. 17-20
Verantwortlich: Lucy Peters
Berlin W., Friedrichstraße 24
Liga gegen Imperialismus

1929

Die „Liga gegen koloniale Unterdrückung"

Friedrichstraße 24

◂ Die Ortsgruppe Berlin der „Liga gegen Imperialismus und koloniale Unterdrückung" warb im Juni 1929 um Solidarität mit der kolonialen Arbeiterklasse in Übersee.
Bundesarchiv, Plak 002-033-032

Die Oktoberrevolution 1917 und die Gründung der Sowjetunion 1922 ebenso wie der Aufschwung antikolonialer Bewegungen in Asien, Afrika und Amerika waren auch Resultate des Ersten Weltkriegs. Vor diesem Hintergrund ist die Geschichte einer Organisation zu verstehen, die im Jahr 1926 in Berlin ins Leben gerufen und zur ersten bedeutenden internationalen Plattform der Befreiungsbewegungen wurde: die „Liga gegen koloniale Unterdrückung", die später unter Namen wie „Liga gegen die Kolonialgreuel und Unterdrückung", „Liga gegen Imperialismus und koloniale Unterdrückung", „Liga gegen Imperialismus und für nationale Unabhängigkeit" firmierte. Die im Umfeld der kommunistischen Dritten Internationale gegründete Organisation hatte ihren Sitz in der Bamberger Straße 60 sowie in der Friedrichstraße 24.

Die Initiative zur Gründung der Liga, mit der Berlin zum Schauplatz antikolonialer Aktivitäten wurde, ging von dem kommunistischen Reichstagsabgeordneten Willi Münzenberg aus. Die von ihm ins Leben gerufene Internationale Arbeiterhilfe (IAH) mit ihren zahlreichen Geschäftsbereichen und weltweiten Verbindungen – seinerzeit als „Münzenberg-Konzern" bekannt – verschaffte ihm die organisatorische Basis, um den Kontakt zu politischen Gruppen und Persönlichkeiten herzustellen. Darüber hinaus pflegte er persönliche Beziehungen mit vielen Politikern, Intellektuellen und Künstlern in Europa, Asien, Afrika und Amerika.

Unmittelbarer Anlass für die Initiative Münzenbergs zur Gründung der Liga ist wahrscheinlich die am 30. Januar 1925 durch das französische Innenministerium verfügte Schließung des nur wenige Monate zuvor eröffneten „Internationalen Kolonialbüros" in Paris gewesen, mit dem die Kommunistische Internationale (Komintern) erstmals versuchte, den Kampf der anti-kolonialen Bewegungen zu organisieren.

Der Pan-Afrikanist und Autor George Padmore aus Trinidad, der jahrelang der Spitze der Komintern in Moskau angehörte, sagte später, dass man im Kreml eine Verlegung des Büros nach London oder in die Hauptstädte der kleineren Kolonialstaaten als unmöglich ansah und sich deshalb entschied, Berlin zum Zentrum der außerhalb der Sowjetunion inszenierten antiimperialistischen Aktivitäten zu machen. Padmore notierte diesbezüglich: „Nach der Niederlage im Ersten Weltkrieg seiner afrikanischen und anderen Kolonien beraubt, war Deutschland keine Kolonialmacht mehr; und man nahm an, dass ein antiimperialistischer Ruf aus Berlin unter kolonisierten und abhängigen Völkern weniger Verdacht erregen würde als einer aus westeuropäischen Hauptstädten – London oder Paris –, die überseeische Reiche besaßen."

Münzenberg bemühte sich zunächst um die Arbeiter und Studenten aus Asien und Afrika, denen die Weimarer Republik in großer Zahl Einlass und Arbeitsmöglichkeiten gewährte. Nach Schätzungen der „Roten Fahne", dem Zentralorgan der KPD, lebten Mitte der Zwanzigerjahre allein in Berlin etwa 5000 Personen afrikanischer bzw. asiatischer Herkunft, von denen nicht weniger als 4000 als „aufrechte Kolonialgegner" und potenzielle Verbündete eingestuft wurden; größere Gruppen von Afrikanern und Asiaten gab es mindestens noch in Hamburg, Bremen, Danzig und Leipzig.

1926 organisierte die IAH mehrere öffentliche Veranstaltungen in Berlin, die schließlich zur Gründung eines Aktionskomitees gegen die imperialistische Kolonialpolitik führten. Zu den Mitgliedern dieses Aktionskomitees gehörte z. B. der aus Kamerun stammende Architekt Joseph Ekwe Bilé.

Er leitete später auch die deutsche Sektion der „Liga zur Verteidigung der Negerrasse". Sie war 1929 in Berlin als Auffangbecken für *Schwarze* Kandidaten gegründet worden, die nach Ansicht der KPD noch nicht „reif" für die Aufnahme in die Partei waren. Organisatorisches Zentrum dieser antikolonialen Aktivitäten war eine Zeit lang das Haus des Münzenberg-Konzerns in der Wilhelmstraße 48, in dem sich außer der Geschäftsstelle der IAH auch der von Münzenberg geleitete Neue Deutsche Verlag befand, ferner die Redaktion der einflussreichen Wochenzeitschrift „Arbeiter Illustrierte Zeitung" (AIZ), deren Chefredakteur ebenfalls Willi Münzenberg war.

Nach der Gründung der „Liga gegen koloniale Unterdrückung" am 10. Februar 1926 begann man sogleich damit, einen „internationalen Kongreß gegen Kolonialgreuel und Unterdrückung" zu organisieren und weltweit durch Emissäre für ihn zu werben. In Berlin brachte Münzenberg das Projekt am 3. August 1926 mit einem in der Zeitung „Inprekorr" publizierten Artikel an die Öffentlichkeit. Er betonte, dass die Kommunisten im Interesse der proletarischen Weltrevolution unbedingt die Freiheitskämpfe der unterdrückten Nationen unterstützen müssten. Gleichzeitig teilte er mit, dass sich in Deutschland eine „Liga gegen Kolonialgreuel und Unterdrückung" gebildet habe, die beabsichtige, Vertreter aus kolonialen und halbkolonialen Ländern zu einer internationalen Konferenz nach Brüssel einzuladen. Eine Fülle zustimmender Erklärungen aus China, Indien, Ägypten, dem Sudan, Südafrika und anderen afrikanischen Ländern liege bereits vor.

Obschon die meisten dieser Zusagen und „Solidaritätsbekundungen" von kommunistischen oder von kommunistisch gesteuerten Verbänden kamen, deren zahlenmäßige Stärke und Bedeutung sich nur schwer abschätzen lassen, besteht kein Zweifel daran, dass der Ruf aus Berlin eine außerordentlich große Resonanz fand. Am 10. Februar 1927 wurde der „Erste Kongreß gegen koloniale Unterdrückung und Imperialismus" in Brüssel feierlich eröffnet. Hinduprinzen, Generäle der Kuomin-tang, Führer asiatischer Freiheitsbewegungen und Gewerkschaftsfunktionäre aus Asien, Afrika, Lateinamerika und Ozeanien trafen sich hier zum ersten Mal mit Politikern, Intellektuellen und Künstlern aus dem liberalen, sozialistischen und kommunistischen Lager Europas und Amerikas. Mahatma Gandhi telegrafierte: „Ich bedaure, daß meine Arbeit hier in Indien mich daran hindert, an dem Kongreß teilzunehmen. Ich wünsche Ihnen jedoch aus tiefstem Herzen einen jeden Erfolg bei Ihren Verhandlungen."

Die „Liga gegen Imperialismus und für nationale Unabhängigkeit", wie die offizielle Bezeichnung der Organisation fortan lautete, entwickelte sich im Anschluss an den Kongress zu einem wirksamen Instrument der Befreiungsbewegungen. Sie trug erheblich dazu bei, deren Sache propagandistisch, organisatorisch und materiell zu fördern. Nationale „Sektionen" der Liga arbeiteten schon bald in Australien, Brasilien, Frankreich, Holland, Südafrika, Großbritannien, in den USA und auf Kuba. Viele hielten sie wie Jawaharlal Nehru für einen wichtigen „Meilenstein" der außenpolitischen Entwicklung in den Kolonien und Halbkolonien.

Trotz ihres glanzvollen Beginns und vielversprechender erster Erfolge zeigten sich jedoch schon nach wenigen Monaten innere Risse, die ein Auseinanderbrechen der heterogen zusammengesetzten Allianz ankündigten. In der Liga war eine partnerschaftliche Zusammenarbeit der Kommunisten mit bürgerlichen antikolonialistischen Kräften nicht mehr möglich. Auf dem zweiten und letzten Kongress der Liga im Juli 1929 in Frankfurt am Main mussten die nichtkommunistischen Gruppierungen und Einzelpersonen ernüchtert feststellen, dass sie kompromisslos bekämpft und nur noch als Aushängeschild und Stimmvieh der Kommunisten missbraucht wurden. Viele kehrten der Liga den Rücken.

Als die Nationalsozialisten an die Macht kamen und die sowjetische Regierung im Zuge ihrer „antifaschistischen" Außenpolitik versuchte, ein gegen Hitler gerichtetes Bündnis mit den Kolonialmächten, namentlich Großbritannien und Frankreich, zu schmieden, verstärkten sich die Auflösungstendenzen der Liga, deren organisatorisches Zentrum von Berlin nach Großbritannien verlegt werden musste. Sie verlor an Bedeutung. Im Februar 1937 stellte sie ihre Arbeit ein.

♦ Literatur: Dinkel: Mecca of Oriental patriots; Martin/Alonzo: Zwischen Charleston und Stechschritt; Martin: Die „Liga gegen koloniale Unterdrückung".

Der koloniale Freiheitskampf

Mitteilungsblatt
der
Liga gegen koloniale Unterdrückung
(Erscheint deutsch, englisch, französisch, arabisch)
Hauptgeschäftsstelle in Deutschland: Fritz Danziger, Berlin W 50, Bamberger Straße 60

Nummer 3 *Deutsche Ausgabe* *Berlin, 5. Juli 1926*

Die imperialistische Kolonial-propaganda in Deutschland.
Von L. Persius, Kapitän zur See a. D.

▲ Titel der Zeitschrift „Der koloniale Freiheitskampf" vom 5. Juli 1926

► Willi Münzenberg: Kolonien! Die Kolonisierung der Herero durch den deutschen Generalstab, Artikel aus der Arbeiter-Illustrierten-Zeitung 1927, Nr. 1.
Der bekannte KPD-Reichstagsabgeordnete und Medienunternehmer Münzenberg berichtete in einer Fotoreportage vom „Ausrottungskrieg" gegen die Herero in der ehemaligen Kolonie Deutsch-Südwestafrika. Durch die „barbarischsten Mittel" sei „ein ganzes Volk vernichtet" worden. Was Münzenberg den „Ausrottungskrieg" nannte, wurde erst sehr viel später als Völkermord an den Herero und Nama bezeichnet und anerkannt. In seinem Artikel polemisierte Münzenberg nicht nur gegen die Propaganda der kolonialrevisionistischen Bewegung, sondern griff besonders den Reichsbanner-General Berthold von Deimling an, dem er die Beteiligung an Gräueltaten im Kolonialkrieg von 1904–1908 in Deutsch-Südwestafrika vorwarf. Dass Münzenberg gerade Deimling attackierte, war wohl dessen Mitgliedschaft im Reichsbanner, dem sozialdemokratisch dominierten Kampfverband, geschuldet und damit gegen die SPD gerichtet. Motiviert durch die „Sozialfaschismusthese" galt der Hauptangriff der Kommunisten der SPD und nicht etwa den Nationalsozialisten. Dabei war Deimling eine absolute Ausnahme unter den Kolonialmilitärs. Der ehemalige Schutztruppenoffizier und Prototyp des „alten Afrikaners" hatte sich nach dem Ersten Weltkrieg zum Pazifisten gewandelt. Der Ex-General trat für die Weimarer Republik, Abrüstung und Frieden ein. Vor allem richtete sich Deimling gegen die Aufnahme einer neuen Kolonialpolitik und votierte für das Selbstbestimmungsrecht der von den europäischen Kolonialmächten unterworfenen Völker in Afrika und Asien. Münzenberg, der unorthodoxe Propagandist des Kommunismus, floh 1933 vor den Nazis nach Paris. Später sagte er sich von der Komintern los, nach dem Hitler-Stalin-Pakt wandte er sich offen gegen die Sowjetunion. 1940 kam er auf der Flucht vor der deutschen Wehrmacht in Südfrankreich ums Leben; ungeklärt ist bis heute, ob ihn die sowjetische Geheimpolizei ermorden ließ oder ob er Selbstmord beging.

Hereros, die von den deutschen Schutztruppen in die Wüste getrieben und ausgehungert wurden.

Die Kolonisierung der Herero durch den deutschen Generalstab.

Willi Münzenberg

Die deutschen Kolonialvereine, Kolonialorganisationen und alldeutschen Kreise betreiben seit langer Zeit wieder eine rege und rührige Kolonialagitation. In zahlreichen Städten werden Kolonialversammlungen, Kolonialkundgebungen und Kolonialwochen veranstaltet. — Der ehemalige „demokratische" Innenminister Külz wetteifert mit dem ehemaligen zentrümlichen Justizminister Bell in der Kolonialagitation. In allen Bahnhofswirtschaften, Aschinger-Quellen und Patzenhofer-Wirtschaften ermahnen papierne Bieruntersätze: „Deutschland braucht Kolonien!" „Deutschland ohne Kolonien ist ein Rumpf ohne Glieder!"

Aus verschiedenen Fonds „zur besonderen Verwendung" der einzelnen Ressorts finanziert die Reichsregierung in ausgiebigstem Maße die von ihr gewünschte Kolonialagitation. Was beim Eintritt in den Völkerbund noch nicht erreicht wurde, hofft man durch zukünftige Verhandlungen zu bekommen, Rückerstattung wenigstens eines Teiles der ostafrikanischen Kolonie. — Neben unwahren und unrichtigen wirtschaftlichen Begründungen, die durch die Praxis widerlegt werden, sind es vor allem die alte Stammtischgäste begeisternden Phrasen, „Deutschland muß deutsche Kultur in die Wildnis tragen", mit denen die Kolonialfreunde agitieren.

In einer Polemik gegen die in der „Welt am Abend" erschienenen Mitteilungen über Kolonialgreuel, hat der am Kriege beteiligte General von Daimling versucht, sowohl sich, als auch die den Krieg leitende deutsche Militärbehörde von der Schuld reinzuwaschen. Das dürfte ihm kaum gelingen.

Ueber den im Jahre 1904 und 1905 gegen die Hottentotten und Hereros in Südafrika geführten Ausrottungskrieg liegt ein ausführlicher Bericht von der kriegsgeschichtlichen Abteilung I des großen Generalstabs vor. (Der Kampf der deutschen Truppen in Süd-Afrika auf Grund amtlichen Materials bearbeitet von der kriegsgeschichtlichen Abteilung I des Generalstabs, Berlin 1906. Ernst Siegfried, Mittler & Sohn, Königl. Hofbuchhandlung.) In dieser Schrift, die ein streng amtliches Dokument ist, wird ausführlich und breit über den Aufstand der Hereros und Hottentotten gegen die deutsche Gewaltherrschaft im Jahre 1904 und

Kamel-Kavallerie der Schutztruppe marschiert in Front gegen die wehrlosen Eingeborenen, auf daß die deutschen Dividenden steigen.

Die „die Wohltaten der Kultur" verteilten... General von Daimling, Führer der Schutztruppen im Hererokrieg, jetzt Reichsbanner-General.

Junge deutsche Kolonial-Soldaten, die für die Gelüste der deutschen Imperialisten die unmenschlichsten Strapazen unter afrikanischer Sonne aushalten und vielfach ihr Leben opfern mußten.

4

Bevor die deutschen Sklavenhalter kamen.
Ein ostafrikanisches Mädchen wird zum Hochzeitstanz frisiert.

besonders ausführlich über die Niederwerfung der Hereros berichtet. Es heißt da: „Die vereinigte Abteilung Deimling-Mühlenfels marschierte am 13. August um 6 Uhr morgens auf dem Streitwolfschen Wege auf Omutjatjewa vor." Und in einem dort zitierten Brief des Oberleutnant von Beaulien heißt es: „Mehrere Kilometer weiter, längs des Hamakari-Reviers, befindet sich Werft an Werft, die vielen Tausenden von Menschen und unzähligem Vieh als Wohnstätten gedient hatten. Soweit unsere Geschosse gereicht hatten, waren sie in eine Trümmerstätte verwandelt." Und dann: „Der General hatte verboten, Frauen und Kinder zu töten, allen Männern jedoch, die bewaffnet der Truppe in die Hände fielen, hatte ihre letzte Stunde geschlagen." Von diesem barbarischen Befehl, Kriegsgefangene wie tolle Hunde über den Haufen zu schießen, kann sich General Deimling nicht reinwaschen. Das Furchtbarste und fast beispiellose in diesem Krieg war aber folgendes:

Nach schweren militärischen Verlusten mußten sich die Hereros zurückziehen und wurden nun planmäßig von den deutschen Generälen eingekesselt, um sie bewußt in eine Wüste zu treiben, damit dort das gesamte Volk durch Hunger und Durst elendiglich zugrunde gehe. Der Absperrungsgürtel war 250 km lang. Die Truppen unter Deimling wurden nach dem Norden in Marsch gesetzt. Wiederholt versuchten verzweifelte Gruppen der verdurstenden Hereros, die Absperrungszone zu durchbrechen, wurden aber mit Gewehrfeuer zurückgetrieben.

Die Absicht, durch Durst und Hunger das ganze Volk auszurotten, wird in dem Buche mit erschreckender Offenherzigkeit zugegeben. Es heißt da: „Der Gegner hatte sich also, ehe er sich entschließen konnte, das Durstgebiet der Omaheke zu betreten, an deren Rand noch einmal gesetzt. General von Trotha beschloß, mit den Abteilungen Estdorf, Vossmann und Mühlenfels den am Elbsee stehenden Feind unverzüglich anzugreifen und ihn, falls er nicht standhielte, in das Sandfeld zu werfen, wo Durst und Entbehrung seine Vernichtung vollenden mußten."

Natürlich konnten die geschwächten und militärisch schlecht bewaffneten Hereros den Angriff der deutschen Truppen nicht aushalten und mußten sich, einen fürchterlichen Untergang vor Augen, in das Durst- und Hungergebiet zurückziehen. Ein Teil deutscher Reiter stieß nach, mußte aber zurückgezogen werden, um, wie es dort heißt, „sie nicht der Gefahr auszusetzen, einem ähnlichen Schicksal zu verfallen, wie es jetzt den Hereros drohte."

Die deutschen Reiter sahen bei ihrem Rückzuge entsetzliche Bilder: „Kranke und hilflose Männer, Weiber und Kinder, die vor Erschöpfung zusammengebrochen waren, lagen, vor Durst schmachtend, in Massen hingekauert seitwärts im Busch, willenlos und halb blöde ihr Schicksal erwartend."

Ein großes Verdienst bei der Herbeiführung dieses Zustandes schreibt der große Generalstab dem General Deimling zu.

„Inzwischen war die Abteilung Deimling nicht untätig geblieben. Das leidenschaftliche Streben ihres Führers, trotz unüberwindbar erscheinenden Hindernisse doch an den Feind zu kommen, ruhte nicht eher, bis er das „Unmögliche möglich" gemacht hatte."

Dem General Deimling wird ein großes Verdienst zuerkannt, daß die Einkreisung der Hereros in das Durst- und Hungergebiet so rasch und gut gelang.

Im Frühjahr 1905, nachdem die Regenzeit beendet war, wurde der Sperrgürtel aufgehoben und die deutschen Truppen drangen in das Hungergebiet vor. Bis zum September dauerte die sogenannte Reinigung der Hunger- und Durstgebiete durch die deutschen Truppen.

Ueber grauenerregende Zustände, die die deutschen Truppen dort vorfanden, berichtet der an den militärischen Operationen beteiligte Oberleutnant Graf Schweinitz: „Von Ondowu ab bezeichnete ein im Omuramba ausgetretener Fußpfad, neben welchem Menschenschädel und Gerippe und Tausende gefallenen Viehs, besonders Großviehs, lagen, den Weg, den anscheinend die nach Nordosten entwichenen Hereros genommen haben.

Besonders in den dichten Gebüschen am Wege, wo die verdurstenden Tiere wohl Schutz vor den versengenden Strahlen der Sonne gesucht hatten, lagen die Kadaver zu Hunderten dicht neben- und übereinander. An vielen Stellen war in 15 bis 20 m tiefen aufgewühlten Löchern vergeblich nach Wasser gegraben . . . Alles läßt darauf schließen, daß der Rückzug ein Zug des Todes war . . ."

„Die mit eiserner Strenge monatelang durchgeführte Absperrung des Sandfeldes" heißt es in dem Bericht eines anderen Mitkämpfers, „vollendete das Werk der Vernichtung. Die Kriegsberichte des Generals v. Trotha aus jener Zeit enthielten keine Aufsehen erregenden Meldungen. Das Drama spielte sich auf der dunklen Bühne des Sandfeldes ab. Aber als die Regenzeit kam, als sich die Bühne allmählig erhellte und unsere Patrouillen bis zur Grenze des Betschuanalandes vorstießen, da enthüllte sich ihrem Auge das grauenhafte Bild verdurstender Heereszüge. Das Röcheln der Sterbenden und das Wutgeschrei des Wahnsinns . . . sie verhallten in der erhabenen Stille der Unendlichkeit!"

Bevor die kapitalistischen Fronvögte hausten.
Liebespaar in Ostafrika.

Dieser Bericht und das gesamte Buch wird durch folgende Sätze des Generalstabs geschlossen:

„Das Strafgericht hatte sein Ende gefunden. Die Hereros hatten aufgehört, ein selbständiger Volksstamm zu sein."

Brutaler und zynisch offener hat kaum eine amtliche Behörde festgestellt und erklärt, daß es ihr gelungen ist durch die barbarischsten Mittel und durch den furchtbarsten Tod ein ganzes Volk zu vernichten und einen Stamm auszurotten.

Daß der deutsche Generalstab es wagen konnte, in dieser Sprache über das Ende eines unterdrückten Volkes zu schreiben, ist kennzeichnend für die größenwahnsinnige Einstellung der Deutschland Jahrzehnte lang beherrschenden Militärclique, und die heute regierende ist nicht anders!

*) Der Kampf der deutschen Truppen in Süd-Afrika auf Grund amtlichen Materials bearbeitet von der kriegsgeschichtlichen Abteilung I des Generalstabs. Berlin 1906. Ernst Siegfried, Mittler & Sohn, Königl. Hofbuchhandlung.

Als die imperialistischen Banditen der deutschen Industrie erschienen, gab es nur noch — Mord
oder Hunger und Peitsche, Schnaps und Kreuz Lues und Not. Unser Bild, eine Originalaufnahme, zeigt die niedergeknallten Eingeborenen, die beim Bau der Otavi-Bahn in Deutsch-Südwest-Afrika zu streiken wagten, und ihre Mörder.

Die schwarze Rasse stösst

VON J. W. FORD VORS. D. INTERN. GEWERKSCHAFTSKOMITEES UND MITGLIED DER EXEKUTIVE DER LIGA GEGEN

Gilbert Lewis, ein bekannter revolutionärer Negerorganisator in Südamerika wurde in Ketten gelegt und ins Zuchthaus gesteckt

Führer der Liga gegen Imperialismus, die in vorderster Front gegen die Unterdrückung der arbeitenden Neger kämpft. Von links nach rechts: Ford, Vorsitzender des internationalen Gewerkschaftskomitees der Negerarbeiter, Münzenberg, Generalsekretär der antiimperialistischen Liga, Kouyaté aus Französisch-Sudan, Generalsekretär der Liga zur Verteidigung der Negerrasse

In gemeinsamer Kampffront marschieren schwarze u. weiße Arbeiter durch die Straßen amerikanischer Städte, um gegen Hunger u. Arbeitslosigkeit zu demonstrieren. Diese Kundgebungen sind die beste Antwort auf die Vorstöße der Unternehmer, die besonders während der Wirtschaftskrise schwarze und weiße Arbeiter gegeneinander hetzen wollen

Der afrikanische Arbeiterführer J. W. Nkosi, der in den erbitterten Kämpfen am Dingaans-Tag, 16. Sept. 1930, von der Burenpolizei ermordet wurde. Der Dingaans-Tag wird von den südafrikanischen Massen als Trauer- und Protesttag gegen den Raub ihrer Freiheit alljährlich mit Kundgebungen begangen

Der rote Gewerkschaftler Patterson, Organisator der New-Yorker Negerarbeiter, fordert in einer Massenversammlung die Freilassung der acht jungen Negerarbeiter von Alabama, die von der amerikanischen Klassenjustiz schuldlos zum elektrischen Stuhl verurteilt worden sind (Vgl. A-I-Z Nr. 24). / Der Protest des revolutionären Weltproletariats vereinigt sich mit dem Ruf Pattersons, diesen Mord an Unschuldigen unter allen Umständen zu verhindern

Die große Masse der Negerrasse bilden Arbeiter und Bauern. Sie leiden nicht nur als unterdrückte Rasse, sondern auch als ausgebeutete Klasse. Seit vor Jahrhunderten der Sklavenhandel eingeführt wurde, haben die kapitalistischen und imperialistischen Unterdrücker die brutalsten Mittel angewandt, um aus dem Schweiß und Blut der Negervölker ihre Gewinne zu ziehen.

Die Ausbeutung der Neger gehört zu den schmachvollsten Seiten in der Geschichte des Kapitalismus. Die Eroberungs- und Knechtungs-Politik, welche die christlichen kapitalistischen Länder gegen die Negervölker anwandten, wurde mit äußerster Grausamkeit durchgeführt, mit Hilfe von Raubzügen und der zwangsweisen Einführung von Bibel, Nilpferdpeitsche und Whisky. Die räuberische Niederwerfung des afrikanischen Kontinentes und die Ausbeutung der Negervölker bildet einen der wichtigsten Faktoren in der Entwicklung und dem Wachstum des kapitalistisch-imperialistischen Systems.

Schätzungsweise wurden während der Zeit des Sklavenhandels über hundert Millionen Neger vom afrikanischen Kontinent verschleppt, ihr Blut tränkte die Schiffe der Sklavenräuber und rötete den Boden aller Sklavenländer von der westafrikanischen Küste über ganz Amerika.

Mit Hilfe schwerer Besteuerung und anderen Raubformen werden die imperialistischen Heere ausgerüstet, um die Bevölkerung Afrikas und Westindiens niederzuhalten. Blutige Massaker ertränken ihre Freiheitskämpfe. Truppen zerstören und tilgen ganze Eingeborenendörfer in Afrika und Westindien. Während der letzten 35 Jahre wurden viele tausende Neger in den Vereinigten Staaten gelyncht. Und heute, während der Weltkrise des Kapitalismus, verelenden und verhungern Millionen von Negern. Die Imperialisten laden die schwersten Lasten der Krise auf ihren Rücken. Sie verschärfen die brutale Unterdrückung der Neger durch massenweise Ausrottung und durch Steigerung des weißen Terrors und des Lynchsystems.

Zwangsarbeit und andere verhüllte Formen der Sklaverei bilden bis heute die Hauptmittel zur Ausbeutung der Negerarbeiter. In Südafrika dienen Millionen Eingeborene in den Minen und Plantagen als Zwangsarbeiter und Sklaven. Ueber 1½ Millionen Industriearbeiter und Landarbeiter werden in Viehhürden und umzäunten Höfen eingeschlossen oder durch Paßgesetze und Kastensysteme eingeengt. Ueber 80 000 Eingeborene aus Portugiesisch-Afrika werden jährlich dazu gezwungen, in den Minen Südafrikas zu arbeiten.

In Kamerun werden die Eingeborenen dazu genötigt, die Bebauung ihres eigenen Landstückes aufzugeben, um dafür auf den europäischen Konzessionen zu arbeiten, wo sie Kokos, Palmölnüsse, Kautschuk usw. anbauen, aber keinen anderen Lohn dafür erhalten, als ein wenig Reis und getrockneten Fisch.

Um aus ihrer „schwarzen Armee" und aus Zentralafrika so viel Gummi, Holz, Kupfer und andere Produkte herauszuziehen wie möglich, haben die französischen

510

▲ „J. W. Ford: Die schwarze Rasse stösst zur roten Front!“, Arbeiter-Illustrierte Zeitung, 1931. Die Bildreportage berichtet über den Bürgerrechtskampf in den USA und den antikolonialen bzw. antiimperialistischen Befreiungskampf in Afrika.

Zur roten Front!

Zeitungen, die von den revolutionären Negern in Amerika, Südafrika und den verschiedenen Kolonien verbreitet werden

DER NEGERARBEITER DEN IMPERIALISMUS

Letzte Tagung des Afrikanischen Nationalkongresses in Bloemfontein, auf dem sich die revolutionären Führer Nzula, Gumede und viele andere von den mit den Imperialisten paktierenden Führern trennten und den unabhängigen afrikanischen Nationalkongress gründeten. Die Mitglieder des Generalrats der antiimperialistischen Liga Nzula (×), Sekretär der südafrikanischen Kommunistischen Partei und Gumede (×)

Imperialisten ein System brutalster Zwangsarbeit eingeführt. Den Konzessionsgesellschaften wird Eingeborenenarbeit in „Raten" von 1500 bis 8000 Köpfe pro Monat zugewiesen. Ganzen Dörfern werden bestimmte Aufgaben zugeteilt; werden diese Aufgaben aus irgendeinem Grunde nicht erfüllt, so wird das ganze Dorf besteuert oder von den Truppen ausgepeitscht. Bei der Anlage einer Eisenbahnstrecke in Zentral-Afrika arbeiteten die Eingeborenen unter so furchtbaren Verhältnissen, daß 25000 während der Bauarbeiten starben. Für jeden Kilometer der angelegten Strecke starben 123 Eingeborene. In einem Bezirke, „Gabon", sank die Bevölkerung von 1050000 im Jahre 1911 auf 300000 im Jahre 1921, hauptsächlich an den Folgen der Zwangsarbeit.

In den Vereinigten Staaten leben Millionen von Neger-Kleinbauern, Teilpächtern und Pächtern Jahr für Jahr in Verschuldung und Elend, unter Bedingungen, die sich in keiner Weise von Zwangsarbeit und Sklaverei unterscheiden; wenn die Neger von den Farmen entweichen, oder die geringste Auflehnung gegen ihre Lebensbedingungen zeigen, werden sie eingefangen, irgendeines Vergehens angeschuldigt (gewöhnlich „Raub" oder „Notzucht") und gelyncht. Im südlichen Gebiet der USA passieren alljährlich 50% der männlichen Negerbevölkerung durch die Gefängnisse in die Sträflingstruppen, und als Zwangsarbeiter in die Minen und Plantagen.

Durch diese und andere Mittel brutaler Unterdrückung saugen die Imperialisten aus dem Lebensblut der Negerarbeiter ihre schmählichen Profite.

Das bemerkenswerteste Ereignis der letzten Jahre ist das wachsende Klassenbewußtsein der Negerarbeiter und die zunehmenden Revolten von Negerbauern gegen ihre Unterdrücker. Der bedeutsamste Aufstand der letzten Jahre war die Empörung der Eingeborenen in Aequatorial-Afrika (1928) gegen die Zwangsarbeit und andere unerträgliche Bedingungen, die ihnen der französische Imperialismus auferlegte.

Die Eingeborenen entwaffneten einige französische Kolonialtruppen und töteten systematisch alle jene Eingeborenen-Häuptlinge, die sie verrieten.

(Forts. S. 512)

Lamine S…gh…, der hervorragende Führer der Negermassen in Französisch-Aequatorialafrika, der 1927 im französischen Gefängnis qualvoll starb. Unvergeßlich wird den um ihre Befreiung vom imperialistischen Joch ringenden Völkern seine Rede auf dem Brüssler Kongreß der antiimperialistischen Liga sein, in der er die Schandtaten der Unterdrücker enthüllte. Senghors letzte Worte, sein Vermächtnis an alle Ausgebeuteten, lauteten:

„Der Kapitalismus ist es, der den Imperialismus gebärt. Darum müssen diejenigen, die unter der kolonialen Unterdrückung leiden, sich die Hände reichen und sich Seite an Seite mit denjenigen stellen, die unter dem Imperialismus der Hauptländer leiden. Kämpft mit den gleichen Waffen, zerstört das Weltübel, den Weltimperialismus und ersetzt ihn durch den Bund der freien Völker … dann wird es keine Sklaverei mehr geben!"

511

35
Togo Neger
Panopticum.

Castan's Panoptikum und Passage-Panoptikum

Friedrichstraße, Ecke Behrenstraße

◀ Berlin, Friedrichstraße, um 1900: Castan's Panopticum war ab dem Jahr 1888 in dem Gebäude der links im Bild zu erkennenden Pschorr-Brauerei untergebracht. In der Kaisergalerie gegenüber hatte das Passage-Panoptikum seine Räume. Auf dem großen Schild über dem Eingang zur Kaisergalerie kündigt das Passage-Panoptikum „35 Togo-Neger, 28 Mädchen, 5 Männer, 2 Kinder" an. Das dort zitierte N-Wort ist heute als rassistisch verpönt.
Bernd Ehrig: Alt-Berliner Photoalbum 1875–1933, Berlin 1977

In der Friedrichstraße, Ecke Behrenstraße befand sich seit 1873 die Kaisergalerie mit einer prunkvollen Ladenstraße, die zum Boulevard Unter den Linden führte. Neben einem Konzertsaal, Restaurants, einem Hotel, Büroräumen sowie einer modernen Einkaufspassage war dort auch Castan's Panoptikum untergebracht, ein nach ihren Gründern, den Brüdern Louis und Gustav Castan, benanntes Wachsfigurenkabinett. Das Panoptikum, das sich als populäres Bildungs- und Unterhaltungsunternehmen verstand, wollte die Menschheit und deren unterschiedliche Entwicklungen plastisch darstellen. Es diente nicht zuletzt als „patriotische Schulungsstätte". So gab es eine „Ruhmeshalle" mit einem Figurenensemble, das den Gründungsakt des Deutschen Kaiserreichs im Jahr 1871 nachstellte. Abgesehen von nationalen Prestigeobjekten, Illusionskünstler:innen wie der Dame ohne Unterleib oder dem Knaben mit dem Löwenkopf und „Abnormitäten" wie besonders groß- oder kleingewachsenen Menschen gehörten ethnografische Schaustellungen – sogenannte Völkerschauen – zum Programm. Zwischen 1882 und 1911 organisierten die Brüder Castan siebenundzwanzig solcher Völkerschauen, darunter mit Abessiniern aus Ostafrika oder „Amazonen" des Königs von Dahomey. Sie verstanden es auch, aktuelle Ereignisse wie den Kolonialkrieg in Deutsch-Südwestafrika (heute Namibia) für ihr Geschäft zu nutzen. Zu Pfingsten 1904 stellten sie eine Wachsfigur des Paramount-Chiefs der Herero, Samuel Maharero, aus. Im Jahr 1888 siedelte Castan's Panoptikum aus Platzgründen in ein größeres, gegenüberliegendes Haus der Pschorr-Brauerei um (Friedrichstraße 165, Ecke Behrenstraße). Von dem in der Kaisergalerie von einer neu gegründeten Gesellschaft eröffneten Passage-Panoptikum erhielt Castan's Panoptikum fortan Konkurrenz.

Auch das Passage-Panoptikum versuchte, Schaulustige mit Völkerschauen anzulocken, der Zuschaustellung fremder Menschen, besser gesagt – durch ihre rassistisch-exotisierende Inszenierung – fremd*gemachter* Menschen. Neben „Zigeunern" aus dem Kaukasus traten Samoaner aus der gleichnamigen deutschen Südsee-Kolonie, „Zulukaffern" aus Südafrika, „wilde Kongoweiber" aus Zentralafrika oder „Togo-Neger" auf. Die Berliner physischen Anthropologen und Völkerkundler ließen es sich nicht nehmen, die Menschen zu vermessen und „wissenschaftlich" (aus heutiger Sicht pseudowissenschaftlich) zu untersuchen, so zum Beispiel die „Pygmäen", die das Passage-Panoptikum Anfang Juni 1906 „auslieh". Der Berichterstatter, der Arzt und Anthropologe Felix von Luschan, beschrieb die vier Männer und zwei Frauen in einer außerordentlichen Sitzung der Gesellschaft für Anthropologie, Ethnologie und Urgeschichte in einem rassistisch ausfallenden Ton als „ungezogen", „unbotmäßig", „widerspenstig" und „im höchsten Grade widerwärtig": „So ist es mehr als albern, wenn sie sich hier im Saale weigern, auch nur ihre Oberkleider abzulegen, während sie im Panoptikum den ganzen Tag halbnackt herumlungern." Von den sechs zu Objekten *weißer* Exotismusbegierde gemachten Menschen, deren Widerständigkeit Luschan so geärgert hatte, sind die Namen überliefert. Sie hießen Mangungu, Kuaki, Mafuta-mengi, Matuko, Bokani und Omariapi. Rudolf Virchow, Mediziner, Kommunalpolitiker und Anthropologe, ließ seinerseits keine Gelegenheit verstreichen, Menschen aus außereuropäischen Gebieten, die entweder im Panoptikum oder auf anderen Völkerschauen gezeigt wurden, zu untersuchen. Zu den 1885 in Berlin weilenden Zulus aus Südafrika merkte er an: An ihnen lasse sich ein von der europäischen Zivilisation bedrohtes Volk „in seinem energischen Kampfe um das Dasein" beobachten, womit er den Imperialismus der europäischen Kolonialmächte in Naturgeschichte umdeutete. Und als er im Jahr darauf an Bella-Coola-Indianern aus dem nordwestlichen Amerika Körpermessungen vornahm, gab er seiner Überzeugung Ausdruck, dass „diese Leute im Sinne Darwins rudimentäre Nachkommen ehemaliger Menschenfresser" darstellten.

Aktuelle Ereignisse der Kolonialpolitik griff das Passage-Panoptikum ebenfalls auf. Im Frühjahr 1905 hatte die Landung Kaiser Wilhelms II. in Tanger die erste Marokko-Krise ausgelöst, woraufhin die Einberufung einer Marokko-Konferenz erfolgte. Anlässlich des Beginns der Konferenz in Algeciras forderte der Berliner Lokal-Anzeiger im Januar 1906 in einer Anzeige unter der Überschrift „Auf nach Marokko!" zum Besuch des Passage-Panoptikums auf. Bereits seit Mitte Dezember 1905 präsentierte das Passage-Panoptikum die Schaustellung „Marokko in Berlin". Etwa fünfzig Frauen, Männer und Kinder aus Tanger und Fez absolvierten das für solche Veranstaltungen typische Programm. Weber, Korbflechter, Schuhmacher und Bäcker führten „traditionelles" Handwerk und Gewerbe vor. Dargeboten wurden Fecht- und Tanzkünste, ein orientalisches Café und als besondere Attraktion der „Harem des Scheik Asra" mit acht Odalisken und Tänzerinnen. Die Konferenz in Algeciras endete im April 1906 mit der Bestätigung der französischen Vormachtstellung in Marokko. Auch am Ende der zweiten Marokko-Krise, die der sogenannte Panthersprung nach Agadir im Juli 1911 heraufbeschwor, wurde das Protektorat Frankreichs über Marokko vertraglich besiegelt. Das Deutsche Reich erhielt hierfür und im Austausch gegen einen kleinen Teil Togos ein schmales Stück des französisch besetzten Kongo.

Völkerschauen hatten in Berlin über viele Jahre Konjunktur im Unterhaltungsgeschäft. Die größte fand 1896 während der „Ersten Deutschen Kolonialausstellung" in Berlin-Treptow statt, die anlässlich der Berliner Gewerbe-Ausstellung abgehalten wurde. „Eingeborene" aus den deutschen Kolonien mussten ihr „traditionelles" Leben vorführen. Aber auch im Lunapark am Halensee, in der Vergnügungsstätte Flora im damaligen Vorort Charlottenburg, im Zirkus Busch an der Burgstraße, in zahlreichen Kabaretts, Gaststätten und auf Jahrmärkten und sogar im Zoologischen Garten waren Völkerschauen zu sehen. 1912 bestanden Pläne für die Gründung einer GmbH „Ethnologischer Garten Berlin", die auf einem Areal um das Gelände des Sommerlokals „Seeschloß" am Stößensee nahe der Rennbahn Grunewald „ein lebendes Völkerkundemuseum" errichten wollte. Das ausschließlich für „wissenschaftliche" Völkerschauen vorgesehene Gelände sollte doppelt so groß sein wie das des Zoologischen Gartens und einen deutlichen Kontrapunkt zu kommerziellen Unternehmen setzen, so etwa auch zu dem zeitgleich von Carl Hagenbeck an der Jungfernheide geplanten Völkerschaupark. Beide Vorhaben wurden jedoch nicht realisiert. Immer wieder gab die Kolonialpolitik der Branche Anlass zu Spektakeln. Mitte September 1904 nahm der Zirkus Busch mit „Süd-West-Afrika" den Vernichtungsfeldzug der kaiserlichen „Schutztruppen" gegen die Herero in sein Programm auf. Im Programmheft wurden die Herero als „gefährliche Gegner" der deutschen Kolonialmacht bezeichnet, die es „mit Waffengewalt zur Botmässigkeit zu zwingen" galt. In der im September 1913 uraufgeführten Pantomime „Aus unseren Kolonien" wurden die „ungezähmte Wildheit" und „Raublust" der Völkerschaften Afrikas in Szene gesetzt.

Das Ende des Unterhaltungsformats „Panoptikum" kam mit der wachsenden Popularität des Kinos Anfang der 1920er-Jahre. Was Castan's Panoptikum betrifft, so gingen einzelne Objekte der Dauerausstellung in verschiedene öffentliche und private Sammlungen über. Dazu gehörten etwa die „Rassenporträts", Büsten aus Wachs und Gips aus der ethnografischen Abteilung von Castan's Panoptikum. Noch bis Anfang der 1930er-Jahre wurden in Berlin Völkerschauen, die letztlich nichts anderes als ein Akt kultureller Barbarei waren, präsentiert. Indes hält sich der koloniale Blick auf die „Fremde(n)" mitunter bis heute.

♦ Literatur: Thode-Arora: Völkerschauen in Berlin; Creutz: Lebendabgüsse aus Deutsch-Neuguinea; Kirschnick: Koloniale Szenarien; Green/Lotz: Von Bernburg in Anhalt nach Basoko im Kongo; Friederici: Castan's Panopticum.

▲ Makabres Erbe des Panoptikums: Wachsbüste eines „Hottentotten oder Buschmann“ aus der ethnologischen Abteilung von Castan's Panoptikum, um 1890 „Hottentotte oder Buschmann“ war die abschätzige Fremdbezeichnung für die Nama in der Kolonie Deutsch-Südwestafrika, dem heutigen Namibia. Solche „Rassenporträts“ zeigen das stereotyp verzerrte Abbild des ganz „Anderen“. Die Aufnahme entstand in der Ausstellung „Wilde Welten. Aneignungen des Fremden in der Moderne“, die 2010 im Berliner Georg-Kolbe-Museum gezeigt wurde.
Foto: Joachim Zeller

▲ Abessinisches Dorf, Plakat, Castan's Panopticum, Berlin 1906 | *Blanchard/Boëtsch/Snoep: Human Zoos*

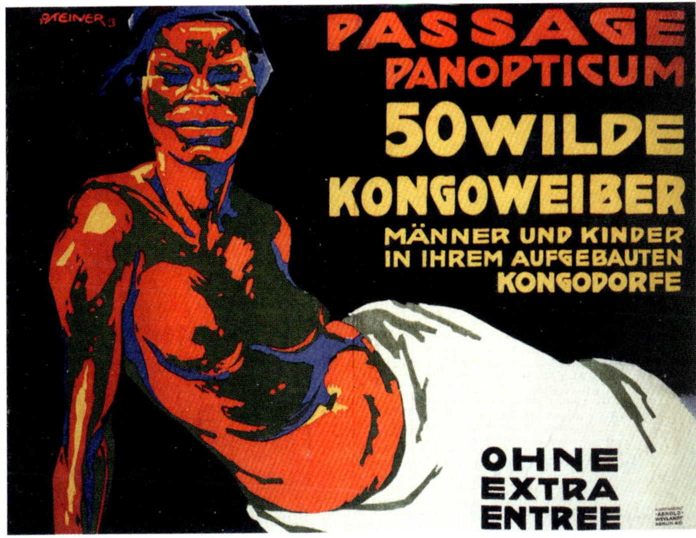

▲ Mit rassistischen und sexistischen Darstellungen wurde für das Passage-Panoptikum geworben, sie sollten dem gaffenden *weißen* Publikum „traditionelles" Leben im „Kongodorf" vorführen.
Plakat 1913 | *Aus: Heyden/Zeller: Kolonialmetropole Berlin*

▸ „Pygmäen" im Berliner Passage-Panoptikum, 1906. Die Namen der abgebildeten Menschen sind bekannt. V. l. n. r.: Vorne: Mangungu, Kuaki; mittlere Reihe: Mafutamengi, Matuko, Bokani; hinten: Omariapi
Zeitschrift für Ethnologie, Bd. 46, 1914

„Einzug der Ostafrika-Kämpfer in Berlin“, 1919

Pariser Platz und Unter den Linden

◂ Berlin, Pariser Platz. – Rückkehr der Deutschen Schutztruppen nach Deutschland. Paul von Lettow-Vorbeck zu Pferd. (Ausschnitt)
Bundesarchiv, Bild 105-DOA7232 / Walther Dobbertin / CC-BY-SA 3.0

„Die Gesichter unserer Helden waren von der Tropensonne tief gebräunt, ihre Züge waren straff wie aus Marmor …“ Lebenden Denkmälern gleich erschienen einem Zeitungskorrespondenten des „Reichsboten“ die ins Deutsche Reich zurückgeführten Reste der deutsch-ostafrikanischen Schutztruppe, die am Sonntag, dem 2. März 1919 gegen 16 Uhr vom Lehrter Bahnhof kommend durch das Brandenburger Tor nach Berlin einmarschierten. Abertausende von Berlinern jubelten dem an der Spitze seiner Mitstreiter reitenden Generalmajor Paul von Lettow-Vorbeck zu. Mit ihm nahmen Heinrich Schnee (letzter Gouverneur von Deutsch-Ostafrika), Generalmajor Wahle, Kapitän zur See Looff (Kapitän des vor der ostafrikanischen Küste untergegangenen Kreuzers *Königsberg*) sowie 30 Offiziere und ca. 125 Unteroffiziere und Mannschaften die Ovationen der Berliner entgegen.

Auf dem Pariser Platz war eine Ehrentribüne aufgebaut, auf der Vertreter der Reichs- und Stadtregierung, von Armee und Marine die Heimkehrer willkommen hießen. Die Berliner Kolonialkriegervereine ehemaliger „Ostafrikaner“, „Südwestafrikaner“ und „Ostasiaten“ und der „Deutschnationale Jugendbund“ mit schwarz-weiß-roten Fahnen waren ebenfalls angetreten. Der neue Kolonialminister, Dr. Johannes Bell, Kriegsminister Reinhardt, Admiral Rogge und Bürgermeister Dr. Reicke hielten Ansprachen, in denen sie die Verdienste der Ostafrikakämpfer würdigten. Sobald dabei der Name Lettow-Vorbeck fiel, „erschollen Beifall und Hochrufe".

Die Kundgebung in dem von revolutionären Unruhen erschütterten Berlin – die neu gewählte Nationalversammlung hatte aus diesem Grund ihren Tagungsort nach Weimar verlegt – war die Geburtsstunde des Mythos vom „unbesiegten Helden von Ostafrika". Der „Löwe von Afrika", wie Lettow-Vorbeck später auch genannt wurde, ist denn auch der einzige wirkliche deutsche „Kolonialheld" gewesen, den der Erste Weltkrieg hervorgebracht hat.

Lettow-Vorbeck tat fortan alles, um den Feldzug, bei dem er als Oberkommandierender mit der Schutztruppe beinahe vier Jahre lang Tausende von Kilometern durch die Kolonien Deutsch-Ostafrika, Britisch-Rhodesien und Portugiesisch-Mozambique gezogen war, nicht in Vergessenheit geraten zu lassen. Als Vortragsredner, vor allem aber in seinen Büchern, insbesondere in dem in vielen Auflagen erschienenen Werk „Heia Safari!", schilderte er das Kriegsgeschehen zwischen 1914 und 1918 in glorifizierender Weise.

Dabei stellte die vermeintliche Heldentat eigentlich ein von vornherein aussichtsloses Unterfangen dar, war doch allgemein bekannt, dass die deutschen Überseekolonien militärisch nach außen nicht zu verteidigen waren. Vor allem aber verfehlte Lettow-Vorbeck das von ihm angestrebte Ziel, durch einen Guerillakrieg eine möglichst große Anzahl gegnerischer Truppen auf dem afrikanischen Kriegsschauplatz zu binden und damit deren Einsatz in Europa zu verhindern, denn die dafür auf alliierter Seite eingesetzten Truppenteile waren zahlenmäßig viel zu unbedeutend. Jedenfalls blieb der Durchhaltekrieg in Ostafrika ohne jeden Einfluss auf den Ausgang des Weltkrieges. Jedoch genoss Lettow-Vorbeck selbst bei seinen ehemaligen Gegnern, die zwar Ostafrika besetzen, aber seiner nicht habhaft werden konnten, den Ruf „as the ablest colonial soldier of World War I". Dass der jahrelang geführte Kleinkrieg eine Unzahl von Opfern – die hätten vermieden werden können – und auch langfristige ökologische Verheerungen für Ostafrika bedeutete, blieb freilich bei solcherart Feststellung unberücksichtigt. Der

Historiker John Iliffe gab folgendes Urteil über den Kriegszug von Paul von Lettow-Vorbeck ab: „[Für Lettow-Vorbeck] spielten die Interessen Ostafrikas keine Rolle. […] [Er] kämpfte einen Guerillakrieg, den er mit den höchsten militärischen Fähigkeiten führte, der aber gleichzeitig ein Feldzug äußerster Skrupellosigkeit war, in dem eine kleine, schwerbewaffnete Streitmacht ihren Nachschub von Zivilisten erpreßte, für die sie keine Verantwortung empfand. Lettow-Vorbecks brillanter Feldzug war der Höhepunkt der Ausbeutung Afrikas: seine Verwendung als reines Schlachtfeld."

Lettow-Vorbeck erhielt für seine „Heldentaten" eine ganze Reihe öffentlicher Ehrungen, darunter die Ehrendoktorwürde der Universitäten von Berlin und Rostock. Auf seinem weiteren Lebensweg sah man den Haudegen im Juni 1919 in Hamburg, wo er im Auftrag der Reichsregierung die Hungerunruhen mit seinem „Korps Lettow" brutal niederschlug. Einschlägige Erfahrungen bei der Niederschlagung von Aufständen hatte Paul von Lettow-Vorbeck bereits zuvor während des sog. Boxeraufstandes in China (1900/01) und im Krieg gegen die Herero und Nama in Deutsch-Südwestafrika (1904–1908) gesammelt. Nach Beteiligung an dem im Sommer 1920 von ultrarechten Militärs durchgeführten „Kapp-Lüttwitz-Putsch" musste er seinen Abschied aus der Reichswehr nehmen. Von 1928 bis 1930 saß er als Abgeordneter für die Deutschnationale Volkspartei im Reichstag und schloss sich danach der Volkskonservativen Vereinigung an. Vor allem aber gehörte Lettow-Vorbeck in den zwanziger und dreißiger Jahren zusammen mit Heinrich Schnee zu den wichtigsten Protagonisten und zugleich Symbolfiguren des deutschen Kolonialrevisionismus.

Was wohl die wenigsten der am besagten Märztag des Jahres 1919 vor dem Brandenburger Tor Versammelten ahnten oder wahrhaben wollten: Mit der Jubelfeier in Berlin war das Ende des deutschen Kolonialismus gekommen, einer Kolonialherrschaft, die hier 35 Jahre zuvor ihren Anfang genommen hatte. Es war Reichskanzler Bismarck, der am 24. April 1884 mit jenem später berühmt gewordenen Telegramm die „Erwerbungen" des Bremer Kaufmanns Adolf Lüderitz nördlich des Oranje-Flusses an der Bucht von Angra Pequena (heute Lüderitzbucht in Namibia) offiziell unter den „Schutz des Deutschen Reiches" gestellt hatte. Dieses Datum markiert den Startschuss zu einer expansiven weltumspannenden Politik des wilhelminischen Kaiserreichs, das mit seinen überseeischen Besitzungen nunmehr eine „Weltmacht“ zu sein beanspruchte.

Die offizielle Dekolonisation Deutschlands erfolgte schließlich am 28. Juni 1919, als Johannes Bell in seiner Funktion als Kolonial- und Verkehrsminister zusammen mit Außenminister Hermann Müller für das besiegte Deutsche Reich in Versailles den Friedensvertrag unterzeichnen musste. Der Artikel 119 des Versailler Vertrages schrieb den Verzicht Deutschlands auf seine überseeischen Besitzungen fest, die die Alliierten – unter dem Vorwand von Völkerbundmandaten – unter sich aufteilten. Diese Annexion wurde von den alliierten und assoziierten Mächten mit „Deutschlands Versagen auf dem Gebiete der kolonialen Zivilisation“ begründet. Der in der Folgezeit von der deutschen Kolonialbewegung geführte Kampf um die Rückgabe des „geraubten Kolonialreiches“ wie auch gegen die „Kolonialschuldlüge“ blieb erfolglos. Mit der Katastrophe des Zweiten Weltkrieges zerplatzten endgültig alle deutschen Kolonialträume, und nach 1945 kam jener Prozess in Gang, bei dem die Unabhängigkeitsbewegungen in der „Dritten Welt“ ihre Länder vom kolonialen Joch befreiten.

♦ Literatur: Zeller: Das Ende der deutschen Kolonialgeschichte; Schulte-Varendorff: Kolonialheld für Kaiser und Führer.

▲ „Einzug der Ostafrika-Kämpfer in Berlin", Postkarte, 1919.
Die „Ostafrika-Kämpfer", die am 2. März 1919 durch das Brandenburger Tor nach Berlin einzogen, ließen sich als „moralische Sieger" des ostafrikanischen Feldzuges feiern. Der überwiegende Teil der Menschen, die Lettow-Vorbeck und seinen Mitstreitern einen begeisterten Empfang bereiteten, dürften bürgerlich-konservativen Kreisen wie der nationalen Rechten zuzuordnen sein. Jedenfalls erwähnte die Linkspresse – wie zum Beispiel der „Vorwärts" oder die „Rote Fahne" – die Ankunft Lettow-Vorbecks mit keinem Wort. Ganz anders die zu Anfang der Weimarer Republik stark antirepublikanische Tendenzen vertretende „Deutsche Tageszeitung", die – die Dolchstoßlegende bemühend – schrieb: „Als die deutsche Revolution das deutsche Heimatheer von hinten erdolcht hatte, hielt Lettow-Vorbeck noch die deutsche Fahne aufrecht. [...] Lettow-Vorbeck und der Gedanke an seine Tat ist inmitten dieser wüsten Tage eine Stunde stiller Erhebung für jeden, der deutsch denkt und deutsch fühlt."
Postkarte: Privat

◀ Heinrich Schnee (links) und Paul von Lettow-Vorbeck, Berlin März 1919. Das Bild verrät nichts von dem schweren Zerwürfnis, das im Verlauf der Kriegsjahre in Ostafrika zwischen beiden entstanden war. Der Gouverneur und der im April 1914 neu ernannte Schutztruppenkommandeur hatten erbitterte Auseinandersetzungen um Fragen der Landesverteidigung geführt. Gouverneur Schnee vertrat ein defensives Konzept, d. h. er wollte nach Möglichkeit die Neutralität der Kolonie erhalten und die einheimische Bevölkerung nicht in die Kriegshandlungen mit hineinziehen. Letzteres war vor allem machtpolitisch motiviert: Der befürchteten Erschütterung der Kolonialherrschaft sollte vorgebeugt werden, indem man – als Hilfssoldaten und Träger eingesetzte – Afrikaner nicht gegen Europäer kämpfen lassen wollte. Dagegen plante Lettow-Vorbeck, eine möglichst große Zahl gegnerischer Streitkräfte durch energische Offensiven in Ostafrika zu fesseln, und zwar weniger um die Kolonie unter allen Umständen zu halten, sondern vielmehr, um dadurch den heimischen Kriegsschauplatz in Europa zu entlasten. Das Reichskolonialamt in Berlin, dem Lettow-Vorbecks Denkweise bekannt war, versuchte vergeblich, die strategische Konzeption des Kommandeurs zu hintertreiben. Lettow-Vorbeck konnte – mit Rückendeckung des Generalstabs und des Oberkommandos der Schutztruppen in Berlin – seine Vorstellungen durch Herbeiführen militärischer Sachzwänge ungerührt durchsetzen, da dem Gouverneur zwar die Befugnis für Rahmenanweisungen zustand, er aber nicht Einfluss auf Operationen der Schutztruppe nehmen durfte. Gouverneur Schnee, der sich fast während des ganzen Feldzuges Lettow-Vorbecks Bemühungen widersetzte, nicht die Kolonie zu verteidigen, sondern die Schlagkraft der Schutztruppe zu erhalten, vermochte lediglich, ein kriegsgerichtliches Verfahren nach Kriegsende anzudrohen. Der Kommandeur seinerseits ging so weit, eine offizielle Klage beim Kaiser gegen Schnee wegen dessen angeblichen Missbrauchs der Amtsbefugnisse einzureichen. Aber auch einige Schutztruppenoffiziere hatten gegen Schnee konspiriert, indem sie ihm Hochverrat im Sinne des Militärstrafgesetzbuches anlasteten.
Heinrich Schnee-Archiv im Geheimen Staatsarchiv Berlin

Entwürfe für ein Kolonialdenkmal in Berlin.

Der mit dem 1. Preis bedachte Entwurf von Fritz Behn.

Es ist ein überaus glücklicher Gedanke, in der Hauptstadt des deutschen Reiches den tapferen Kriegern ein Denkmal zu errichten, ihnen, die im fremden Land kämpfend für ihres Vaterlandes Größe fielen und so der Kultur in unseren Kolonien mit dem Schwert in der Hand, wie einst die Kreuzritter in der Ostmark, die Wege bereiteten. Kaum dürfte in dem letzten Jahrzehnt ein Denkmalsplan auf fruchtbareren Boden gefallen sein als der eines Kolonialkriegerdenkmals in Berlin. In erster Linie gilt diese in Aussicht genommene Ehrung natürlich den tapferen Söhnen Deutschlands, die in dem so heimtückischen Kriege gegen die Eingebornen Südwestafrikas gefallen sind, den Kämpfern in unserem ersten großen und nach schweren Verlusten glücklich und siegreich beendeten Kolonialkrieg, der schließlich doch Bedingung war für die Entwicklung des Landes. Südwestafrika ist die Kolonie, an die wir am meisten gewandt haben, die deutsches Blut in reichem Maße gekostet hat und die nun auch auf dem Wege ist, uns durch denkenswerteste Erträgnisse an Edelsteinen und Mineralien, späterhin auch durch die der Landwirtschaft auf das reichlichste zu entschädigen. Für die Gewinnung eines schönen Denkmals wurde der übliche Weg der Preisbewerbung eingeschlagen, der freilich trotz der schönen Entwürfe, die er zeitigte, nicht gleich zum Ziele geführt hat. Die Entscheidung der Preisrichter erfolgte nach rein künstlerischen Gesichtspunkten, wie das ja nicht anders sein konnte. So prachtvoll auch der mit dem ersten Preis bedachte Entwurf des Münchener Professors Fritz

Der mit dem 2. Preis bedachte Entwurf von Hermann Hahn.

Entwurf von Adolf Brütt.

Akademie der Künste
Pariser Platz 4

◄ Artikel zum Wettbewerb zur Errichtung eines Kolonialkriegerdenkmals in Berlin 1914. Oben: Der preisgekrönte Entwurf von Fritz Behn; rechts unten: Entwurf von Hermann Hahn und Carl Sattler (2. Preis); links unten: Entwurf von Adolf Brütt. *Daheim, 20. 6. 1914, S. 2.*

Vom 4. bis 10. Juni 1914 wurden in der Königlichen Akademie der Künste am Pariser Platz die Entwürfe des Wettbewerbs zur Errichtung eines Kolonialkriegerdenkmals in Berlin der Öffentlichkeit präsentiert. Im Archiv der Akademie sind allerdings keine Dokumente zu der Ausstellung mehr zu finden, doch Zeitschriften wie „Die Kunstwelt" oder „Daheim" besprachen die Entwürfe und druckten Abbildungen ab, sodass man sich ein Bild von den Wettbewerbsergebnissen machen kann.

Von wem ursprünglich die Initiative zur Errichtung eines Kolonialkriegerdenkmals in Berlin ausging, lässt sich nach den vorliegenden Quellen nicht genau ermitteln. Vermutlich waren es Mitglieder der „Kaiserlichen Schutztruppe" und nationalkonservativer Kreise, die sich für das Denkmalprojekt einsetzten. Im Laufe der Planungen traten neben dem Reichskolonialamt vor allem zur Koloniallobby gehörende Reichstagsabgeordnete hervor. Das Denkmalprojekt wurde schließlich auf Beschluss des Reichstags, des Bundesrats sowie mit Billigung und im Auftrag des Reichskanzlers auf den Weg gebracht. Die veranschlagten 320 000 Reichsmark sollten aus Reichsmitteln bestritten werden und somit die Finanzierung ausschließlich mit öffentlichen Geldern erfolgen und nicht wie sonst häufig durch Spendensammlungen.

Mit erheblichen Schwierigkeiten sah sich die Planungskommission allerdings konfrontiert, in der Hauptstadt auch einen geeigneten Platz zu finden, denn dort gab es für größere Monumente keine geeigneten Plätze mehr. Die damals beklagte „Denkmalseuche" hatte auch und gerade Berlin nicht unberührt gelassen, weshalb nur außerhalb des Stadtzentrums noch entsprechend große Plätze oder Parkanlagen zu finden waren. Die Fürsprecher des Denkmals bevorzugten einen Standort in unmittelbarer Nähe des Reichstags. Im Gespräch waren unter anderem der Tiergarten, der Treptower Park, der Reichskanzlerplatz (heute Theodor-Heuss-Platz), der Bayerische Platz und der Hohenzollernplatz. Die schließlich getroffene Entscheidung, das Kolonialkriegerdenkmal auf dem Balten-Platz (heute Bersarinplatz) im Osten Berlins zu errichten, ist insbesondere in kolonialen Kreisen mit großer Unzufriedenheit aufgenommen worden, da der Platz als zu abgelegen betrachtet wurde.

Die vorgesehene Errichtung eines repräsentativen Kolonialkriegerdenkmals in der Reichshauptstadt blieb nicht ohne Widerspruch. Er kam vor allem aus den Reihen der Sozialdemokratie, die im Kaiserreich auch schon gegen andere staatsoffizielle Denkmalprojekte opponiert hatte. Nicht nur bei den Kolonialdebatten im Reichstag, sondern auch bei der am 8. Mai 1913 in der Berliner Stadtverordnetenversammlung abgehaltenen Debatte um den Baltenplatz als Standort für das Denkmal bezog die SPD Stellung gegen das Denkmalprojekt. Ihr Sprecher, der SPD-Stadtverordnete Pfannkuch sagte: „Wir sind der Meinung, daß Berlin als Pionier des deutschen Gewerbefleißes, als Pfleger von Kunst und Wissenschaft die Hände davonlassen sollte, an der Errichtung eines Denkmals für die Gefallenen mitzuwirken, die auf Kommando die Eingeborenen ihres Heimatrechtes und ihres angestammten Besitzes entäußern mußten." Pfannkuch verwahrte sich im weiteren Verlauf seiner Rede mit aller Entschiedenheit gegen den von einem seiner Vorredner erhobenen Vorwurf, dass die Sozialdemokraten „vaterlandslose Gesellen" seien, weil sie dem Denkmal kritisch gegenüberstünden.

Zu dem im Juli 1913 ausgeschriebenen Bildhauerwettbewerb war eine begrenzte Zahl von Künstlern und Architekten zugelassen worden. Dazu gehörten Adolf Brütt, Fritz Behn, Ludwig Cauer, Georg Wrba, Ludwig Manzel, Heinrich Jobst sowie Hermann Hahn und Carl Sattler. Die Jury prämierte den Entwurf des Münchner Bildhauers Fritz Behn mit dem ersten und den von Hermann Hahn/Carl Sattler mit dem zweiten Preis.

Von den mehrheitlich sehr konventionell ausgefallenen Wettbewerbsbeiträgen hebt sich der siegreiche Entwurf von Fritz Behn in seiner künstlerischen Gestaltung ab. Er schlug die Figur eines monumentalen afrikanischen Elefanten als Hauptmotiv des Monuments vor. An der Sockelzone stellen Bildreliefs die „Kolonialkriege" und den „Frieden" dar, d.h. zum einen heroisch stilisierte Kampfszenen zwischen „Schutztruppensoldaten" und „Eingeborenen" und zum anderen Pflanzer, Kaufleute, Kolonialbeamte sowie „huldigende Eingeborene". Bei dem zweiten Entwurf von Behn sollte ein Reiterstandbild auf dem mehr oder weniger unveränderten Sockel den Abschluss des Denkmals bilden. Das Schlachtross, auf dem ein Reiter mit Schwert als Personifizierung der „Schutztruppe" sitzt, bäumt sich über einem niedergeworfenen Afrikaner auf.

Der in dem Wettbewerb zweitplatzierte Entwurf des Bildhauers Hermann Hahn und des Architekten Carl Sattler zeigt die Figur einer mit Schwert und Schild bewaffneten vorstürmenden Viktoria, die einen auf 25 Meter Gesamthöhe geplanten Säulenbau krönen sollte. Hahn/Sattler knüpften damit ganz offensichtlich an das Vorbild der Berliner Siegessäule an.

Der Bildhauer Adolf Brütt hatte ebenfalls ein Reiterdenkmal eingereicht, damit jedoch die Aufgabe gänzlich anders gelöst als Fritz Behn mit seinem zweiten Denkmalsentwurf. Der *weiße* Reiter thront bei Brütt auf einem Reitpferd, und „Eingeborene" schreiten einträchtig neben diesem her. Der *weiße* Reiter ist zwar durch sein Schwert als Krieger definiert, doch ist das Militärische durch dessen antikische Nacktheit zurückgenommen.

Ein Denkmal in Form eines monumentalen, mit Bildreliefs verkleideten Kubus schlug der Bildhauer Georg Wrba vor. Nur eines der vier Bildreliefs ist bildlich überliefert, es zeigt die Figur einer Germania, die triumphierend Eichenlaubkränze in die Höhe hält, rechts und links flankiert von Kriegsschiffen auf hoher See.

Bei seinen beiden zum Wettbewerb eingereichten Entwürfen griff der Bildhauer Ludwig Cauer ebenfalls auf antikes Formenvokabular zurück.

Zum einen handelt es sich um die Kolossalfigur eines unbekleideten, mit einem Schwert bewaffneten Kriegers, der durch seinen „Südwesterhut" als „Schutztruppensoldat" gekennzeichnet ist. Den Sockel sollten Reliefs mit kolonialen Motiven zieren. In seinem zweiten Entwurf realisierte Cauer eine Viktoria, die auf einem Altarblock ruht, der wiederum unter einem auf drei Doppelsäulen ruhenden Baldachin steht. Und während Ludwig Manzel einen Obelisken vorschlug, kann der Entwurf von Heinrich Jobst nicht ermittelt werden.

Allen Entwürfen für das geplante Kolonialkriegerdenkmal ist ein triumphaler Gestus eigen. Die Trauer um die Toten (selbstverständlich nur unter den *Weißen*) wurde indes ausgeblendet. Den Künstlern schwebte ein klassisches Siegesdenkmal vor. Im Zeitalter des Hochimperialismus bedeutete das, nicht nur nationales Prestige, sondern auch einen rassistisch-sozialdarwinistisch unterfütterten Überlegenheitsdünkel gegenüber dem „Rest der Welt" demonstrieren zu wollen. Besonders sinnfällig kam die Hierarchisierung zwischen „uns" und den „Anderen", den *Weißen* und den *Schwarzen*, in dem Entwurf von Adolf Brütt zum Ausdruck. Brütt vermeidet jede Andeutung vom Schrecken des Krieges, wie er überhaupt die Kolonialkriege nicht thematisiert. Vielmehr bezieht sich die Figurengruppe in ihrer Symbolik ganz allgemein auf die dem Krieg nachfolgende Zeit mit seiner nunmehr festgefügten kolonialen Ordnung. In diesem kolonialen Gefüge sind die Rollen klar verteilt. Die Deutschen treten als „Herrenreiter", als Herrschende auf, die Afrikaner als die Subalternen, die sich scheinbar freiwillig der kolonialen „Schutzherrschaft" unterworfen haben. Überflüssig zu erwähnen, dass eine solche geschönte Vorstellung von der kolonialen Situation die andauernden Konflikte zwischen Kolonisatoren und Kolonisierten Vergessen machte.

Der in dem Wettbewerbsverfahren siegreiche Entwurf von Fritz Behn wollte ein Tiertotem als Symbolträger auf den Sockel heben, einen afrikanischen Elefanten. Diese eher auf die Emotionalisierung der Gemüter wie auch auf den Reiz des Exotischen zielende Bildsprache brachte die Stärke des Elefanten mit der imperialen Stellung des Deutschen Reichs in der Welt in Verbindung. Die hier wie eine Trophäe präsentierte Elefantenfigur dominiert in ihrer optischen Wirkung die erzählenden Bildreliefs an der Sockelzone. Die Bildreliefs implizieren die Botschaft, dass die deutschen Kolonialsiedler die

Fortsetzung ihrer Arbeit in den Überseegebieten dem erfolgreichen Verteidigungskampf der Kolonialtruppen zu verdanken haben. Auf diese Weise erhielt der Tod der gefallenen Kolonialkrieger seine Sinnstiftung. Dabei kommt im Kontext der kämpfenden Kolonialtruppen dem darüber thronenden Elefanten unversehens auch eine unterschwellig aggressive Bedeutung zu, erinnert er doch an Hannibals Kriegselefanten.

Das in Berlin im Namen der höchsten Institutionen und Repräsentanten des Reichs projektierte Kolonialkriegerdenkmal trat mit einem reichsweiten Geltungs- und Wirkungsanspruch auf. Es sollte *das* zentrale Kolonialdenkmal auf deutschem Boden werden. Die – unerfüllt gebliebene – Forderung aus den kolonialen Kreisen, das Kolonialdenkmal in den Stadtraum am Reichstag heranzurücken und damit in die Denkmal-Topografie des Tiergartens zu integrieren, deutet ebenfalls in diese Richtung. Für die damalige Kolonialbewegung bestand bezüglich der dem Monument zukommenden Bedeutung auch kein Zweifel. In ihrem wichtigsten Propagandaorgan, der Deutschen Kolonialzeitung, wurde dem geplanten Berliner Kolonialkriegerdenkmal der Rang eines „Nationaldenkmals [zugeschrieben], das bestimmt ist, eine Wallfahrtsstätte für das deutsche Volk zu werden". Deutlich wurde damit der Wunsch geäußert, das Denkmal möge dazu beitragen, ein nationalkoloniales Bewusstsein zu stiften und die deutsche Bevölkerung für die koloniale Sache zu gewinnen. Damit war es als ein koloniales Identitätszeichen gedacht, das das Selbstverständnis der Deutschen als koloniale Großmacht festigen sollte.

In der Öffentlichkeit stieß der siegreiche Entwurf von Behn auf wenig Zustimmung und zum Teil auf schroffe Ablehnung. Moniert wurde vor allem die bildhauerische Qualität der Elefanten-Figur, und auch die Angemessenheit einer Tierplastik in Gestalt eines Elefanten zog man in Zweifel. Eine Elefantenfigur entsprach nicht der Erwartungshaltung von einer heroisch-allegorischen Gestaltung, die noch ganz der Denkmalskunst des 19. Jahrhunderts verhaftet war. Offenbar aufgrund der geäußerten Kritik und wohl auch eigenen Vorbehalten dem Behnschen Entwurf gegenüber entschloss sich Kaiser Wilhelm II. Mitte des Jahres 1914, in das Wettbewerbsverfahren einzugreifen und einen zweiten Durchgang unter den beiden ersten Preisträgern anzuordnen. Außerdem forderte Wilhelm II. den Berliner

Bildhauer Prof. Louis Tuaillon, der zuvor Mitglied der Wettbewerbsjury gewesen war, sowie den ebenfalls in Berlin ansässigen Tierbildhauer August Gaul dazu auf, an der zweiten Stufe des Wettbewerbs teilzunehmen. Doch infolge des Ausbruchs des Ersten Weltkrieges wurde das Denkmalprojekt auf unbestimmte Zeit vertagt. Versuche vom Anfang der 1920er-Jahre, ein solches Kolonialdenkmal doch noch in Berlin zu realisieren, blieben ohne Erfolg.

Doch ganz sollte der „Elefant" von Fritz Behn nicht in der Versenkung verschwinden. In modifizierter Form wurde der Entwurf im Jahr 1932 in Bremen im Auftrag der Deutschen Kolonialgesellschaft als „Kolonial-Ehrenmal" errichtet. An seinem Sockel prangte die Inschrift: „Unseren Kolonien". Das Bremer Kolonial-Ehrenmal war die wichtigste koloniale Kultstätte im Reich, an dem sich die Vertreter der kolonialrevisionistischen Bewegung regelmäßig zu Propagandaaufmärschen versammelten, um das „koloniale Wollen des deutschen Volkes" zu mobilisieren, und das hieß, die im Ersten Weltkrieg „geraubten" deutschen Kolonien zurückzufordern. Im Jahr 1990 wurde der „Bremer Elefant" anlässlich der Unabhängigkeit Namibias auf Betreiben von Dritte-Welt- und Anti-Apartheid-Gruppen in ein „Anti-Kolonial-Denk-Mal" umgewidmet. Die neue Sinnstiftung des Monuments belegt auf programmatische Weise den Wandel der historisch-politischen Gedächtnispflege unseres postkolonialen Zeitalters.

♦ Literatur: Schneidewind: Glossen zum Wettbewerb; Anonymous: Entwürfe für ein Kolonialdenkmal; Zeller: Kolonialdenkmäler.

▲ Entwurfszeichnung von Georg Wrba für ein Kolonialkriegerdenkmal auf dem Baltenplatz (heute Bersarinplatz) in Berlin | *Die Kunstwelt, 3. Jg., H. 19–20, Juli 1914, S. 664.*

▲ Entwurfszeichnung von Adolf Brütt für ein Kolonialkriegerdenkmal auf dem Baltenplatz (heute Bersarinplatz) in Berlin. Die Norddeutsche Allgemeine Zeitung vom 7. 6. 1914 deutete diesen Entwurf als „Sieg der weißen über die schwarze Rasse“. | *Die Kunstwelt, 3. Jg., H. 19–20, Juli 1914, S. 659.*

▲ Zweiter Entwurf von Fritz Behn für ein Kolonialkriegerdenkmal auf dem Baltenplatz (heute Bersarinplatz) in Berlin.
Deutsches Kunstarchiv im Germanischen Nationalmuseum Nürnberg, Nachlass Behn, Fritz.

▲ Entwurfszeichnung von Ludwig Cauer für ein Kolonialkriegerdenkmal auf dem Baltenplatz (heute Bersarinplatz) in Berlin.
Die Kunstwelt, 3. Jg., H. 19–20, Juli 1914, S. 663.

▲ Die afrikanische Großtierfauna im Straßenbild von Berlin: Der mit dem ersten Preis versehene Entwurf von Fritz Behn für ein Kolonialkriegerdenkmal auf dem Baltenplatz (heute Bersarinplatz) in Berlin. Das Berliner Denkmalprojekt gelangte infolge des Ausbruchs des Ersten Weltkrieges nicht zur Ausführung und wurde später in modifizierter Form in Bremen errichtet.
Daheim, 20. 6. 1914, S. 3.

▶ Fritz Behn: „Kolonial-Ehrenmal" in Bremen, 1932, Bockhorner Klinker. Das Kolonialdenkmal ist im Mai 1990 von Dritte-Welt- und Solidaritätsgruppen anlässlich der Unabhängigkeit Namibias zum „Anti-Kolonial-Denk-Mal" umgewidmet worden.
Im August 2009 wurde ein Mahnmal für die „Opfer des Völkermords in Namibia 1904–1908 und der Schlacht am Waterberg" (Inschrift) der Öffentlichkeit übergeben (im Vordergrund). Die Grünanlage erhielt im Jahr 2014 den Namen Nelson-Mandela-Park.
Foto: Joachim Zeller.

„Das Denkmal preist / das koloniale Töten“
Das geplante Berliner Kolonialkriegerdenkmal in der Karikatur

Magdalena Tonia Füllenbach

Das geplante Kolonialkriegerdenkmal in Berlin wurde von hohen Ansprüchen begleitet. In pro-kolonialen Kreisen wurde es unter anderem als eine „Dankespflicht“ oder als ein „Nationaldenkmal, das bestimmt ist, eine Wallfahrtsstätte für das deutsche Volk zu werden“, bezeichnet. Den öffentlichen Diskurs um das Projekt prägten allerdings vor allem Kontroversen und Gegenstimmen. Besonders in Satiremagazinen und in oppositionellen Zeitungen wurde es kritisch rezipiert, was nicht zuletzt mit den sich häufenden Kolonialskandalen zusammenhing.

Zu einer ersten Zuspitzung der Debatte kam es im September 1911, als der finanziell schwach ausgestattete Stadtteil Wilmersdorf die Anfrage der Regierung annahm, den Hohenzollernplatz für das Denkmal bereitzustellen sowie die beträchtliche Summe von 50 000 Reichsmark zuzüglich der jährlichen Unterhaltungskosten zu tragen. Diese Zusage war Anlass für eine scharfe Kritik an dem Projekt, die im Oktober 1911 in Form eines Schmähgedichts in der Satirezeitschrift *Der Wahre Jakob* erschien. Darin wurden die inflationäre Denkmalswut im Deutschen Reich im Allgemeinen und das Kolonialkriegerdenkmal-Projekt und die damit verbundenen politischen Diskussionen im Besonderen ins Lächerliche gezogen.

Die oppositionelle Kritik ließ es dabei jedoch nicht bewenden, denn Anfang Dezember 1911 veröffentlichte *Der Wahre Jakob* eine Karikatur des Zeichners Max Engert. Die Karikatur zeigt einen fiktiven Entwurf für das sich damals in Wilmersdorf in Planung befindende Kolonialkriegerdenkmal. Doch keine Heldenverehrung oder etwa eine Beweihräucherung der Kolonialpolitik kommt darin zum Ausdruck. Vielmehr verkehrte Engert das Medium Denkmal von einem Ort der Huldigung kolonialen Heldentums in einen Tatort kolonialer Schandtaten. Der Künstler zeichnete einen Brunnen mit Kaskaden, der Schauplatz für Taten von Persönlichkeiten ist, die in

Der Kolonialbrunnen.

Für das nunmehr in Wilmersdorf zur Aufstellung gelangende Kolonialdenkmal stellt der Wahre Jacob den nachstehenden Entwurf in uneigennütziger Weise gratis zur Verfügung.

M. Engert

Bald zeigt auf Wilmersdorfs Gefild'
Ein Bronze- oder Marmorbild
Herrn Trothas Cäsar-Züge.
Mit wässeriger Huldigung
Begeht man die Erinnerung
An dieses Moltkes Siege.

Als er Morenga nicht im Feld
Gekriegt, hätt' mit Bestechungsgeld
Gern triumphiert Herr Trotha –
Und daß der „Wilden" schwarze Schar
Zu dem Verrat zu vornehm war,
Nimmt wohl vom Ruhm kein Jota.

Der deutschen Kolonien Stolz,
Der Hängekarl, sucht Galgenholz
Für seine Konkubinen –
Und Seine Durchlaucht Arenberg
Ist am feudalen Folterwerk
Mit Übermenschenmienen.

Und Wehlau, Dominik, Schröder, Leist
Im schönen Kranz! Das Denkmal preist
Das koloniale Töten –

Ihr Wilmersdorfer gebet acht,
Daß sich nicht etwa über Nacht
Die Wasser blutig röten!

▲ Max Engert: Der Kolonialbrunnen, in: Der Wahre Jakob 662, 2. 12. 1911, S. 7304.

Kolonialskandale verwickelt waren. Auf dem Sockel thront auf einem Pferd sitzend Lothar von Trotha samt Bestechungsgeldbeutel. Trotha war schon damals berüchtigt für die brutale Niederschlagung des „Aufstandes" der Herero und Nama; heute wird sein militärisches Vorgehen als Völkermord bewertet und gilt als der erste Genozid des 20. Jahrhunderts. Weiterhin finden sich diverse koloniale Akteure wie Carl Peters (Schimpfname „Hänge-Peters"), Prinz Prosper von Arenberg, Ernst Wehlan, Heinrich Leist, Friedrich Schröder und Hans Dominik, denen allesamt brutale Verbrechen und Machtmissbrauch in den Kolonien nachgewiesen werden konnten.

Das Brunnengeschehen wurde durch ein darunter platziertes Schmähgedicht weiter kommentiert, und die Verse machten nur allzu deutlich, dass

▶ Gustav Brandt: Ehre, wem Ehre gebührt, in: Kladderadatsch 8, 25. 2. 1894, S. 32.

es sich bei dem „Kolonialbrunnen“ eigentlich um ein Schandmal handelt. So heißt es dort: „Herrn Trothas Cäsar-Züge […] Der Hängekarl, sucht Galgenholz / für seine Konkubinen – / Und Seine Durchlaucht Arenberg / Ist am feudalen Folterwerk / Mit Übermenschenmienen / Und Wehlau, Dominik, Schröder, Leist / Im schönen Kranz! Das Denkmal preist / das koloniale Töten – / Ihr Wilmersdorfer gebet acht, / Daß sich nicht etwa über Nacht / Die Wasser blutig röten!“

Die Verkehrung des Mediums Denkmal in der Karikatur und seine Nutzung als Mittel der Kritik an der Kolonialpolitik sind nicht nur beim geplanten Berliner Kolonialkriegerdenkmal festzustellen. Bereits im Jahr 1894 wurde der Kolonialskandal um Heinrich Leist in einem fiktiven Denkmalsentwurf aufgegriffen. Der vermeintliche Kolonialheld Leist, angetan mit Uniform, Monokel und Pickelhaube, wird mit einer Peitsche in der Rechten auf einem übergroßen Tintenfass und Aktenstapel stehend als Protagonist staatlicher (Un-)Rechtsordnung inszeniert. Unter ihm sind sich infolge der Auspeitschungen vor Schmerzen krümmende und betrunken gemachte Afrikaner:innen zu erkennen. Kommt im grundsätzlich regierungszugewandten *Kladderadatsch* der Leist-Brunnen durch die Bildsprache und den Gebrauch rassistisch-stereotyper Darstellungsmodi kolonialapologetisch daher, stellt Engerts Karikatur im sozialdemokratischen *Wahren Jakob* die Kritik am Kolonialismus in den Vordergrund. So formulieren die Karikaturen nicht nur direkte Kritik, sondern offenbaren auch die vielschichtigen Haltungen und Reaktionen auf den deutschen Kolonialismus.

Dies verdeutlichen auch die satirischen Gegenentwürfe, mit denen die sozialdemokratische Zeitung *Vorwärts* die Ablehnung des siegreichen Entwurfs von Fritz Behn durch den Kaiser kommentierte. Unter dem Kennwort „Der Diamant“ hieß es, dass ein „von vier Schutztrupplern getragener Kolossaldiamant aus Süd=West, über dem schützend der Pleitegeier schwebt“, als Sinnbild der deutschen Kolonialunternehmung aufgestellt werden solle. Alternativ schlug der Artikel unter dem Kennwort „Fürs Vaterland“ eine „Kolossalkomposition von Tintenfässern, Radiergummi, Papier, Bleistiften und Aktendeckeln [...], über denen erhaben der preußische Assessor thront“, vor, an deren Fuße sich eine „plastische Darstellung des Heldentodes deutscher Söhne, die ihr Blut freudig für die unfehlbare Bureaukratenweisheit verspritzten“, befinden solle. Diese Vorschläge offenbaren, dass auch nach Jahren der Planung die Narrative des ökonomischen Misserfolgs und des kolonialen Machtmissbrauchs den Diskurs um das Berliner Kolonialkriegerdenkmal dominierten. Die hier angeführten Karikaturen zeigen, dass es dem Projekt eines in Berlin zu errichtenden nationalen Kolonialkriegerdenkmals offenbar nicht gelang, die Einstellung zum deutschen Kolonialismus in der Breite der Gesellschaft nachhaltig ins Positive zu wenden.

♦ Literatur: Füllenbach: Satire als Widerspruch.

Nr 5 KOLONIE UND HEIMAT 7

Der Deutsche Kolonialkongress.

Der Reichstag. Phot. Neue Phot. Gesellsch., Berlin.

In den Räumen des Reichstags tagte vom 6. bis 8. Oktober der dritte Deutsche Kolonialkongress. Am Vorabend der Eröffnung hatten sich viele Teilnehmer schon beim Fünfuhrtee des kolonialen Frauenbundes getroffen und später beim Begrüssungsabend in der Wandelhalle des Reichstags. Beim Fünfuhrtee (siehe Bild auf Seite 8), der stark besucht war und ein auserlesenes Unterhaltungsprogramm bot, überwogen natürlich die Frauen, wie denn überhaupt die Frauenwelt diesmal an den Verhandlungen des Kongresses einen nicht unwesentlichen, teilweise tätigen Anteil genommen hat, mit Recht, denn sie kann auf eine wirklich erfolgreiche Wirksamkeit während der letzten Jahre zurückblicken. Die Organisation der Versorgung unsrer südwestafrikanischen Kolonie mit werktätigen Frauen, die Errichtung des Heimatshauses in Keetmanshoop sind Leistungen, die sich neben denjenigen „männlicher" Propagandagesellschaften zum mindestens sehen lassen können. Die Menge, die sich beim Begrüssungsabend in der imposanten Wandelhalle des Reichstags drängte, liess schon erkennen, dass die Beteiligung am Kongress eine sehr rege sein würde. Aber das war schon beim Kongress des Jahres 1905 der Fall. Der Unterschied war erst bei den Verhandlungen zu merken. Es war nicht mehr wie früher ein unfruchtbares Theoretisieren, sondern man sah deutlich, wie mehr und mehr die Weisheit des traditionellen Kolonialfreundes gegenüber der Erfahrung des alten Praktikers zurücktreten musste. Es war natürlich nicht gerade alles neu und welterschütternd was da vorgebracht wurde, aber man vermochte doch eine gute Uebersicht über die verschiedenen kolonialen Wissensgebiete zu gewinnen und in mancher Hinsicht konnte sogar der Praktiker allerlei lernen. Um nur einige Beispiele herauszugreifen: die Auseinandersetzungen Dr Rohrbachs über praktische Besiedlungspolitik, diejenigen Dr Schachts über Kapitalbeschaffung für koloniale Unternehmungen und diejenigen Prof. Köbners über die Reform des Kolonialrechts waren ungemein anschaulich und lehrreich. Bezeichnend war für die veränderten und gereiften Anschauungen über koloniale Dinge das mehr vergnügliche Interesse, das man den ernsthaften Erörterungen über die „Negerseele" allgemein entgegenbrachte. Niemand wollte sie sich entgehen lassen, und sichtlich wenige nahmen sie ernst. Damit soll dem betreffenden Referenten keineswegs zu nahe getreten werden, denn das wissenschaftliche Material, das er beibrachte, war ohne Zweifel interessant, wenn auch teilweise nicht ganz objektiv. Aber solche Erörterungen sind eben unnötig, denn ganz von selbst bildet sich allmählich aus dem kolonialen Leben die Stellung für den Schwarzen heraus, die ihm in der Zukunft eine menschenwürdige, seinen Fähigkeiten entsprechende Existenz gewährleistet, soweit er es versteht, sich unsrer Kolonialarbeit als nützliches Mitglied einzufügen. Der dritte Kolonialkongress konnte unter viel günstigeren Auspizien arbeiten als seine Vorgänger. Er wird der erste sein, dem eine gewisse praktische Bedeutung beigemessen werden kann. Was sich aus den Verhandlungen der letzten Tage an brauchbaren Anregungen ergibt, wird nach menschlichem Ermessen auf fruchtbaren Boden fallen. Die Kolonialverwaltung hat heute freie Hand, sich die Erfahrungen der kolonialen Praxis und der Wissenschaft zunutze zu machen. Nicht minder waren diejenigen, die am kolonialen Wirtschaftsleben interessiert sind, bei der Sache, denn die Mitarbeit des deutschen Kapitals an der Erschliessung der Kolonien gibt ja die Möglichkeit, gute Ideen und Anregungen in die Wirklichkeit umzusetzen. Und schliesslich ist jetzt das Reichshaus, in dem der Kongress tagte, so mit kolonialem Geiste durchtränkt, dass die Arbeit des Kongresses nicht wie früher spurlos an unserer Volksvertretung vorübergehen kann.

Eröffnungsversammlung im Plenarsitzungssaal des Reichstags.

Das Festessen im Zoologischen Garten.

Reichstagsgebäude
Friedrich-Ebert-Platz

„Die Frage steht nicht so: ob wir kolonisieren wollen oder nicht; sondern wir müssen kolonisieren, ob wir wollen oder nicht. Der Trieb zur Kolonisation, zur Ausbreitung des eigenen Volkstums ist in jedem Volke vorhanden, das sich eines gesunden Wachstums und kräftiger Lebensenergie erfreut." Mit diesen Worten trat Reichskanzler Fürst von Bülow in der Reichstagssitzung am 28. November 1906 für die deutsche Kolonialpolitik ein. Schließlich wollte das Deutsche Reich den anderen europäischen Kolonialmächten nicht nachstehen. Es beanspruchte auch seinen „Platz an der Sonne", wie Bülow dies bereits im Jahr 1897 bei einer Debatte im Reichstag formuliert hatte.

Nicht nur die damals im Reichstag vertretenen bürgerlichen, konservativen und deutsch-nationalen Parteien betrachteten die Kolonialherrschaft des wilhelminischen Kaiserreiches als legitim, sondern selbst die Sozialdemokraten teilten in gewissem Maße die Kolonialideologie und damit die eurozentrische Weltsicht der damaligen Zeit. Die Sozialdemokratie war nicht prinzipiell kolonialfeindlich eingestellt, sie lehnte den Kolonialismus als „Kulturmission", als „Zivilisationspolitik" keineswegs grundsätzlich ab. Der Abgeordnete August Bebel, der legendäre Mitbegründer der SPD,

◂ Dritter Deutscher Kolonialkongress im Reichstagsgebäude, Berlin 1910. *Kolonie und Heimat in Wort und Bild, IV, 1910/11* unterstrich dies in der Reichstagssitzung vom 1. Dezember 1906: „Meine Herren, dass Kolonialpolitik getrieben wird, ist an und für sich kein Verbrechen. Kolonialpolitik zu treiben kann unter Umständen eine Kulturtat sein, es kommt nur darauf an, wie die Kolonialpolitik getrieben wird. [...] wir Sozialdemokraten [sind] die ersten, die eine solche Kolonisation als große Kulturmission zu unterstützen bereit sind." In der SPD hatte sich im Zuge des Revisionismus und der wachsenden wirtschaftlichen Bedeutung der Überseegebiete von einer zunächst konsequenten Opposition gegen die Kolonialpolitik ein Gesinnungswandel eingestellt. Revisionisten wie Eduard Bernstein hatten Vorstellungen von einer „sozialistischen Kolonialpolitik" entwickelt, deren Grundgedanke lautete, dass die Kolonialpolitik an sich gutgeheißen werden könne, jedoch deren Methoden kritisiert werden sollten. So reichte das Spektrum der sozialdemokratischen Auffassungen von einer weitgehenden Ablehnung bis hin zu einer grundsätzlichen Zustimmung. Die offizielle Kolonialkritik der SPD zielte nach der Jahrhundertwende weniger auf die Kolonialpolitik an sich als vielmehr auf deren Verfehlungen und brutalen wie ausbeuterischen Methoden.

Diese Auffassung teilte die Sozialdemokratie mit jenen, die Kolonisation als zivilisatorische Aufgabe deuteten. Wilhelm Solf, Staatssekretär des Reichskolonialamts, ließ in seiner Stellungnahme am 6. März 1913 im Reichstag keines der damals wie selbstverständlich gebrauchten rassistischen Stereotype gegenüber Afrikanern aus: „Die Völker, mit denen die Kolonisationsarbeit uns in Berührung bringt, stehen auf niedriger Kultur, auf viel niedrigerem Standpunkte als wir zivilisierten Weissen, teilweise tief unter uns. Nicht nur die legale Verpflichtung, die uns als den Schutzherren obliegt, – nein, meine Herren, unsere Stellung als Kulturstaat zwingt uns, mit den selbstverständlichen Argumenten der zivilisierten Weltanschauung diesen Völkern zu helfen und zu versuchen, ihnen bessere Lebensbedingungen zu verschaffen [...] Kolonisieren ist Missionieren, und zwar Missionieren in dem hohen Sinne der Erziehung zur Kultur. [...] Die Eingeborenen sind unwissend – sie müssen unterrichtet werden. Sie sind faul – sie müssen arbeiten lernen. Sie sind schmutzig – sie müssen gewaschen werden. Sie sind krank, mit allerlei Gebrechen – sie müssen geheilt werden. Sie sind wild, grausam und abergläubisch – sie müssen besänftigt und erleuchtet werden. Alles in allem, meine Herren: sie sind grosse Kinder, die der Erziehung und der Leitung bedürfen." Und auch der Abgeordnete der Zentrum-Partei, Matthias Erzberger, äußerte sich ganz in diesem Sinne: „Das Verhältnis der Deutschen zu der eingeborenen Bevölkerung ist nicht das des Feindes zum Feind, sondern kann nur das des Vormundes zum Mündel sein. Der Eingeborene ist das schwarze Kind mit seinen Vorzügen und all seinen großen, großen Schattenseiten, die kein vernünftiger Mensch in Abrede stellen wird." Solcherart Statements blendeten allerdings die Realität in den „Schutzgebieten" aus, kann doch die deutsche Kolonialherrschaft – was für die europäische Kolonialpolitik allgemein zutrifft – als eine Gewalt- und Willkürherrschaft definiert werden, charakterisiert durch Disziplinierung, Arbeitszwang (bzw. Zwangsarbeit) und Enteignung bis hin zu Massenmord und Vernichtung in Kolonialkriegen.

Uneinigkeit zwischen den Parteien in kolonialpolitischen Fragen war indes keine Seltenheit, so im Dezember 1906, als Reichskanzler von Bülow den Reichstag wegen der Nichtbewilligung des Etats für die sich im Kriegszustand befindende Kolonie Deutsch-Südwestafrika (heute Namibia) auflöste. SPD und Zentrum hatten dem Nachtragshaushalt die Zustimmung verweigert. Der sich anschließende Wahlkampf ist einer der heftigsten in der Geschichte des Kaiserreiches gewesen. Er wurde von der Regierung und den konservativen und liberalen Parteien – in einer Atmosphäre beispielloser Hetze gegen die Sozialdemokratie und das katholische Zentrum – mit nationalistischen und kolonialistischen Parolen geführt und gewonnen. Die Reichstagswahlen von 1907 gingen als „Hottentottenwahlen" in die Geschichte ein. Mit der Verschiebung der Machtkonstellation im Reichstag zugunsten des regierungsfreundlichen „Bülow-Blocks" als Folge der Wahlen hatte die Kolonialpolitik zum ersten Mal einschneidende Rückwirkungen auf die innenpolitischen Verhältnisse im Deutschen Kaiserreich ausgeübt.

Der Deutsche Reichstag in Berlin ist immer wieder Austragungsort vehementer kolonialpolitischer Debatten gewesen, weshalb die Reichstagsprotokolle eine Fundgrube für die Erforschung des kulturimperialistischen und rassistischen Bewusstseins des „*weißen* Mannes" (respektive der „*weißen* Frau") darstellen. Eines der Themen, das vor allem nach der Jahrhundertwende hochgradig emotional diskutiert wurde, war die Frage der kolonialen „Rassenmischehen" und die Tatsache, dass in den Kolonien allmählich eine „Mischlingsbevölkerung" heranwuchs. Die koloniale „Mischehendebatte" erreichte im Reichstag mit einer dreitägigen Diskussion im Mai 1912 einen Höhepunkt. Anlass war das erste offizielle Verbot von Ehen zwischen Kolonisatoren („*Weißen*") und Kolonisierten („Eingeborenen"), das der Staatssekretär des Reichskolonialamtes Wilhelm Solf auf dem Verordnungswege, also unter Umgehung des Reichstages, am 17. Januar 1912 für die deutsche Kolonie Samoa erlassen hatte.

Dieses Verbot löste heftigen Protest im Reichstag aus und sorgte für Schlagzeilen in den Tageszeitungen. Im Februar 1912 bezeichneten der sozialdemokratische Abgeordnete Georg Ledebour und der Führer der Zentrumsfraktion Adolf Gröber den Erlass als „barbarische Maßregel" und als „Eingriff in die Menschenrechte". Die weitere Debatte wurde in den vom Zentrumsabgeordneten Matthias Erzberger geleiteten Haushaltsausschuss verlegt. Dies war die wichtigste Reichstagskommission, bot doch das Budgetrecht des Parlaments die stärkste Möglichkeit, Einfluss auf die Regierung auszuüben. Am 21. März 1912 verabschiedete der Haushaltsausschuss eine Resolution an den Bundesrat, ohne dessen Zustimmung kein Gesetz zustande kam. Dieser sei „um Einbringung eines Gesetzentwurfs zu ersuchen, welcher die Gültigkeit der Ehen zwischen *Weißen* und Eingeborenen in allen deutschen Schutzgebieten sicherstellt". Der Reichstag nahm die Resolution nach langwierigen Auseinandersetzungen am 8. Mai 1912 mit den Stimmen von SPD und Zentrum an.

Der Samoa-Erlass von 1912 war nicht das erste Mischehenverbot. Bereits 1905 und 1906 hatten die Gouverneure in Südwestafrika und Ostafrika eigenmächtig entsprechende Dienstanweisungen ausgegeben.

Die Tragweite der Debatte um die „Mischehen" war nicht allein aus der kolonialen Situation entstanden. Sie bezog sich vor allem auch auf die von der völkischen Bewegung zugespitzte innenpolitische Diskussion um die Definition der Nation entlang rassenanthropologischer Kategorien. Der Grundsatz, dass nur „*Weiße*" deutscher Nationalität sein können, sollte unantastbar bleiben.

Auch die zahlreichen Skandale in den Kolonien beschäftigten wiederholt die Abgeordneten im Reichstag. Es ging um die Misshandlung der „eingeborenen" Bevölkerung, das brutale Vorgehen der kaiserlichen Schutztruppen in Kolonialkriegen, Missstände in der Kolonialverwaltung oder das autokratische Gebaren einzelner Kolonialoffiziere und -beamten. Den größten Kolonialskandal jener Tage provozierte das Konquistadorentum von Karl Peters.

Der „Begründer" von Deutsch-Ostafrika war als „Hänge-Peters" verschrien, die Afrikaner nannten ihn „Mkono-wadamu" (der Mann mit den blutigen Händen). Nicht nur der Fall Peters führte in der öffentlichen Meinung des Kaiserreichs zu der weitverbreiteten Auffassung, dass die Überseekolonien vor allem das Betätigungsfeld für „verkrachte Existenzen" bzw. Zuflucht für diejenigen seien, die zu Hause nicht reüssieren konnten.

Schließlich war das Reichstagsgebäude Austragungsort für die Deutschen Kolonialkongresse der Jahre 1902, 1905 und 1910. Unter der Federführung der Deutschen Kolonialgesellschaft riefen wissenschaftliche Einrichtungen, nationale Verbände, Wirtschaftsvereinigungen und kirchliche Institutionen zu den Veranstaltungen auf, um die Personen und Institutionen zusammenzuführen, die im Deutschen Reich in die kolonialen Aktivitäten involviert waren. Auf den Kongressen wurden Themen der Kolonialpolitik und -verwaltung, Kolonialwirtschaft, Geografie, Ethnologie, Naturkunde, Tropenmedizin oder der Aus- und Einwanderung erörtert. In diesem Sinne fungierten die Kongresse als eine Art „koloniales Parlament" der deutschen Kolonialpolitik, die unter dem Banner der wilhelminischen Weltpolitik stand. Das Deutsche Reich sollte als neuer „global player" in Stellung gebracht werden.

Das 1894 fertiggestellte Reichstagsgebäude mag auch dazu anregen, über die Deutung des Deutschen Kaiserreichs nachzudenken. Anlässlich des 150. Gründungsjahres wird darüber gestritten, ob dessen negative oder positive Seiten überwogen. Ist das Deutsche Reich von 1871 eher als ein durch und durch autoritärer Nationalstaat zu betrachten, der von Militarismus, Antisemitismus und Kolonialismus geprägt war, oder könne nicht auch von einer Modernität des Kaiserreichs gesprochen werden, in dem es wichtige Entwicklungen hin zu Demokratisierung und Pluralisierung (Arbeiterbewegung oder Emanzipation der Frauen) gegeben habe? Aus migrantischer Sicht stellt sich das Blutsprinzip als hochproblematisch dar, wurde doch durch das Reichs- und Staatsbürgerschaftsgesetz von 1913 die Abstammung zum Kriterium für das Deutschsein erhoben und damit ein biologisches Volksverständnis rechtlich begründet.

♦ Literatur: Melber: „… dass die Kultur der Neger gehoben werde!"; Roller: „Wir sind Deutsche, wir sind Weiße und wollen Weiße bleiben"; Grosse: Die Deutschen Kolonialkongresse in Berlin.

▲ Sitzung des ersten Deutschen Kolonialkongresses im Plenarsaal des Reichstagsgebäudes, Berlin 1902.
Die Woche 1902

▶ „Reichstagswahlen“, Postkarte, 1907. Anfang des Jahres 1907 waren Neuwahlen notwendig geworden, nachdem im Dezember 1906 der Reichstag wegen der Nichtbewilligung des Etats für die Kolonie Deutsch-Südwestafrika (heute Namibia), die sich im Kriegszustand befand, aufgelöst worden war. SPD und Zentrum hatten dem Nachtragshaushalt die Zustimmung verweigert. Der anschließende Wahlkampf war einer der heftigsten in der Geschichte des wilhelminischen Kaiserreichs. Er wurde von den konservativen und liberalen Parteien in einer Atmosphäre beispielloser antisozialistischer Hetze mit nationalistischen und kolonialrassistischen Parolen geführt und gewonnen. Die Wahlen von 1907 gingen als „Hottentottenwahlen“ in die Geschichte ein. Mit der Verschiebung der Machtkonstellation im Reichstag als Folge der Wahlen hatte die Kolonialpolitik erstmals einschneidende Rückwirkungen auf die innenpolitischen Verhältnisse im Kaiserreich. Die Wahlkampagne hatte weitreichende Wirkungen auf das Bild des *Schwarzen* in Deutschland. | *Pictura Paedagogica Online/Hildesheim*

REICHSTAGS-WAHLEN
1907
Einw
Millio
Afrika
Bülow
COLONIAL-POLITIK
Der schwarze Automat will gar nicht mehr funktionnieren, ich stecke die Millionen hundertfach hinein und es kommt nichts dabei raus.
Grosse Eruptions-Urne
Wie vorauszusehen, schüttelt die Arbeiterschaft die Sozialisten-Führer in solcher Fülle ab, dass das ganze Land von ihnen überflutet wird.
L. METZ

▲ Wandbild „Handel und Kolonien" im Bundesratssaal im Reichstag von Raffael Schuster-Woldan (1911). Die allegorische, nicht ganz einfach zu deutende Szene spielt an einer Felsenküste. Hermes/Merkur, der Schutzgott des Verkehrs und der Kaufleute, zeigt in der Mitte des Bildes stehend auf das Meer. Links hinter Hermes befinden sich drei Männer, von denen besonders der mittlere durch seinen Federschmuck und die dunklere Hautfarbe als „Indigener" gekennzeichnet ist. Bei den Figuren noch weiter im Hintergrund scheint es sich um eine Familie zu handeln, die auf die Auswanderung in die Kolonialgebiete zu verweisen scheint. Bei der großen Frauengestalt links könnte es sich um Pomona, die Göttin der Baumfrüchte, handeln. Ihr Früchtekorb verheißt den Deutschen Wohlstand aus dem Handel mit den Überseekolonien. Nicht ganz klar bleibt auch die Bedeutung der Figuren rechts im Bild, die sich von der Szenerie abwenden. Symbolisieren sie den Reichtum? Sollen sie gar das damals häufig monierte Desinteresse vieler Deutscher an der „kolonialen Frage" zum Ausdruck bringen? Oder nehmen sie das Bild daneben in den Blick? Der Maler Schuster-Woldan schuf ein weiteres Bild im Bundesratssaal mit dem Titel „Land- und Seemacht".
Die Kunst für alle, H. 12, 1911, S. 284.

▲ Mitte November 2004 fand in Berlin anlässlich des 120. Jahrestages der sogenannten Kongo-Konferenz die „Anticolonial Africa Conference" statt. Das Bild zeigt Teilnehmer der Konferenz vor dem Reichstagsgebäude. Auf dem Transparent werden eine Entschuldigung für die Kolonialverbrechen und Reparationen für die Opfer der deutschen Kolonialherrschaft gefordert.
Foto: Maria Baumeister

Erinnern, versöhnen.
Gemeinsam Verantwortung tragen für unsere Zukunft.
Berliner »Kongo-Konferenz« 1884/85 – Entwürdigung, Entrechtung und Enteignung der Afrikaner sowie die Zerstörung der fremden Kulturen des afrikanischen Kontinents. Am 15. November 1884 fand die Berliner Afrika-Konferenz, die auch als Westafrika-Konferenz oder »Kongo-Konferenz« in die Geschichte eingegangen ist, an dieser Stelle statt. Reichskanzler Otto von Bismarck lud die damals in Afrika präsenten europäischen und überseeischen Mächte – u. a. England, Frankreich, Belgien, Portugal, Italien, Spanien, das Osmanische Reich und schließlich die USA – ein. Afrika und die Afrikaner traten bei der Konferenz nur als Gegenstand europäischer Politik auf; sie wurden als politische Subjekte ausgegrenzt: kein einziger afrikanischer Teilnehmer war geladen worden. Besonders Belgien machte Interessen am Kongogebiet geltend. Das führte zu Unstimmigkeiten und Konflikten zwischen den Kolonialmächten. Diese Konflikte zu entschärfen und durch multilaterale Abkommen zu kanalisieren war die Intention Bismarcks. Im Vordergrund seiner Politik stand nicht die Aufteilung Afrikas, sondern der Interessenausgleich der europäischen und außereuropäischen Großmächte. Im Ergebnis wurde der Interessenausgleich zwischen den Teilnehmern jedoch auf Kosten Afrikas vorgenommen und so markiert die Konferenz unstreitig den Wendepunkt von der schrittweisen Ausdehnung der diversen Kolonien hin zu einer lückenlosen Aufteilung Afrikas (bis auf Äthiopien und Liberia). Eine effizientere Kolonialisierung durch gegenseitige Akzeptanz der Kolonialmächte war die Folge.
Remembering, reconciling.
Bearing united responsibility
for our future.
That is, the degradation, deprivation of rights and dispossession of the African people, as well as the destruction of foreign cultures of the African continent. On 15th November 1884, the Berlin Africa Conference, also known historically as the West Africa Conference or the "Congo Conference", took place at this site. The German Chancellor, Otto von Bismarck, invited the European and overseas powers which held a presence in Africa at that time to take part, including England, France, Belgium, Portugal, Italy, Spain, the Ottoman Empire and the USA. Africa and the African people were present at the Conference only through their opposition to European politics; they were excluded as political subjects: not one African participant was invited. The King of Belgium, in particular, asserted private interests in the area of the Congo, which would have led to disagreements and conflict between the colonial powers. Bismarck's intention was to mitigateconflict and to find resolution through multilateral agreement. In the foreground of his politics, rather than the splitting-up of Africa, stood the reconciliation of European and non-European superpower interests. The result was an efficient colonisation through the mutual acceptance of colonial powers. As a consequence, however, the interests of conference members on the coast of Africa were carried out. The Conference thusindisputably marks the turning-point from the stepwise expansion of diverse colonies to the total dividing-up of Africa (as far as Ethiopia and Liberia), essentially concluded until the beginning of the 20th Century.
Se souvenir, se réconcilier.
Tous ensemble portons la responsabilité
pour se tourner vers l'avenir.
L'abaissement, la privation des droits, la dépossession des Africains ainsi que la destruction des cultures singulières du continent africain. Le 15 novembre 1884 la Conférence de Berlin s'est déroulée en ces lieux. On la nomme aussi la Conférence de l'Afrique occidentale ou la « Conférence du Congo ». L'ancien chancelier de l'empire allemand, Otto von Bismarck, avait invité les principales puissances présentes à l'époque en Afrique: l'Angleterre, la France, la Belgique, le Portugal, l'Italie, l'Espagne, l'Empire ottoman et les Etats-Unis. L'Afrique et les Africains ont été le sujet de la conférence, mais en étaient exclus en tant qu'individus politiques; aucun participant africain était invité. Le roi de la Belgique, en particulier, avait réclamé ses intérêts privés dans le bassin du Congo conduisant à des tensions entre les pouvoirs du colonialisme. La volonté de Bismarck était de désamorcer ces conflits et de les canaliser à travers des accords multilatéraux. L'intention première de sa politique n'était pas de partager l'Afrique mais d'équilibrer les intérêts au sein des puissances européennes et non européennes. Cependant le résultat de l'ajustement des intérêts de ces pays est allé à l'encontre de l'Afrique. Ainsi, la « Conférence de Berlin » a marqué un tournant historique en passant d'une politique d'expansion progressive avec des colonies isolées vers un partage complet de l'Afrique (à l'exception de l'Ethiopie et du Liberia). Une colonisation plus efficiente à travers une acceptation respective des puissances coloniales en a été la conséquence au début du 20ème siècle.
AFRIKA-FORUM e.V. Berlin

Gedenktafel Kongo-Konferenz
Wilhelmstraße 92

◂ Gedenkstele der Kongo-Konferenz (auch Westafrika- oder Afrika-Konferenz) von 1884/85, Berlin, Wilhelmstraße 92.
Foto: Joachim Zeller

Ende Februar 2005 fand die Einweihung der Gedenkstele statt, die an die Kongo-Konferenz (auch Westafrika-Konferenz oder Afrika-Konferenz) von 1884/85 erinnert. Sie steht in der Wilhelmstraße 92 an der Stelle, wo sich einst das Reichskanzlerpalais befand, in dem die Konferenzteilnehmer zu ihrer ersten Sitzung zusammentrafen. Auf Einladung von Reichskanzler Bismarck hatten sich die diplomatischen Vertreter europäischer Mächte sowie der USA und des Osmanischen Reiches versammelt, um die Handelsfreiheit am Kongo und am Niger zu regeln. Zu den europäischen Teilnehmerstaaten der Konferenz gehörten neben dem Deutschen Reich Österreich-Ungarn, Frankreich, Großbritannien, Belgien, Italien, Niederlande, Portugal, Spanien, Dänemark, Russland und Schweden-Norwegen.

Faktisch ging es bei der vom 15. November 1884 bis zum 26. Februar 1885 abgehaltenen Konferenz um die völkerrechtlichen Modalitäten bei der Durchsetzung des Kolonialismus auf dem afrikanischen Kontinent, denn bis in die zweite Hälfte des 19. Jahrhunderts beschränkte sich der Einfluss der Europäer auf Südafrika, Algerien, Senegal und einige weitere Besitzungen besonders an der Westküste Afrikas. Das Abschlussdokument der Signatarmächte, die aus 38 Artikeln bestehende *Generalakte*, bildete die Grundlage für die weitere Aufteilung Afrikas in einzelne Kolonien. Festgelegt wurde der freie Zugang für Handel und Mission in Afrika, freie Schifffahrt auf dem Kongo und Niger und die Schaffung der Kongo-Freihandelszone. Größter Profiteur der Konferenz war der belgische König Leopold II., denn das riesige Kongobecken mit seinem unermesslichen Rohstoffreichtum erklärte man zur Freihandelszone. Der mehr als zwei Millionen Quadratkilometer große „Kongo-Freistaat" wurde Leopold II. als persönlicher Privatbesitz zugeschlagen. Der belgische König missachtete schon bald die Freihandelsbestimmungen und erklärte alles Land zum Besitz seines Freistaates, der fortan den Handel faktisch monopolisierte. Die Entscheidung – erst im Jahr 1908 erfolgte die Übertragung der Privatkolonie an den belgischen Staat – sollte in den folgenden zwei Jahrzehnten fatale Folgen haben und Millionen Kongolesen das Leben kosten. Die von den belgischen Kolonialherren begangenen Verbrechen gelangten als „Kongogräuel" zu trauriger Berühmtheit. Von den angeblich hehren Zielen, die die Delegierten in der Präambel der Generalakte formuliert hatten, der Betonung des Zivilisationsauftrages, d. h. der Verbesserung der „sittlichen und materiellen Wohlfahrt der eingeborenen Völkerschaften", war nichts übrig geblieben.

Die Festlegung der Kriterien für die gegenseitige Anerkennung von Kolonialbesitz („effektive Besetzung") gab den Startschuss für den „Wettlauf um Afrika" (*Scramble for Africa*). Die Kolonialmächte sputeten sich nun, die noch nicht besetzten Gebiete zu okkupieren und die definitive Abgrenzung vorzunehmen. Die endgültigen Grenzziehungen, die vielerorts keine Rücksicht auf gewachsene kulturelle Gegebenheiten nahmen, erfolgten somit erst in den Jahren nach 1885. Die Vorstellung, auf der Berliner Konferenz sei Afrika wie ein Kuchen aufgeteilt worden, geht insofern an der Sache vorbei. Allerdings scheint es nicht ausgeschlossen, dass die Kolonialmächte in bilateralen Geheimgesprächen ihre Interessensphären bereits abgesteckt hatten. Auf solche Absprachen deuten Notizen einzelner Konferenzteilnehmer am Rande von Afrika-Karten hin, so etwa ein „D.", das die kommende Kolonie „Deutsch-Südwestafrika" bezeichnet. Dort – an der Bucht von Angra Pequena, der heutigen Lüderitzbucht in Namibia – hatten die Deutschen schon Anfang Mai 1883 Fuß gefasst; ein Jahr später, am 24. April 1884, hatte Bismarck dem deutschen Konsul in Kapstadt telegrafiert, „Lüderitzland" stehe fortan unter dem „Schutz" des Deutschen Reiches.

Das in Berlin ebenso beschlossene Verbot des Sklavenhandels führte keinesfalls zu dessen Ende, auch nicht, was den innerafrikanischen Handel mit Menschen betrifft. Im eigenen wirtschaftlichen Interesse duldeten die Kolonialmächte vielmehr die Fortdauer der Sklaverei. Der vermeintliche humanitäre Kreuzzug gegen die Sklaverei und die Unfreiheit diente nur der Legitimation der kolonialen Besetzung Afrikas. Den Afrikanern gilt die Konferenz heute als ein Menetekel für die koloniale Fremdherrschaft und Ausbeutung ihres Kontinents.

Initiiert wurde das mit dreisprachigen Texten – deutsch, englisch, französisch – versehene Monument von dem aus Togo stammenden GRÜNEN-Politiker und Vorstandsvorsitzenden des Afrika-Forums e. V., Victor Dzidzonou. Das Denkmal war das erste antikoloniale Mahnmal in der historisch-politischen Topografie der deutschen Hauptstadt. Es memoriert nicht nur eines der zentralen Ereignisse der europäischen Kolonialgeschichte, sondern auch den Kolonialkrieg von 1904–1908 in Deutsch-Südwestafrika (heute Namibia), der, wie es auf der Tafel heißt, „in einem Völkermord an den Herero und Nama" endete.

An der Berliner Afrika-Stele lässt sich ablesen, dass der Kolonialismus in der offiziellen Erinnerungspolitik der Bundesrepublik Deutschland bis vor kurzem eine allenfalls marginale Rolle spielte. Als Anfang des Jahres 2005 die Afrika-Gedenkstele enthüllt wurde, war kein einziger offizieller Repräsentant des Bundeslandes Berlin oder der Bundesregierung zugegen. Erschienen war lediglich ein kleiner Kreis von engagierten Bürgern und Bürgerinnen. Als hingegen im Mai des Jahres einen Steinwurf entfernt in der Nähe des Brandenburger Tors das Denkmal für die ermordeten Juden Europas der Öffentlichkeit übergeben wurde, wohnten neben der gesamten Staatsspitze auch Tausende von Menschen der Einweihungsfeier bei. Warum das eine Ereignis (der Genozid am europäischen Judentum) zum zentralen Bestandteil des kollektiven Gedächtnisses der deutschen Gesellschaft gehört, die beiden anderen Ereignisse (die Kongo-Konferenz und der Genozid an den Herero und Nama) fast gänzlich in Vergessenheit geraten sind, zumindest aber weitgehend ignoriert werden, ist eine der Fragen, die gegenwärtig zur Diskussion stehen.

Ihre Bedeutung als postkoloniales Mahnmal erhält die Afrika-Stele vor allem dadurch, dass hier der Kolonialismus als ein gemeinsamer europäischer Erinnerungsort zur Verhandlung steht. Konterkariert wird damit eine Debatte, die bis heute eher isoliert auf nationaler Ebene stattfindet und die gesamteuropäische Verantwortung für das Jahrhunderte währende koloniale Projekt in Vergessenheit geraten lässt. In diesem Zusammenhang ist zu Recht darauf verwiesen worden, dass Europa ein „schwaches Kolonialgedächtnis" habe. Zwar ist der Kolonialismus ein Teil der europäischen Geschichte, doch von einer nachkolonialen europäischen Erinnerungsgemeinschaft kann keine Rede sein.

Jährlich gegen Ende Februar – die Berliner Kongo-Konferenz endete am 26. Februar 1885 – organisiert das Komitee zur Errichtung eines afrikanischen Denkmals in Berlin (KADIB) einen „Gedenkmarsch in Erinnerung an die afrikanischen/Schwarzen Opfer von Versklavung, Handel mit Versklavten, Kolonialismus und rassistischer Gewalt". Treffpunkt des vor allem von diasporischen Gruppen getragenen Gedenkmarsches ist in jedem Jahr die Afrika-Stele in der Wilhelmstraße 92.

Der renommierte Gegenwartskünstler Yinka Shonibare MBE, der sich selbst als „post-colonial hybrid" bezeichnet, schuf im Jahr 2003 seine berühmte Installation *The Scramble for Africa*. Vierzehn lebensgroße, aber kopflose und in europäische Prachtgewänder aus ‚afrikanischen' Stoffen gekleidete Gestalten sind um einen raumgreifenden Tisch versammelt, in dessen Mitte die Umrisse des afrikanischen Kontinents eingraviert sind. Auf subversive Weise nimmt die berüchtigte Berliner Kongo-Konferenz auch der in Berlin lebende senegalesische Künstler El Hadji Mansour Ciss (alias Kanakassy) aufs Korn. Mit seinem postkolonialen Kunstprojekt *Laboratoire Déberlinisation* verfolgt er die Vision für die Befreiung Afrikas. Als Logo des Labors für die „Ent-Berlinisierung" Afrikas dient eine schematische Zeichnung des Brandenburger Tors, in das sich die Umrisse des afrikanischen Kontinents zwar eingeschrieben haben, zugleich aber – einem Gefängnis gleich – von seinen Mauern regelrecht eingeschlossen zu sein scheinen. Wie Yinka Shonibare verweist Mansour Ciss auf die

Unmöglichkeit, die Geschichte der beiden Kontinente *nicht* als eine *verflochtene Geschichte* wahrzunehmen.

Ende des Jahres 2020 wurde in der Wilhelmstraße 92 – in Sichtweite der Gedenktafel zur Kongo-Konferenz – ein Informations- und Gedenkort der Initiative „Dekoloniale – Erinnerungskultur in der Stadt" eröffnet. Bis Ende 2024 will das Berliner Modellprojekt DEKOLONIALE „weltweit die Vergangenheit und Gegenwart des (Anti-)Kolonialen in Berlin, im übrigen Bundesgebiet und in Deutschlands ehemaligen Kolonien [...] erforschen und online sichtbar werden [...] lassen". Dazu gehören Ausstellungen, ein jährliches Kulturfestival, künstlerische Interventionen und *Think Tanks* in allen Bezirken der Stadt wie auch eine transnationale Kartierung kolonialer Orte. Das Programm will die Kolonial- und Widerstandsgeschichte vor Ort thematisieren und sich mit ihren Nachwirkungen auf unsere globalisierte Gegenwart auseinandersetzen.

♦ Literatur: Förster/Mommsen/Robinson: Bismarck, Europe, and Africa; Gründer: Der „Wettlauf" um Afrika; Schmidt: The Division of the Earth; General-Akte der Berliner Konferenz vom 26. Februar 1885; www.dekoloniale.de/.

▲ Gedenkstele der Kongo-Konferenz (auch Westafrika-Konferenz oder Afrika-Konferenz) von 1884/85, Berlin, Wilhelmstraße 92. Initiiert wurde das Denkmal von dem aus Togo stammenden GRÜNEN-Politiker und Vorsitzenden des Afrika-Forums e. V., Victor Dzidzonou.
Foto: Joachim Zeller

Die neue Aera der Colonialpolitik.

Historische Randglossen zur westafrikanischen Conferenz.

▲ Eröffnungssitzung der Berliner Kongo-Konferenz im Reichskanzlerpalais in der Wilhelmstraße, 1884. Der Konferenzsaal wurde von einer fünf Meter hohen Afrikakarte des Geografen Richard Kiepert dominiert. Der am hinteren Tischende stehende Reichskanzler Bismarck nahm lediglich an der ersten und der Abschlusssitzung teil. Die Interessen des Deutschen Reiches vertrat bei den Verhandlungen Graf Paul Hatzfeldt. Überflüssig zu erwähnen, dass Afrikaner bei der Konferenz nicht einmal als Zuschauer zugelassen waren. Der Afrikaner, der links auf der zeitgenössischen Darstellung erscheint, ist insofern nur dekorative Staffage.
Die Gartenlaube 1884, S. 805

▲ Yinka Shonibare MBE: Scramble for Africa, 2003. Das Foto wurde im Jahr 2010 bei der Ausstellung „Who Knows Tomorrow“ in der Friedrichswerderschen Kirche in Berlin aufgenommen.
Foto: Joachim Zeller

▶ Das „Komitee für ein afrikanisches Denkmal in Berlin“ (KADIB) organisiert seit 2007 den jährlichen „Gedenkmarsch zur Erinnerung an die afrikanischen Opfer von Sklavenhandel, Sklaverei, Kolonialismus und rassistischer Gewalt“. Das Foto zeigt die Demonstration am Brandenburger Tor Ende Februar 2009.
Foto: KADIB

▸ Mansour Ciss Kanakassy: „Le Laboratoire Déberlinisation“. Dieses Plakat gestaltete der Künstler als Protest gegen den G8-Gipfel, der 2007 in Heiligendamm stattfand. Auf die berüchtigte Kongo-Konferenz von 1884/85 anspielend, erscheint der afrikanische Kontinents wie in einem Gefängnis eingesperrt. Im Logo des Labors für die „Ent-Berlinisierung“ Afrikas – zu erkennen unten rechts im Bild – ist Afrika in das Brandenburger Tor regelrecht eingeschlossen.
Mansour Ciss Kanakassy

REICHS-KOLONIALAMT

Reichskolonialamt

Wilhelmstraße 62 (heute Nr. 52)

Als das Deutsche Reich im Jahr 1884 zur Kolonialmacht avancierte, galt es eine Zentralstelle für die Verwaltung der Überseegebiete im Regierungsviertel der Reichshauptstadt einzurichten. Wurden zunächst die kolonialpolitischen Angelegenheiten von einem besonderen Referat der politischen Abteilung des Auswärtigen Amtes bearbeitet, kam es im Jahr 1890 unter Reichskanzler Leopold Graf von Caprivi zu der Einrichtung einer eigenständigen Kolonialabteilung, der fortan vierten Abteilung des Auswärtigen Amtes. Über den mangelnden Reformeifer der neuen Abteilung spotteten bereits zeitgenössische Stimmen: „Die neue Behörde veröffentlichte sogleich ein Amtsblatt unter dem Namen ‚Deutsches Kolonialblatt', dessen erste Nummer an der Spitze eine Beschreibung der Gala- und Interimsuniformen für die Beamten der Schutzgebiete brachte. Sonst blieb alles beim Alten."

▲ Siegel der „Kolonial-Abtheilung/ Auswärtiges Amt", vor 1906. *Sammlung Joachim Zeller*

Die Kolonialbehörde war für die gesamte Verwaltung der in Afrika und in der Südsee gelegenen deutschen Gebiete unter der unmittelbaren Verantwortung des Reichskanzlers zuständig. Für das Kolonialgebiet von Kiautschou an der chinesischen Küste zeichnete aufgrund seiner militärisch-maritimen Bedeutung als Stützpunkt der

◀ Siegel des Reichskolonialamtes, nach 1907. *Sammlung Joachim Zeller*

Seestreitkräfte das Reichsmarineamt verantwortlich. Die Kolonialabteilung des Auswärtigen Amtes bildete hinsichtlich der inneren Angelegenheiten der Kolonien eine dem Außenministerium gleichgeordnete Behörde, obwohl sie keine oberste Reichsbehörde war. Da es der deutschen Überseepolitik zunächst an Beamten mit einschlägigen Erfahrungen mangelte, wurde die Kolonialabteilung von dem 1890 neu geschaffenen „Kolonialrat" unterstützt, dessen ehrenamtlich tätige Mitglieder sich aus Kaufleuten, Gelehrten, Missionaren und Beamten zusammensetzten.

Die Aufwertung der Kolonialabteilung des Auswärtigen Amtes zu einer obersten Reichsbehörde erfolgte durch den „Allerhöchsten Erlaß, betreffend die Errichtung des Reichs-Kolonialamts" vom 17. Mai 1907. Zum Staatssekretär wurde Bernhard Dernburg berufen. Äußerer Anlass war die schwere Kolonialkrise der Jahre 1904 bis 1908, als sich die afrikanischen Völker in Deutsch-Südwestafrika und Deutsch-Ostafrika gegen die koloniale Fremdherrschaft der Deutschen erhoben. Ein eigenständiges Kolonialministerium verlieh den kolonialpolitischen Aktivitäten ein höheres Gewicht. Zudem hatte sich mit der Zeit die Erkenntnis durchgesetzt, dass die meisten kolonialen Verwaltungstätigkeiten nicht auswärtige Angelegenheiten, sondern solche einer inneren Staatsverwaltung der deutschen überseeischen Gebiete waren. Seitdem bildete die Kolonialabteilung eine besondere, dem Reichskanzler unmittelbar unterstellte Zentralbehörde des Reiches.

Die oberste Kolonialbehörde gliederte sich in vier Abteilungen, die mit der Erledigung sämtlicher kolonialer Verwaltungsgeschäfte für die deutschen Schutzgebiete befasst waren. Dazu gehörten die „Abteilung für allgemeine sowie politische Rechts- und Verwaltungsangelegenheiten", die „Abteilung für Bau- und Verkehrswesen sowie technische Angelegenheiten und Finanzen", die „Personalabteilung" und die „Abteilung für koloniales Militärwesen". Die letztgenannte Abteilung bildete unter der Leitung eines Generals das Oberkommando der Schutztruppen, welche in den Kolonien Deutsch-Ostafrika, Deutsch-Südwestafrika und Kamerun bestanden. Für das Überseegebiet Kiautschou blieb es aufgrund seiner strategischen Bedeutung als Flottenstützpunkt bei der Zuständigkeit des Reichsmarineamtes.

Nächst dem Kaiser als oberstem Kriegsherren unterstand das Oberkommando der Schutztruppen dem Reichskanzler bzw. dem Staatssekretär des

Reichskolonialamtes. Untergebracht war die Zentrale des deutschen Kolonialmilitärs in der Mauerstraße 45/46, also schräg gegenüber dem Reichskolonialamt in der Wilhelmstraße, dessen rückwärtiger Ausgang sich in der Mauerstraße befand. Gebildet wurden die „Schutztruppen" aus Offizieren, Sanitäts- und Veterinäroffizieren, Unteroffizieren, und, was die Truppen in Deutsch-Südwestafrika betrifft, auch aus Soldaten des Heeres und der Kaiserlichen Marine, die aufgrund freiwilliger Meldung zugeteilt wurden. Ferner wurden besonders in Deutsch-Ostafrika und Kamerun afrikanische Söldner, sogenannte Askari, für den Militärdienst angeworben. 1913 waren rund 430 Offiziere (einschließlich der Fachoffiziere und Beamten im Offiziersrang) in die deutschen Kolonien abkommandiert, also etwa ein Prozent des Offizierskorps des Reichsheeres. Das deutsche Kolonialreich war allerdings zu klein und unrentabel, als dass der Aufbau einer eigenen Kolonialarmee vertretbar gewesen wäre. Die offizielle Kriegsliste führt eine lange Reihe von „militärischen Unternehmungen, Strafexpeditionen, Feldzügen, Gefechten" auf, die gegen „aufständische Eingeborene" geführt wurden: In Deutsch-Ostafrika fanden zwischen 1889 und 1905 sechsundsiebzig Gefechte statt, denen in den Jahren 1905 bis 1907 der große Maji-Maji-Krieg folgen sollte. In Deutsch-Südwestafrika waren es von 1893 bis 1904 sieben, in Kamerun von 1891 bis 1909 sogar 101 militärische Unternehmungen, während etwa die offizielle Gefechtsliste der Polizeitruppe in Togo allein für den Zeitraum zwischen 1895 und 1899 achtzehn „Feld- und Strafzüge" verzeichnet. Die Auflistung der kriegerischen Auseinandersetzungen stellt ein unfreiwilliges Zeugnis fortgesetzter deutscher Aggression in den Kolonien dar und spricht dem von der damaligen Kolonialbewegung immer wieder bemühten Postulat von der „friedlichen Durchdringung" der Kolonien Hohn. Und einmal mehr offenbart sich die Zwiespältigkeit der zeitgenössischen, die kolonialen Okkupationen legitimierenden Terminologie „Schutzherrschaft" oder „Schutztruppen".

Betrug das Budget für koloniale Angelegenheiten im Jahr 1896 gerade einmal 1,7 % der laufenden Ausgaben des Auswärtigen Amtes, hatten sich im Jahr 1913 die Ausgaben auf 15,4 % erhöht. Im gleichen Zeitraum stieg die Zahl der Beamten im höheren Verwaltungsdienst in der Berliner Zentrale von sechs auf 32 an. Die Kolonialabteilung des Auswärtigen Amtes bzw. das

Reichskolonialamt gaben seit 1890 das „Deutsche Kolonialblatt“ heraus. Es diente als Amtsblatt für sämtliche deutschen Kolonien in Afrika und in der Südsee. Dort waren die vom Reichskanzler für die Überseegebiete erlassenen Rechtsverordnungen abgedruckt. Abgesehen davon wurden Gesetze, Kaiserliche Verordnungen und Vorschriften der Reichsbehörden sowie der Gouvernements mit kolonialem Bezug veröffentlicht. Ein „nichtamtlicher Teil“ enthielt kolonialpolitische Abhandlungen, kolonialwirtschaftliche Mitteilungen, statistische Angaben und Verkehrsnachrichten. Bis 1918 erschienen 29 Bände des „Deutschen Kolonialblatts“ mit insgesamt über 20 000 Seiten. Mit dem Abschluss des Vertrages von Versailles erfolgte am 20. Juni 1919 die Auflösung des Reichskolonialamtes.

Aufgrund der Bestimmung des Art. 119 des Friedensvertrages von Versailles musste das Deutsche Reich alle seine Überseegebiete abtreten. Mit dem Verlust der Kolonien war auch die Existenzberechtigung für ein eigenständiges Reichskolonialamt entfallen. Nach seiner Auflösung übernahm die Abteilung Kolonial-Zentralverwaltung im Reichsministerium für Wiederaufbau die wenigen verbliebenen kolonialen Aufgaben. Im Zuge der Aufnahme Deutschlands in den Völkerbund wurde 1925 im Auswärtigen Amt eine „Politische Abteilung X“ eingerichtet, die sich insbesondere im Hinblick auf eine mögliche Wiedererlangung ehemaligen deutschen Überseebesitzes mit kolonialen Angelegenheiten befasste.

Die Kolonialabteilung des Auswärtigen Amtes residierte zunächst in einem Gebäude des Außenministeriums in der Wilhelmstraße 71. Nachdem sie provisorisch in verschiedenen weiteren Häusern in der Wilhelm- und M*****straße untergebracht war, konnte die Behörde 1902 ein zu Bürozwecken umgebautes Privathaus als eigenes Dienstgebäude in der Wilhelmstraße 62 (heute Nr. 52) beziehen. 1920 wurde es vom Reichsministerium für Wiederaufbau, das die Geschäfte des Reichskolonialamtes abwickelte, übernommen. Das Gebäude wurde im Jahr 1938 abgerissen, um Platz für einen Erweiterungsbau des benachbarten NS-Propagandaministeriums zu schaffen. Heute befindet sich an dieser Stelle der Neubau eines Bürohauses.

♦ Literatur: Sippel: Die Kolonialabteilung des Auswärtigen Amtes und das Reichskolonialamt; Pogge von Strandmann: Imperialismus vom Grünen Tisch.

▲ „Ex. Staatssekretär Dernburg's Empfang. Dar-es-Salaam. Deutsch-Ost-Afrika", Postkarte, um 1907. Bernhard Dernburg (Mitte; links neben ihm Gouverneur Freiherr Albrecht von Rechenberg, ganz links arabische Würdenträger) war zu der Zeit Staatssekretär im Reichskolonialamt. Er unternahm in den Jahren 1907 und 1908 zwei Informationsreisen durch die deutschen Kolonien. Nachdem es in der Folge der Kolonialkriege in Deutsch-Ostafrika und in Deutsch-Südwestafrika scharfe Kritik an der bisherigen Kolonialpolitik gegeben hatte, wollte Dernburg die Kolonialherrschaft im Sinne einer effektiveren Verwaltung modernisieren. Allerdings änderte sich auch im Zuge dieser „Reformpolitik" nichts an dem grundlegenden Herrschaftsverhältnis zwischen *Weiß* und *Schwarz*. Dernburg formulierte sein Credo folgendermaßen: „Kolonisieren heißt die Nutzbarmachung der Menschen zugunsten der Wirtschaft der kolonisierenden Nation."
Sammlung Joachim Zeller

Fernspr.: Amt I, Nr. 420.
Tel.-Adr.: Reichskolonialamt.

Das Reichskolonialamt.

BERLIN W. 8.
Wilhelm-Strasse 62.

Wie an dem Veilchen, das im Verborgenen blühet, so gehen die meisten Menschen in Berlin achtlos an der Stätte vorüber, wo der grössere Teil des Deutschen Reiches — denn das sind doch eigentlich die Kolonien — weise und gerecht regiert wird. Die Zeiten des kolonialen Stanks sind glücklicherweise vorbei und heute blickt der friedliche Bürger, wenn er ausnahmsweise weiss, welches von den ehrfurchtgebietenden Gebäuden der offiziellen Wilhelmstrasse die Kolonialverwaltung beherbergt, mit demselben Respekt zu deren Fenstern empor. Da aber die meisten Menschen nicht wissen, wo das heutige Reichskolonialamt „domiziliert" und wir häufig von neugierigen Lesern darum geplagt werden, so haben wir sein ganzes Signalement oben an die Spitze gesetzt, zu Nutz und Frommen derjenigen, die die Aktennummern der Kolonialverwaltung vermehren oder gar versuchen wollen, Dernburg auf dem nicht mehr ungewöhnlichen Wege des Telephonanrufs zu erreichen.

Eine besondere Kolonialverwaltung gibt es seit dem 1. April 1890 und zwar wurde sie als „Kolonial-Abteilung" dem Auswärtigen Amt angegliedert. Das war damals ganz berechtigt und verständig, denn zu jener Zeit waren die kolonialen Erwerbungen noch nicht abgeschlossen und die Auseinandersetzungen mit andern Mächten dauerten noch an, sodass der Diplomat viel mitzureden hatte. So war die Kolonialverwaltung im Auswärtigen Amt zehn Jahre lang gut aufgehoben. Aber es kam eine Zeit, da die Räume des Auswärtigen Amts für deren eigene Aktenstösse zu eng wurden. Das Kolonialamt wurde exmittiert und die verschiedenen Abteilungen der Kolonialabteilung mussten beinahe als Chambregarnisten in verschiedenen Häusern der Wilhelmstrasse und Mohrenstrasse, also räumlich getrennt, ein kümmerliches Dasein fristen, bis der Reichstag sich erbarmte und der Regierung erlaubte, für 2 800 000 Mark das Grundstück Wilhelmstrasse 62, durchgehend bis Mauerstrasse 45/46, käuflich zu erwerben.

Im Jahre 1902 konnte die Kolonialverwaltung endlich eine dauernde Wohnstätte beziehen. Und somit kommen wir an die Geschichte des Hauses Wilhelmstrasse 62. Auch Häuser haben bekanntlich ihre Schicksale, wenn sie in Berlin auch selten älter als 30—40 Jahre werden. In letzterer Beziehung macht allerdings die offizielle Wilhelmstrasse eine Ausnahme. Sie hat zum Teil eine höchst respektable Geschichte, die dem historischen Aussehen der respektiven Gebäude entspricht. Aber das heutige Kolonialamt kann sich dessen nicht rühmen. Es war weiter nichts als eine bessere Berliner Mietskaserne. Das Grundstück hatte zuletzt einem Mitglied des Hauses Hohenzollern-Sigmaringen gehört, wie historisch-gewissenhaft erwähnt sei. Also die Kolonialverwaltung nahm Besitz von Wilhelmstrasse 62 und Mauerstrasse 45/46 mit je einem Vorderhaus und 3 Hinterhäusern, zusammen 200 [illegible]mern. Es war eine Besitz[illegible]ung mit Hindernissen, [illegible] Mieter der zahlreichen [illegible]n wollten nicht alle [illegible]w. forderten ansehn[illegible]dssummen. Es wa[illegible]il recht zweideu[illegible]ielmehr eindeutige [illegible], mit denen die Kolonialverwaltung, namentlich in den hinteren Regionen, sich unter einem Dache längere Zeit wohlfühlen musste und denen die nächtliche Alleinherrschaft nach Schluss der

Staatssekretär Dernburg in seinem Amtszimmer.

Bureaus anscheinend besonders zusagte. Und die alten, den Geschmack oder vielmehr die Geschmacklosigkeit der achtziger Jahre verratenden Tapeten, die heute noch die Wände „zieren", könnten teilweise nette Dinge erzählen, wenn sie reden könnten. Aber es nimmt alles ein Ende und so war eines Tages auch die Kolonialverwaltung „endlich allein", d. h. bis auf eine Hypothek in Höhe von 1 300 000 Mark, die heute noch auf dem Grundstück ruht, wie aus den im letzten Etat aufgeführten Zinsen zu ersehen ist.

Es ist ein riesiger Komplex, den jetzt die Kolonialverwaltung inne hat. Wenn man vor der bescheidenen Front steht, die in Wirklichkeit nicht so pompös aussieht, wie auf dem Bilde, ahnt man dies gar nicht. In absehbarer Zeit wird die Kolonialverwaltung kaum um Raum in Verlegenheit kommen, zumal im Laufe des letzten Jahres das Rechnungswesen, dem es im Kolonialamt zu eng wurde, zum Teil nach den Kolonien ausgewandert und eine fühlbare Lücke, d. h. Platz für allerlei nützliche Dinge hinterlassen hat.

Im Vorderhaus, wo heute der Staatssekretär und die andern Spitzen der Kolonialverwaltung sitzen, wohnten auch ehemals höchst anständige Mieter: im ersten Stock z. B. der bekannte Finanzmann Generalkonsul von Schwabach. Die Räume, in denen heute Staatssekretär Dernburg wirkt, sind also gewissermassen von kaufmännischem Geist durchtränkt, somit würdig vorbereitet für den heutigen Bewohner. Auch sonst war die frühere Verwendung der Räume für den späteren Zweck gewissermassen symbolisch. Das mit vergitterten Fenstern versehene Zimmer, in dem noch vor einem Jahr das Pressreferat nutzbringend wirkte, war ehemals das — Kinderzimmer. Wenn das nicht symbolisch ist! Die Erziehung der Presse zum Wohlverhalten scheint aber in befriedigender Weise beendet.

Das Pressreferat ist jetzt in geistig gehobene Regionen, neben den grossen Sitzungssaal verlegt. Nichtsdestoweniger dürfte auch die heutige Lage noch erzieherisch wirken. Wenn der Journalist die ihm zukommende zur Bescheidenheit erziehende Hintertreppe erklommen hat, so gelangt er in einen der zwar engen aber hinsichtlich der Länge wohlausgebildeten Korridore und kann sich da — in der Geduld üben oder, je nach seinem Temperament, ausgedehnte Spaziergänge — „immer an der Wand lang" — hinüber nach Mauerstrasse 46 unternehmen. Dieser lange Korridor wirkt namentlich an den Tagen, wo der im Nebenamt als Wartezimmer dienende grosse Sitzungssaal geschlossen ist, angesichts der manchmal bedenklichen Stauung neugieriger Journalisten segensreich ausgleichend. Nachdem wir nun die unsern Herzen am nächsten stehende, im übrigen sehr gastliche Presseabteilung genugsam zu ihrem Recht haben kommen lassen, wenden wir uns — notabene wenn wir Zutritt haben, was wenig Sterblichen zuteil wird — zunächst dem Vorderhaus zu und gelangen durch den hier abgebildeten grossen Sitzungssaal in nächste Nähe der höchsten Spitzen der Kolonialverwaltung. Der grosse Sitzungssaal ist, wie übrigens die Einrichtung des ganzen Hauses von altpreussischer Einfachheit. Jenseits des Korridors im kleinen Sitzungssaal, das zugleich als Wartezimmer für Besucher des Staatssekretärs und Unterstaatssekretärs

Das Reichskolonialamt.

▲ Bericht über das Reichskolonialamt in der Wilhelmstraße 62. Abgebildet sind unter anderem Kolonialstaatssekretär Dernburg in seinem Arbeitszimmer, der große und kleine Sitzungssaal und das „Oberkommando der Schutztruppen" in der angrenzenden Mauerstraße 45/46.

Nr. 22 KOLONIE UND HEIMAT 5

Der kleine Sitzungssaal des Reichskolonialamts.

dient, wird es etwas afrikanischer. Da steht ein bis an die Decke reichender Spiegel aus zwei von Wissmann gestifteten riesigen Elefantenzähnen, ein Prachtstück, das in dem kleinen Raum leider nicht voll zur Geltung kommt. Im Hintergrund unsres Bildes am Fenster sieht man etwas schemenhaft Weisses. Sollte es der kaufmännische Geist sein, der hier im Vorzimmer zum Allerheiligsten Wache hält? Doch nein! Es ist nur die Büste Nachtigals, des grossen Afrikaforschers, dessen Bedeutung leider der Apparat des Photographen nicht voll erfasst hat, wie es übrigens heute nach so vielen Jahren mit vielen Menschen der Fall sein soll. Respektvoll blicken wir jetzt auf die Türen links und rechts. Aber wir dürfen nicht hinein zu Dernburg und Lindequist. Unser Photograph hatte es besser, er durfte wenigstens hinein zu Dernburg, wenn er dort auch nach seiner Aussage Widerstände zu überwinden hatte in Gestalt des blauen Dunstes, der das Zimmer erfüllte (Dernburg ist nämlich Kettenraucher). Trotzdem sitzt der Staatssekretär, der, das muss man ihm lassen, die koloniale Sache in den richtigen Schwung gebracht hat, lebensvoll vor uns. Mit dieser Verbeugung verlassen wir die Stätte seines Wirkens und begeben uns an den Zimmern des Ministerialdirektors und etwa in der Heimat anwesender Gouverneure vorbei in die höheren Stockwerke, um den verschiedenen „Dezernaten“, (Allgemeine Verwaltungsabteilung — Finanzabteilung — Ostafrika — Südwestafrika — Kamerun — Togo — Südsee usw.), zu denen man schon leichter Zutritt erhält, einen Besuch abzustatten und unsre Wünsche vorzutragen, falls wir welche haben. Und es gibt viele Leute, die immerfort Wünsche haben und die Dezernenten überlaufen. Was die einzelnen Abteilungen im übrigen zu tun haben, ergibt sich aus ihrem Namen. Und wer sich die Mühe nimmt, die Etats der verschiedenen Kolonien und die Denkschriften durchzulesen, die dort auf Grund des aus den einzelnen Kolonien eingegangenen Riesenmaterials ausgearbeitet werden, der bekommt einen annähernden Begriff, dass die Tätigkeit eines Kolonialbeamten bei der Zentralverwaltung im allgemeinen keine Lustbarkeit ist, sondern eine erhebliche Arbeitskraft erfordert. Zwar sind die Zeiten vorbei, wo die Kolonialbeamten alljährlich im Reichstag gewissermassen bei lebendigem Leibe geschunden wurden, aber bei besonderen Vorkommnissen, wie z. B. jetzt während der Wirren in Samoa, hätte der Schreiber dieses nicht in der Haut des Südsee-Dezernenten, nebenbei auch nicht des Pressereferenten stecken mögen.

Das Kommando der Schutztruppen.

Bis jetzt haben wir uns in den friedlichen Zwecken dienenden vorderen Teilen des Reichskolonialamts aufgehalten. Nun begeben wir uns auf die Wanderschaft, um nach mehreren Minuten durch erwähnten langen Korridor, vorbei an vielen Türen, durch die wir bei einem zufälligen Einblick mit ehrfürchtigem Schauder zahllose Aktenstösse wahrnehmen, in kriegerische Regionen, in das Kommando der Schutztruppen zu gelangen. Man hat hier nicht minder grosse Verdienste um die Erschliessung und Entwicklung der Kolonien erworben, als im Vorderhaus, aber dies tritt da nicht so sehr in die Erscheinung, man ist hier auch zugeknöpfter, militärisch kurz und gelegentlich sehr empfindlich, namentlich gegen die Presse, deren Vertreter man übrigens hier selten sieht. Die Glanzzeit, da die Wirksamkeit dieser Abteilung mehr hervortrat, ist jetzt nach Beendigung des Krieges in Südwest vorbei. Koloniale Kriegstaten sind jetzt nicht mehr sehr beliebt im Vorderhaus und die Tätigkeit der Medizinalabteilung, die aus praktischen Gründen hier beim Schutztruppenkommando untergebracht ist, wird jetzt in der Zeit der friedlichen Erschliessung der Kolonien wohl am meisten gewürdigt. Nun treten wir, froh den langen Wänden und Aktenstössen entronnen zu sein, hinaus auf die Mauerstrasse, um den Unterschied zwischen einem „schräg vis-a-vis“ liegenden Bankpalast und einem Kaiserlichen Dienstgebäude vor Augen geführt zu sehen. Oder wenn wir uns genieren, aus einer so alten Baracke herauszukommen, gehen wir zurück über die vielen Höfe an einer hohen Mauer, über die neugierig grüne Bäume herübersehen, entlang und treten stolz durch die Vordertür in die vornehme Wilhelmstrasse. —

Der grosse Sitzungssaal des Reichskolonialamts.

▲ *Kolonie und Heimat in Wort und Bild 1908/09, II, Nr. 22, S. 4/5*

Wilhelmstraße 62
Das 1738 bebaute Grundstück in der Wilhelmstraße 62 wurde nach mehrmaligem Umbau und zahlreichen Besitzerwechseln 1905 vom Staat erworben und zur Nutzung für die Kolonial-Abteilung des Auswärtigen Amtes bereitgestellt. 1907 wandelte man diese zum eigenständigen Reichskolonialamt um. Die „Schaltzentrale" des deutschen Kolonialreichs umfasste neben drei zivilen Abteilungen auch das für die koloniale Kriegsführung zuständige „Kommando der Schutztruppe", das sich im rückseitigen Gebäude in der Mauerstraße 45 befand. 1919 bis 1920 hatte hier das Reichskolonialministerium seinen Sitz.
Vor dem Hintergrund der Versailler Friedensverhandlungen übergab hier der aus Douala (Kamerun) stammende Berliner Martin Quane a Dibobe am 19. Juni 1919 eine Petition an die in Weimar tagende Nationalversammlung. Sie war von weiteren 17 in Deutschland lebenden Männern aus West- und Ostafrika unterzeichnet worden. Die sozialdemokratisch geführte Reichsregierung veröffentlichte deren „Protest gegen die Vergewaltigung" der von Deutschland beanspruchten Kolonien durch die alliierten Siegermächte und verwies auf ihr Bekenntnis zu der in Weimar errichteten „sozialen Republik".
Verheimlicht wurde, dass sich die Gruppe nur „unter Vorbehalt" zu Deutschland bekannte. So hatten die Männer am 27. Juni 1919 ein längeres Schreiben nachgereicht. Es formulierte 32 massive Beschwerden und konkrete Bedingungen, um fortan mit dem „neuen deutschen Reich in gutem Einvernehmen zu leben". Die Kernforderungen der Unterzeichner waren „Gleichberechtigung und Selbstständigkeit". Der beteiligte Mdachi bin Sharifu aus Tanga (heute Tansania) vertrat diese Positionen im Herbst 1919 auch als politischer Redner in der deutschen Öffentlichkeit.
Die von der Reichsregierung unterdrückte ‚Dibobe-Petition' ist eines der bedeutendsten Dokumente des kollektiven Widerstands der afrikanischen Diaspora in Deutschland gegen den systematischen Bruch der Völker- und Menschenrechte im kaiserlichen Kolonialreich.
The building at Wilhelmstraße 62, erected in 1738, was acquired by the German government in 1905. It was assigned to the Colonial Department of the Foreign Office, which became the independent Imperial Colonial Office in 1907. This German colonial empire "nerve center" included three civilian administrative divisions, and the Command of the Imperial Colonial Army at nearby Mauerstraße 45. From 1919 to 1920 the Colonial Ministry was located here.
Against the background of the Versailles Peace Negotiations, Berlin resident Martin Quane a Dibobe, originally from Douala, Cameroon, delivered a petition addressed to the Weimar National Assembly and signed by 17 men from West and East Africa who lived in Germany to the Colonial Office on June 19, 1919. The Social Democratic Party led government published the petitioners' "protest against the rape" by the Allied Powers of the colonized territories claimed by Germany, and their commitment to the "social republic" established in Weimar.
Deleted however, was that the commitment was only "under condition." In a document submitted on June 27, 1919, the group enumerated 32 complaints and specific conditions necessary to live amicably with the "new German nation-state." The core demands were "equal rights and independence." One person involved, Mdachi bin Sharifu, originally from Tanga (now Tanzania), gave public lectures in support of the demands in autumn 1919.
The 'Dibobe Petition', which the Weimar government suppressed, is one of the most important documents expressing the African Diaspora's collective resistance in Germany against the Imperial Colonial Empire's systematic breaches of international and human rights.

Gedenktafel für die Dibobe-Petition
Wilhelmstraße 52

◂ Gedenktafel für die Dibobe-Petition, Wilhelmstraße 52. *Foto: Joachim Zeller*

Seit Juli 2019 steht in der Wilhelmstraße 52 eine Gedenktafel, die an die sogenannte Dibobe-Petition erinnert. Die Errichtung der Tafel geht auf die Initiative des Vereins Berlin Postkolonial zurück. Die Petition, die im Sommer 1919 im damaligen Reichskolonialministerium übergeben wurde, gilt als eines der ersten Dokumente des kollektiven Widerstands der afrikanischen Diaspora in Deutschland gegen Kolonialismus und Rassismus. Die aus dem heutigen Kamerun und Tansania stammenden insgesamt achtzehn Unterzeichner der Eingabe, die an die Weimarer Nationalversammlung gerichtet war, erhoben Widerspruch gegen den Bruch der Völker- und Menschenrechte in den deutschen Überseekolonien. Ihren Namen erhielt die Petition nach dem aus Douala / Kamerun stammenden Martin Quane a Dibobe, der sich während der Versailler Friedensverhandlungen an den Reichskolonialminister Johannes Bell wandte, um gegen die Missstände in den Kolonien zu protestieren. Dibobe und seine Mitstreiter forderten „Gleichberechtigung und Selbstständigkeit“ für die Menschen in und aus den deutschen Kolonien. Die Dibobe-Petition wird heute im Bundesarchiv Berlin verwahrt.

Bereits Ende Oktober 2016 ist an seinem ehemaligen Wohnhaus in der Kuglerstraße 44 eine Gedenktafel für Martin Quane a Dibobe (1876 – nach 1922) enthüllt worden. Dibobe war im Jahr 1896 als Kontraktarbeiter im Rahmen der Berliner Gewerbeausstellung nach Berlin gekommen. Er blieb in Berlin, heiratete 1900 die Berlinerin Helene Noster, absolvierte eine Lehre bei Siemens und arbeitete bis 1919 als Zugführer bei den Berliner Verkehrs-Betrieben. Im U-Bahnhof Hallesches Tor erinnert eine Fotografie an Dibobe.

♦ Literatur: Rosenhaft/Aitken: Martin Dibobe; Gerbing: Afrodeutscher Aktivismus; Gerbing: „Freier Mensch" oder „deutscher Afrikaner"?; Lindner: Afrodeutscher Aktivismus.

▶ Mdachi bin Scharifu, einer der Mitunterzeichner der Dibobe-Petition, um 1913. Geboren wurde Scharifu 1885 in der Nähe von Tanga im heutigen Tansania. Von 1907 bis 1912 arbeitete er für die deutsch-ostafrikanische Kolonialverwaltung. 1913 kam er nach Berlin und war Kiswahili-Lehrer am Seminar für Orientalische Sprachen. Im Spätsommer 1919 begab sich Scharifu auf eine vom pazifistischen Bund Neues Vaterland organisierte Vortragsreise durch mehrere deutsche Städte, die ihn nach Berlin, Cottbus, Hamburg und Erfurt führte, um über „Die Zukunft Afrikas" und „Unsere koloniale Vergangenheit" zu sprechen. Scharifu ging nicht nur mit dem deutschen Kolonialregime in seiner Heimat scharf ins Gericht, sondern wandte sich auch gegen den anhaltenden Rassismus in Deutschland. In Berlin waren seine Ko-Redner die prominenten Pazifisten Hans Paasche und Hellmut von Gerlach. Die Berichterstattung über seine Vorträge fiel in der sozialdemokratischen und der deutschnationalen Presse sehr unterschiedlich aus. In sozialdemokratischen Zeitungen hieß es wohlwollend, Scharifu habe dem Publikum „Kunde von der oft recht unmenschlichen Behandlung" gegeben, „die die Eingeborenen Deutsch-Ostafrikas von den deutschen Beamten und weißen Kolonisten erfahren haben". Erwähnt werden Übel wie die Prügelstrafe, Hungerlöhne und Zwangsarbeit, deren Beseitigung bereits die Dibobe-Petition forderte. Weiter wird berichtet: „Die Ausführungen der Redner riefen Stürme der Entrüstung gegen das Walten des preußischen Verwaltungsgeistes in unseren Kolonien bei den Zuhörern hervor." In der rechtsnationalen Presse zeigte man sich dagegen empört über die „Anwürfe des Schwarzen gegen die Weißen, und insbesondere gegen uns Deutsche". Der N**** Scharifu habe den Deutschen „jede koloniale Fähigkeit" abgesprochen und das Selbstbestimmungsrecht der Völker „auch für den schwarzen Mann" gefordert. „In der anschließenden Aussprache traten zum Glück und mit Erfolg mehrere Redner warm für unser Deutschtum ein." Im August 1920 verließ Scharifu das Deutsche Reich und ging nach Ostafrika zurück. | *Sammlung Stefan Noack*

Actualité, phot.

Dunkle Existenzen.

Aus dem Berufsleben der Berliner Neger.

Kaum vierzig Jahre sind verstrichen, seit der amerikanische Bürgerkrieg den Schwarzen zum freien Mann und amerikanischen Bürger machte. Damals konnte er weder lesen noch schreiben, kannte nur seinen Herrn, dem er mit Leib und Seele angehörte. Dann kam jene Emanzipations-Proklamation, die Abraham Lincolns Namen unsterblich machte und — der Neger war plötzlich ein freier Mann.

Wie schnell seitdem die Rasse sich emporgearbeitet hat, ist fabelhaft. Senatoren und Pfarrer, Rechtsanwälte und Millionäre kann sie aufweisen. Allerdings in Amerika; doch ist diese Thatsache umsomehr anzuerkennen, als grade die Bürger der freien Vereinigten Staaten die Herkunft ihrer schwarzen Mitbürger augenscheinlich nicht vergessen können.

Die unfreundliche und ungerechte Behandlung der Schwarzen in Amerika dürfte hauptsächlich der Grund sein, weshalb die Anzahl der schwarzen Bürger europäischer Städte in stetem Wachsen begriffen ist. Hier in Berlin tauchen täglich neue dunkle Gesichter auf, die allerdings zum Teil auch aus den deutschen Kolonien stammen. Dabei kann man so recht die Fähigkeit beobachten und bewundern, mit der sie sich in gegebene Verhältnisse hineinfinden, und sich zu ansehn-

Kunstmaler Joseph Byll.

James Allen, der Neger-Pianist. Basse, phot.

◀▶ „Dunkle Existenzen. Aus dem Berufsleben der Berliner Neger“, so lautet der Titel dieser Bildreportage, die im Jahr 1902 in der „Berliner Illustrirten Zeitung“ erschien.
In dem Artikel, der neben dem Werdegang des Zugführers Martin Dibobe auch den des Kunstmalers Joseph Byll, des Platzanweisers Thomas George und des Pianisten James Allen schildert, heißt es:
„Die unfreundliche und ungerechte Behandlung der Schwarzen in Amerika dürfte hauptsächlich der Grund sein, weshalb die Anzahl der schwarzen Bürger europäischer Städte in stetem Wachsen begriffen ist. Hier in Berlin tauchen täglich neue dunkle Gesichter auf, die allerdings zum Teil auch aus den deutschen Kolonien stammen. Dabei kann man so recht die Fähigkeit beobachten und bewundern, mit der sie sich in gegebene Verhältnisse hineinfinden, und sich zu ansehnlichen Stellungen emporschwingen. […] Thomas George […] wie Martin Dibobe und James Allen sind mit weißen Frauen verheiratet, auch sind sie schon Väter mehr oder minder schwarz angehauchter Babies. Auch hierin haben es die in Europa lebenden Neger besser als die in Amerika. Dort nämlich sind gemischte Ehen zwischen Weißen und Schwarzen verpönt, im Süden sogar gesetzlich verboten.“
Sieht man von dem rassistischen Sprachgebrauch ab, zeichnet der Artikel ein außergewöhnlich liberales – und wohl auch geschöntes – Bild von der damaligen Lebensrealität *Schwarzer* Migranten in der *weißen* deutschen Mehrheitsgesellschaft.

reichtum.

Martin Dibobe, der Neger-Zugführer auf der Berliner Hochbahn.

lichen Stellungen emporschwingen. Da ist z. B. James Allen, ein reich begabter Musiker, der die Hochschule zu Garfort besuchte, dann aber seine Studien aufgab, um mit einer hübschen Künstlerin zu entfliehen. Jetzt erfreut er allabendlich die Gäste eines Cafés der Friedrichstraße mit seinen Klaviervorträgen. Da ist ferner Joseph Byll, ein sehr beachtenswertes Zeichentalent. Bis zu seiner fertigen Ausbildung arbeitet er als Retoucheur im Atelier eines bekannten Portraitphotographen. Auch Martin Dibobe und Thomas George dürften Vielen bekannt sein. Martin Dibobe ist einer von den Kamerun-Negern der 1896er Kolonial-Ausstellung. Es gefiel ihm so gut in Berlin, daß er darum bat, hier bleiben zu dürfen und so brachte man ihn zu einem Schlosser in die Lehre. Nun hat der 28jährige Schwarze Anstellung als Zugführer bei der Hochbahn gefunden. Thomas George hat den wichtigen Posten eines „einleitenden Direktors“ vor den Pforten der Amorsäle. In seinem tadellosen Gesellschaftsanzug, der den prächtig gewachsenen Mann vortrefflich kleidet, sieht George wie ein echter Gentleman aus. Kein Dämchen trippelt vorüber, ohne dem schwarzen Adonis einen schmachtenden Blick zuzuwerfen. Er sowohl, wie Martin Dibobe und James Allen sind mit weißen Frauen verheiratet, auch sind sie schon Väter mehr oder minder schwarz angehauchter Babies. Auch hierin haben es die in Europa lebenden Neger besser als die in Amerika. Dort nämlich sind gemischte Ehen zwischen Weißen und Schwarzen verpönt, im Süden sogar gesetzlich verboten.

Thomas George,
der Cerberus der Amorsäle.

Checkpoint Charlie
Gendarmenmarkt
150m
sos for Human Rights
Until 1918 Berlin was the capital city of the German colonial empire. Evidence of this violent past is still visible in the city today, such as here, in the "Mohrenstraße". Colonial aggression, emanating from Berlin, robbed people of their land, property, freedom and lives. At the same time, Berlin received a flow of stolen colonial goods and treasures, as well as people, who were kidnapped and coerced into slavery as forced labourers and "zoo attractions".
Berlin - Colonial Capital City
By renaming this street, the city would like to face up to its past and the responsibilities that this brings with it. This memorial plaque is intended as a reminder of the colonial crimes committed by Germany and Berlin, the effects of which are still visible here, in the "Mohrenstraße", in which enslaved African minors in the 18th century had their living quarters.
The term 'Mohr' is not a neutral word, but rather a racist and derogatory label for Black people. As a construct and a projection of the European imagination, which represented Africans as stupid, as well as lacking in culture and history, it is an indication of Germany's history of slavery and colonial domination.
be responsible
be aware of history
be berlin

Die M-Straße
(Mohrenstraße)

◀ Straßenschild der „Mohrenstraße“ in Berlin-Mitte, 2014.
Bei einer subversiven Aktion sind ö-Punkte auf das Straßenschild aufgemalt worden, die den Straßennamen in „Möhrenstraße“ verwandeln. Zudem wurden Gedenktafeln mit englischen und deutschen Texten aufgehängt, die an die „kolonialen Verbrechen Deutschlands“ erinnern.
Foto: Privat

Mitte August 2020 forderte die Bezirksverordnetenversammlung Mitte mit den Stimmen von GRÜNEN und SPD das Bezirksamt auf, die „Mohrenstraße“ nach dem afrikanischen Gelehrten Anton Wilhelm Amo umzubenennen. Der Philosoph und Rechtswissenschaftler war im 18. Jahrhundert der erste Gelehrte afrikanischer Herkunft an einer preußischen Universität. Damit wurde vorerst ein Schlussstrich unter eine erbittert geführte Auseinandersetzung gezogen. Anlass für die Straßenumbenennung ist der in der Kulturpolitik wie auch in den Kulturwissenschaften seit Jahr und Tag schwelende Streit um den M-Begriff.

Ende des 17. Jahrhunderts soll der damals noch unbefestigte Weg im heutigen Stadtbezirk Mitte bereits als „Mohrenstraße“ bezeichnet worden sein. Er erhielt den Namen, da hier eine Delegation afrikanischer Repräsentanten aus der damaligen brandenburgischen Handelsstützpunktkolonie Großfriedrichsburg, gelegen an der „Sklavenküste“ in Westafrika (heutiges Ghana), in einem Gasthaus vor den Toren Berlins ihr Quartier bezogen hatte. Es handelte sich um eine Abordnung von Ältesten unter Leitung ihres Chiefs Janke aus dem Dorf Poqueso, dem heutigen Princes

Town. Die viermonatige Anwesenheit der Afrikaner, im damaligen Sprachgebrauch „Mohren", rief großes Aufsehen in der Berliner Bevölkerung hervor. Im frühen 19. Jahrhundert wurde dagegen der Ursprung der Straßenbenennung darauf zurückgeführt, dass dort ein „Hofmohr", ein Liebling des Markgrafen Karl von Brandenburg-Schwedt, ein Haus besessen und der Straße ihren Namen gegeben haben soll.

Von den Gegnern der Straßenumbenennung ebenso wie von der Pro-Mohrenstraße-Initiative wird die These vertreten, der Begriff „Mohr" habe bei aller Antiquiertheit keine kolonialrassistische, allenfalls eine exotische Bedeutung gehabt, und auch der „Mohr" sei keine negativ besetzte historische Figur. Änderungen aus Gründen der Political Correctness werden zurückgewiesen. „Mohr" sei daher nicht als diskriminierendes Schimpfwort aufzufassen. Eine Straßenumbenennung würde einer Entsorgung von Geschichte gleichkommen.

Dem wird entgegengehalten, dass das M-Wort im Verlauf der Geschichte einen Bedeutungswandel hin zu einer zusehends negativ rassistischen Konnotation durchlaufen hat. Spätestens im 18. Jahrhundert, der Entstehungszeit des modernen wissenschaftlichen Rassismus, verschmolzen die beiden Begriffe „Mohr" und „Neger" und sind austauschbar geworden. Dabei ist es heute unstrittig, dass der zweite Begriff auch schon damals in diskriminierender Weise gegenüber Menschen afrikanischer Herkunft Verwendung fand. So ist etwa bei Immanuel Kant, dem Begründer der kritischen Philosophie und Vertreter aufgeklärten Denkens, zu lesen: „die neger von Afrika haben von der natur kein gefühl, welches über das läppische stiege". Kant verwendete das heute geächtete N-Wort in seinen naturgeschichtlichen und anthropologischen Texten, in denen er eine explizite Rassentheorie entwickelte. Er sprach von vier „Racen", den *Weißen*, den Indern, *Schwarzen* und den Amerikanern. Erst in Kants später Schrift „Zum ewigen Frieden" revidierte er seine eigene Rassentheorie zumindest implizit; es folgten ein Bekenntnis zum gleichberechtigten Subjektstatus aller Menschen unabhängig von der „Race" und eine unzweideutige Verurteilung von Kolonialismus und Sklaverei.

Die Behauptung, der M-Begriff sei zur Zeit der Entstehung des Namens „Mohrenstraße" nicht rassistisch konnotiert gewesen, entbehrt jeder Grundlage. Allein die Tatsache, dass das koloniale Engagement der brandenburgisch-preußischen Herrscher auf den Handel mit versklavten Menschen abzielte, widerspricht dem. Der zuständige Berater des Großen Kurfürsten äußerte, jeder wisse, dass der Sklavenhandel „die Source des Reichtums ist, den die Spanier aus ihren Indien holen". Schon als die ersten brandenburgischen Schiffe nach Westafrika segelten, waren deren Kapitäne gehalten, sich dort nach jungen Sklaven für die heimische Hofhaltung umzusehen. Umgekehrt heißt das aber nicht, dass das M-Wort immer schon ein rassistischer Terminus gewesen ist. Der Duden schließlich stuft den M-Begriff als „veraltet und diskriminierend" ein.

Vertreter der afrodiasporischen Zivilgesellschaft wie postkoloniale Vereine begrüßen die Umbenennung der „Mohrenstraße", die von ihren Kritikern nur noch M-Straße genannt wird. Der Begriff stelle eine rassistische Fremdbezeichnung für *Schwarze* Menschen dar, durch die sie exotisiert und herabsetzt werden. Der Beschluss sei ein „international sichtbares Zeichen gegen Rassismus im öffentlichen Raum".

Was die Neubenennung der Straße, deren Umsetzung sich noch Jahre hinziehen dürfte, für die gleichnamige U-Bahn-Station bedeutet – nicht zu vergessen sind auch die „Mohrenkolonnaden" –, wird sich zeigen. Eine Namensänderung fällt in die Zuständigkeit der Berliner Verkehrsbetriebe (BVG). Anfang Juli des Jahres 2020 hatte die BVG zunächst angekündigt, den Stationsnamen „Mohrenstraße" in Glinkastraße umbenennen zu wollen. Nach dem russischen Komponisten Michail Iwanowitsch Glinka (1804–1857) ist eine Straße benannt, die in der Nähe der U-Bahn-Station verläuft. Nach Vorwürfen, Glinka sei Antisemit gewesen, musste die BVG nach einem Einspruch des Berliner Senats jedoch einen Rückzieher machen.

- Literatur: Heyden: Auf Afrikas Spuren; Heyden: Die Berliner Mohrenstraße; Hinrichsen/Hund: Metamorphosen; Berliner Entwicklungspolitischer Ratschlag: Stadt neu lesen; Overhoff: Preußens verborgene Sklaven.

▲ Die Medaille von 1681 erinnert an die kurbrandenburgische Schifffahrt nach Guinea und die Gründung der Kolonie Großfriedrichsburg. Auf der Vorderseite der Medaille ist ein Schiff mit geblähten Segeln zu erkennen. Auf der Rückseite kniet eine Afrikanerin am Strand und reicht den Ankömmlingen eine Schale mit Gold und Elefantenstoßzähnen. Links unten ist ein winziger Elefant zu erkennen. *Caspar: „Durch Gottes Führung“*

▶ Werbefigur des „Sarotti-Mohren“, 1950, Deutsches Historisches Museum Berlin. Nach dem Verlust der deutschen Überseegebiete im Zuge des Ersten Weltkrieges tauchte das erste M*****-Zeichen auf den Verpackungen der Sarotti-Schokolade auf. Es zeigte drei M***** mit Tablett. Die Firma zur Produktion von Pralinen war 1868 in der Mohrenstraße 10 gegründet worden. Es heißt, der Grafiker habe sich für das neue Markenzeichen von dem Straßennamen inspirieren lassen. Die klassische Figur des „Sarotti-Mohren“ wurde 1922 in das Markenregister eingetragen. Der „Sarotti-Mohr“, der bis auf den heutigen Tag zu den bekanntesten Figuren der deutschen Werbegeschichte gehört, war stets ein fester Bestandteil des Exotismus-Diskurses in Deutschland. Die Werbefigur erschien fortan in unzähligen Variationen auf Schokoladenverpackungen, auf Postkarten oder Tassen. Als Nippesfigur fand sie ihren Weg in die Haushalte. Als Reaktion auf die anhaltende Kritik an dieser Form des Warenrassismus – die Figur verkörpere das rassistische Stereotyp des Afrikaners als subalternes Wesen –, verpassten die Marketing-Experten der Stollwerk-AG 2004 den Produkten der Marke Sarotti ein neues Logo. Das Logo zeigt nun nicht mehr den „süßen kleinen Sarotti-Mohr“, den die *weißen* Konsumenten zum Fressen gernhaben, sondern einen Magier der Sinne mit gülden schimmernder Haut, der mit Sternen jongliert. Das hindert das Unternehmen freilich nicht daran, den altbekannten „Sarotti-Mohren“ munter weiter auf den Verpackungen sogenannter Nostalgie-Editionen abzubilden und gewinnbringend zu verkaufen. „Erst kommt das Fressen, dann kommt die Moral!“ – einmal mehr bewahrheitet sich Bertolt Brechts Redensart. | *Foto: Joachim Zeller*

▶ Antoine Pesne: Kronprinz Friedrich (der spätere Friedrich II.) und seine Schwester Wilhelmine, Ölgemälde, 1714, Schloss Charlottenburg Berlin, Postkarte. Dies sind die Angaben, die nicht nur auf der Rückseite dieser Postkarte, sondern auch in der Ausstellung im Schloss Charlottenburg über das Gemälde informieren sollen. Übergangen wird dabei, dass der preußische Hofmaler Pesne eine dritte Figur mit ins Bild gesetzt hat, nämlich einen jungen Afrikaner, einen „Hofmohren". Seit Ende des 17. Jahrhunderts standen die sog. Hofmohren im Dienst der in Preußen regierenden Hohenzollern. Der damaligen Mode in der Feudalaristokratie folgend, waren am Berliner Hof – oftmals aus Afrika als Sklaven verschleppte – *Schwarze* als persönliche Lakaien oder als Trompeter und Pauker beim Militär angestellt. Nicht zuletzt sollten die Afrikaner als Sinnbilder der weitreichenden Machtansprüche der absolutistischen Regenten dienen. Auch auf den Gemälden anderer Hofmaler wie Paul Karl Leygebe, Georg Wenzeslaus von Knobelsdorff oder Franz Krüger tauchen wiederholt *Schwarze*, in glänzender Livree gekleidete Pagen („Kammermohren") auf. All diese Herrscherbilder betonen den Kontrast zwischen *weißer* und *Schwarzer* Hautfarbe und präsentieren die Afrikaner lediglich als emblematisches Attribut, als Statussymbole der absolutistischen Regenten. Kritik an der feudalen „Mohrenmode" äußerte bereits Endes des 18. Jahrhundert der französische Schriftsteller Louis-Sébastien Mercier. Sein Werk „Tableau de Paris" enthält ein Kapitel über die „Hausnegerlein", in dem er die dekadenten Marotten des reichen Adels aufs Korn nimmt. Im Park von Sanssouci in Potsdam befindet sich ein Rondell mit M-Büsten. Das früher so genannte „Mohren-Rondell" heißt seit dem Jahr 2021 „1. Rondell". Anfang Juli 2023 wurde im Berliner Schloss Charlottenburg die Ausstellung „Schlösser. Preußen. Kolonial. Biografien und Sammlungen im Fokus" eröffnet.
Foto: Joachim Zeller

Das Afrikanische Viertel

Afrikanisches Viertel
Wedding

◂ Berlin, 8. Juni 2012: Einweihung der ersten Informations- und Gedenktafel zum Kolonialviertel im Wedding. Die Tafel steht an der Müllerstraße, Ecke Otawistraße. *Foto: Joachim Zeller*

Es ist das größte koloniale Flächendenkmal Deutschlands, das sogenannte Afrikanische Viertel im Wedding. 23 Straßennamen erinnern an die deutsche Kolonialherrschaft, darunter die Kameruner, die Togo-, die Afrikanische, die Usambara-, Lüderitz-, Sansibar-, die Swakopmunder Straße und die Kiautschoustraße. Entgegen anderslautender Behauptungen kam dem Viertel von Anfang an eine kolonialpropagandistische Funktion zu, sollte doch durch die demonstrative Sichtbarmachung kolonialer Eroberungen im Berliner Straßenbild die Überseeherrschaft des Deutsches Reiches im Bewusstsein der Öffentlichkeit verankert werden.

Die Kameruner Straße und die Togostraße erhielten als Erste im Jahr 1899 ihren Namen. Damals war der Großteil des Viertels noch unbebaut. Kamerun und Togo waren die in Westafrika gelegenen deutschen Kolonien. Einen Schub gaben dem Viertel die Pläne des Hamburger Tierhändlers und Völkerschau-Impressarios Carl Hagenbeck, der in der Dünenlandschaft der Berliner Rehberge ein riesiges Freigelände nicht nur mit wilden Tieren, sondern gar mit exotischen Völkerschaften präsentieren wollte. Die Pläne für den Weddinger Exotik-Park, der auf den Stadtkarten schon verzeichnet war, sollten allerdings im Sande verlaufen. Mit der Anlage der „Afrikanischen Straße", die das Viertel durchquerte, im Jahr 1906 wurde der deutschen Kolonialpolitik endgültig ein städtebauliches Denkmal gesetzt. 1910 – anlässlich seines 25. Todestages – folgte die Benennung des zentralen Platzes im Viertel nach Gustav Nachtigal, einem der „Begründer" deutscher Kolonien in Afrika. Auch die im Jahr 1911 benannte Kongostraße war Teil kolonialdeutscher Propaganda. Dabei spielt die Kongostraße nicht etwa auf die belgische Kolonie in Zentralafrika an. Vielmehr vergegenwärtigt der Name den Teil des Kongos, der durch das 1911 mit Frankreich abgeschlossene Marokko-Kongo-Abkommen der deutschen Kolonie Kamerun zugeschlagen wurde. Einige Straßen erhielten ihre Namen erst, als das Deutsche Reich seine Kolonien aufgrund der Bestimmungen des Versailler Friedensvertrages von 1919 bereits wieder verloren hatte. So wurden die Straßennamen Uganda-, Duala-, Sambesi- und Tangastraße im Afrikanischen Viertel erst im Jahr 1927 eingeführt. Damit folgte Berlin den Empfehlungen des Deutschen Städtetages, Straßen und Plätze mit „kolonialen" Namen zu versehen, um den „Kolonialgedanken" nicht in Vergessenheit geraten zu lassen und um die neokolonialen Bestrebungen im Reich zu stärken. Die letzte koloniale Namensgebung im Afrikanischen Viertel fand im Jahr 1939 durch die Nazis statt. Mit der Petersallee ehrten sie Carl Peters, den berüchtigten „Begründer" von Deutsch-Ostafrika. Peters, der stets nationalistische Positionen, einen rigiden Herrenstandpunkt und rassistischen Sozialdarwinismus vertrat, passte nur zu gut in die Herrenmenschenideologie des Dritten Reichs, ebenso wie sich Peters als Leitbild für eine aggressiv ausgerichtete Expansionspolitik eignete. In den Augen des nationalsozialistischen Regimes hatte der „größte deutsche Kolonialpionier" für sein „Heimatvolk den Durchbruch zur Herrennation" vollzogen.

Nach dem Zweiten Weltkrieg – im nun einsetzenden postkolonialen Zeitalter – kam die Ghanastraße hinzu. Mit der im Jahr 1958 vorgenommenen Straßenbenennung wurde ein erstes Zeichen der Abkehr von der prokolonialen Erinnerungspolitik gesetzt. Nur wenige Monate nach der Unabhängigkeit Ghanas würdigte man so das erste afrikanische Land, das sich von europäischer Fremdherrschaft befreien konnte. In den 1980er-Jahren scheiterten Versuche, den drei nach Kolonialbegründern benannten Straßen

(Lüderitzstraße, Nachtigalplatz, Petersallee) die Namen von afrikanischen Vertretern des antikolonialen Widerstandes zu geben. In einem regelrechten Skandal endete die Initiative zur Umbenennung der Petersallee, da sie sich schlicht als Etikettenschwindel entpuppte. Nachdem verschiedene Kompromissvorschläge keine Mehrheit gefunden hatten, ließ die Stadtverwaltung unter den Straßenschildern kleine Hinweisschilder anbringen, die sich nunmehr auf einen ehemaligen CDU-Politiker namens „Hans Peters – Stadtverordneter 1896–1966" beziehen.

Wie sehr die Kolonialgeschichte mittlerweile zu einem Politikum geworden ist, zeigte sich einmal mehr bei der Aufstellung einer Informationstafel zur Geschichte des Afrikanischen Viertels im Jahr 2012. Jahrelang war kontrovers darum gestritten worden, bis *Decolonize Mitte*, ein Bündnis von Nichtregierungsorganisationen, die Tafel durchsetzen konnte. Die an der Müllerstraße, Ecke Otawistraße errichtete Informationsstele war in der postkolonialen Erinnerungskultur Deutschlands ein Novum. Da sich die Beteiligten nicht auf eine gemeinsame Inschrift einigen konnten, finden sich auf der Vorder- und Rückseite der Stele zwei verschiedene Texte zur Geschichte des Afrikanischen Viertels. Der eine Text stammt vom Bezirk Berlin-Mitte, der andere von einem Bündnis *Schwarzer* und *weißer* Aktivist:innen.

Jahrlange kontroverse Debatten hat es zuletzt um die geplanten Umbenennungen der Lüderitzstraße, der Petersallee und des Nachtigalplatzes gegeben. Nach einigem Hin und Her wurden schließlich folgende Namen ausgewählt, die den Widerstand gegen die deutsche Fremdherrschaft memorieren: Manga-Bell-Platz für den Nachtigalplatz; Cornelius-Fredericks-Straße für die Lüderitzstraße; Maji-Maji-Allee und Anna-Mungunda-Allee für die Petersallee. Gegen die von der Bezirksverordnetenversammlung und dem Bezirksamt im Jahr 2018 beschlossenen Namen sind zahlreiche Widersprüche vor allem von Anwohnern und der Bürgerinitiative „Pro Afrikanisches Viertel" eingegangen, die einer zügigen Umsetzung des Vorhabens entgegenstehen. Die *Schwarze* Community und postkoloniale Initiativen, die sich jahrelang in dieser Sache engagiert haben, begrüßten hingegen die Entscheidung. Die Aktivist:innen wollen nach eigenen Angaben auch nicht Geschichte auslöschen. Vielmehr sollen Informationstafeln über den historischen Hintergrund der Straßennamen aufklären.

▸ Umbenennung des Nachtigalplatzes im Wedding in Manga-Bell-Platz (Dezember 2022). Der neue Straßenname ehrt Rudolf und Emily Duala Manga Bell, die gegen die koloniale Fremdherrschaft der Deutschen in Kamerun gekämpft haben. Rudolf Duala Manga Bell wurde im Jahr 1914 Opfer eines Justizmordes der Deutschen. *Foto: Joachim Zeller*

So ist die postkoloniale Debatte um das kompromittierte Afrikanische Viertel keinesfalls zu einem Ende gekommen. Ganz im Gegenteil. Die fortwährenden Auseinandersetzungen haben vielleicht mehr zur Aufarbeitung der kolonialen Vergangenheit auf der „mental map" beigetragen, als wenn von Anfang an Einigkeit bestanden hätte. Die notwendige Dekolonisierung des öffentlichen Raums und damit der „urban map" ist im vollen Gange.

Das Afrikanische Viertel – das historisch korrekt eigentlich als Kolonialviertel bezeichnet werden müsste – ist mittlerweile auf dem Weg, ein *afrikanisches* Viertel zu werden. Heute leben dort Abertausende Menschen mit afrikanischen Wurzeln. Gerade dieser Umstand macht es notwendig, darüber nachzudenken, wie eine kosmopolitisch und integrativ geprägte Erinnerungskultur zu gestalten ist, die den Realitäten einer Einwanderungsgesellschaft gerecht wird.

▸ Umbenennung der Lüderitzstraße im Wedding in Cornelius-Fredericks-Straße (Dezember 2022). Cornelius Fredericks war ein antikolonialer Freiheitskämpfer in Namibia, dem ehemaligen Deutsch-Südwestafrika. Er kam im Jahr 1907 im Konzentrationslager auf der Haifischinsel in Lüderitz um. Die Verfahren zur Umbenennung der Petersallee in Maji-Maji-Allee und Anna-Mungunda-Allee sind wegen einiger Einsprüche noch nicht abgeschlossen und werden wohl im Laufe des Jahres 2023 umgesetzt. | *Foto: Joachim Zeller*

♦ Literatur: Honold: Afrikanisches; Aikins/Hoppe: Straßennamen als Wegweiser; Kopp/Krohn: Blues in Schwarz-Weiß; Trüper: Das Afrikanische Viertel in Berlin-Wedding; Berliner Entwicklungspolitischer Ratschlag: Stadt neu lesen.

► Feier anlässlich der Benennung der Ghanastraße im Wedding am 17. Juli 1958. Helmut Mattis (Bezirksbürgermeister von Wedding), Emanuel Sekyi (Medizinstudent), Agnes Owusu (Krankenschwester), Paul Appiagyei (Student), Francis Nkrumah (Medizinstudent), Alex Adomako (Stud. Ing.), Walter Nicklitz (Bezirksstadtrat für Bauwesen).
Mit der Ghanastraße wurde ein erstes Zeichen der Abkehr von der prokolonialen Erinnerungspolitik gesetzt. Nur wenige Monate nach der Unabhängigkeit Ghanas würdigte man das erste afrikanische Land, das sich vom Joch der europäischen Fremdherrschaft befreien konnte.
Landesarchiv Berlin

Ghanastraße
16-46

AFRIKA-HAUS
10

Afrika-Haus der Deutschen Kolonialgesellschaft

Am Karlsbad 10

▲ Ein heute noch erhaltenes Bildrelief an der Fassade des ehemaligen Afrika-Hauses zeigt den Kopf eines Afrikaners in stereotyp verzerrter Weise.
Foto: Joachim Zeller

◀ Der Eingang zum Berliner Afrika-Haus im Jahr 1936.
Deutsche Kolonialzeitung 1936, S. 89

Früher prangten über dem Eingang die Lettern „AFRIKA-HAUS". Der Schriftzug an dem heute noch existierenden Gebäude Am Karlsbad 10 scheint nach 1945 abgeschlagen worden zu sein; verschwunden sind auch die fünf Köpfe „kolonialer Typen", die als Schlusssteine die Fensterreihe im Erdgeschoss zierten. Nur wer genau hinsieht, kann direkt unter dem Dachgesims noch kleine Schmuckreliefs erkennen, die neben floralen Motiven wie Kakaobohnen oder Baumwolle das rassistisch verzerrte Bild eines Afrikaners mit Ohrringen zeigen. So ist dem Haus seine kolonialgeschichtliche Bedeutung kaum mehr anzusehen. Dabei befand sich hier in den Jahren vor und nach dem Ersten Weltkrieg eines der wichtigsten kolonialen Zentren im Deutschen Reich, denn das Gebäude war Sitz der Deutschen Kolonialgesellschaft (DKG), des größten und einflussreichsten Verbandes der deutschen Kolonialbewegung.

Im April 1911 war die DKG, die bis dahin in der Schellingstraße 4 angesiedelt war, in das von ihr neu errichtete Geschäftshaus eingezogen. Dort residierte sie fortan mit ihrer Zentralverwaltung in den oberen beiden Geschossen, wo auch deren umfangreiche Kolonialbibliothek samt Bildarchiv untergebracht war. Während sich im dritten Stockwerk die von der DKG betriebene halbamtliche „Zentralauskunftsstelle für Auswanderer“ eingerichtet hatte, wurden die übrigen Büroräume vorzugsweise an koloniale Verbände und Firmen vermietet. Zu den Mietern im Haus gehörten unter anderem folgende namhafte, im Kolonialgeschäft tätige Firmen: Afrikanische Kompanie Aktiengesellschaft, Lüderitzbucht-Gesellschaft L. Scholz & Co.m.b.H., Südwestafrikanische Schäferei-Gesellschaft sowie die Deutsche Kolonialgesellschaft für Südwestafrika.

Die DKG als Eigentümerin des Afrika-Hauses war 1887 aus dem Zusammenschluss des Deutschen Kolonialvereins (gegr. 1882) und der Gesellschaft für deutsche Kolonisation (gegr. 1884) hervorgegangen. Nach den in der Satzung festgeschriebenen Zielen bezweckte sie, im „Dienste des Vaterlandes die Erkenntnis von der Notwendigkeit deutscher Kolonien zum Gemeingut des deutschen Volkes zu machen; die Pflege und Förderung des vorhandenen deutschen Kolonialbesitzes in organisatorischer, wirtschaftlicher und wissenschaftlicher Beziehung wie auch die Klärung und öffentliche Vertretung aller sonstigen kolonialen und überseeischen Interessen der deutschen Nation; unter Ablehnung jeder Stellungnahme zu parteipolitischen Fragen alle Parteien im Deutschen Reiche für die deutsch-koloniale Sache zu gewinnen.“ 1913/14 zählte der Verband ca. 43 000 Mitglieder, organisiert in 462, sich auf Ortschaften im Deutschen Reich, in den deutschen Kolonien und im Ausland verteilenden Abteilungen. Betreut wurden die lokal organisierten Abteilungen, die untereinander in regionalen Gauverbänden zusammengefasst waren, von der Hauptzentrale in Berlin. Die Mitgliederschaft der DKG kam vornehmlich aus dem gehobenen Mittelstand, worunter auch eine Spitzengruppe mit professionellen Überseeinteressen zu finden war.

Als *die* herausragende koloniale *pressure group* im Deutschen Kaiserreich betätigte sich die DKG auf vielerlei Gebieten. Die publizistische Arbeit galt der Kolonialpropaganda. Durch die von ihr herausgegebenen Bücher, Flug- und Zeitschriften sollten der „Kolonialgedanke“ im Volke gefestigt und andere Interessengruppen für das kolonialpolitische Abenteuer gewonnen werden. So versuchte man zum Beispiel, durch die Bereitstellung von didaktischen Materialien für die Lehrerschaft Einfluss auf die Schuljugend zu nehmen. Zu den kolonialen Werbemaßnahmen gehörte weiterhin die Durchführung von Kolonialkongressen oder die Organisation von Kolonialausstellungen.

Neben der „Werbungsarbeit" betrieb die DKG aber auch ganz praktische Kolonialpolitik. Abgesehen davon, dass sie selbst Anteilshaber von Siedlungsgesellschaften war, förderte sie in den Kolonien tätige Wirtschaftsunternehmen. Ein weiteres wichtiges Betätigungsfeld war die gezielte Lobbyarbeit, durch die sie Einfluss auf kolonialpolitische Entscheidungen der Parteien und Regierung zu nehmen versuchte. Sie beteiligte sich an zahlreichen Expeditionen in den Kolonien, die vorgeblich zu wissenschaftlichen Zwecken durchgeführt und als „Kulturarbeit" etikettiert wurden, die jedoch meist der Erweiterung oder Sicherung der kolonialen Vorherrschaft der Deutschen dienten. Ein besonderes Augenmerk galt der Förderung der Auswanderung in die deutschen Kolonialgebiete, aber auch der gezielten Lenkung von Auswanderern vornehmlich in südamerikanische Staaten als Vorposten einer zukünftigen deutschen Kolonisation.

In diesem Zusammenhang darf der zeitweise ebenfalls im Afrika-Haus ansässige Frauenbund der Deutschen Kolonialgesellschaft nicht ungenannt bleiben, der seine Aufgabe darin sah, „in unseren Kolonien deutschen Familiengeist und deutsche Art und Sitte eine sichere Pflanz- und Pflegestätte zu bereiten und zu erhalten". Zur konkreten Umsetzung seines Ansinnens vermittelte der Frauenbund Anstellungen für junge deutsche Frauen insbesondere in die Siedlungskolonie Deutsch-Südwestafrika als Dienstmädchen, Köchinnen, Erzieherinnen und Lehrerinnen. Da solche Arbeitsverhältnisse ganz überwiegend in einer Ehe mit den *weißen* Siedlern mündeten – was intendiert war –, trugen sie damit zur Stärkung eines „bodenständigen unvermischten Deutschtums" in den Kolonien bei. Die Vermittlung *weißer* Geschlechtspartnerinnen für deutsche Männer wurde vor allem auch als Maßnahme gegen das „Bastardproblem" verstanden, das in der vom Rassismus geprägten Kolonistengesellschaft viel diskutiert wurde.

So ist die DKG als dominierender Dachverband innerhalb der organisierten deutschen Kolonialbewegung ganz wesentlich daran beteiligt gewesen, die Kolonialpolitik zu einem zentralen Bestandteil des Weltmachtstrebens im wilhelminischen Kaiserreich zu machen. Zusammen mit anderen national-imperialistischen Interessenverbänden wie dem Alldeutschen Verband, dem Deutschen Flottenverein oder dem Verein für das Deutschtum im Ausland agitierte sie nicht zuletzt für eine forcierte Flottenbau-Politik als unentbehrliche Grundlage für deutsche Kolonialansprüche und eine weltpolitische Machtentfaltung des Deutschen Reiches. Folgerichtig gehörte sie im Ersten Weltkrieg zum Kreise derer, die extrem aggressive Kriegsziele propagierten; darunter fielen vor allem die Pläne für ein zusammenhängendes mittelafrikanisches Kolonialreich („deutsch Mittelafrika").

Der Verlust der Kolonien im Ersten Weltkrieg führte im Deutschen Reich allerdings nicht zu einer Schwächung, sondern eher noch zu einer Stärkung der Kolonialbewegung, die nun – wiederum mit der DKG an ihrer Spitze – für die „Wiedereinsetzung Deutschlands in seine kolonialen Rechte" kämpfte. Organisatorisch schloss sich die aus einer Vielzahl von Verbänden bestehende Kolonialbewegung in der Kolonialen Reichsarbeitsgemeinschaft (KORAG) zusammen, die sämtliche kolonialrevisionistischen Unternehmungen in den Jahren der Weimarer Republik koordinierte. Nicht ganz zufällig richtete die 1922 gegründete KORAG ihre zentrale Geschäftsstelle im Berliner Afrika-Haus ein, womit alle Fäden kolonialer Aktivitäten Am Karlsbad 10 zusammenliefen, zumal auch der ebenfalls neu gegründete Bund der Kolonialfreunde, der „für eine volkstümliche Bewegung zur Wiedererlangung unserer Kolonien" eintrat, dort ansässig wurde. Auch mieteten sich weiter kommerzielle Kolonialunternehmen im Afrika-Haus ein.

Die 1919 neu konstituierte DKG – Mitte der zwanziger Jahre zählte sie wieder rund 24 000 Mitglieder –, die zusammen mit den anderen kolonialen Interessenverbänden für die Aufrechterhaltung der „kolonialen Tradition" kämpfte, erhielt dabei finanzielle Unterstützung durch die Kolonial-Zentralverwaltung im Reichsministerium für Wiederaufbau (Nachfolgeeinrichtung des 1920 aufgelösten Berliner Reichskolonialamtes) und nach 1924 durch die neu im Auswärtigen Amt eingerichtete Kolonialabteilung. Obwohl sich die Kolonialverbände bei ihrer Propagandaarbeit aller nur erdenklichen Medien und Strategien bedienten, um der Forderung nach Rückgabe der ehemaligen deutschen Kolonialgebiete Gehör zu verschaffen, gelang es ihnen jedoch nicht, der Kolonialfrage während der Weimarer Republik Priorität zu verschaffen. Aus diesem Grund suchten schon Ende der zwanziger Jahre Vertreter der Kolonialbewegung die Verbindung zur NSDAP, da man sich von der radikalen Rechten neue Anstöße für die Kolonialpolitik erhoffte, obgleich die NSDAP bis dahin kaum nennenswerte Aktivitäten auf dem kolonialen Feld gezeigt hatte.

Mit der Machtübernahme der Nationalsozialisten 1933 erhofften sich viele Aktivisten in der Kolonialbewegung, nunmehr wieder an die Großmachtpolitik der Zeit vor 1914 anknüpfen zu können. Die Nationalsozialisten bauten aber zunächst, wie in allen anderen Bereichen der Gesellschaft und der Politik, auch die Organisationen der Kolonialbewegung um. Als Rechtsnachfolger der KORAG wurde im Sommer 1933 der Reichskolonialbund (RKB) gegründet. Sitz des RKB blieb das Afrika-Haus. Im Zuge dieser „freiwilligen Faschisierung" wurde auf eine direkte Unterstellung des RKB unter die NSDAP zunächst verzichtet. Die schließlich 1936 erfolgte endgültige „Gleichschaltung" der zuvor aufgelösten Kolonialverbände im neu geschaffenen Reichskolonialbund brachte das definitive Ende auch der konservativ-bürgerlichen DKG mit sich. Bundesführer des RKB wurde Franz Xaver Ritter von Epp, Reichsstatthalter von Bayern, Präsident des Deutschen Kolonialkriegerbundes, der gleichzeitig die Leitung des halbamtlichen Kolonialpolitischen Amtes der Reichsleitung der NSDAP innehatte. Und wieder wurde im Afrika-Haus ein neues Büro eröffnet, nämlich die Verbindungsstelle Berlin des Kolonialpolitischen Amtes, dessen Hauptsitz München war. Der RKB diente aber mit seinen 2,1 Millionen Mitgliedern und über 6000 Dienststellen im Reich keineswegs nur der kolonialen „Wissens- und Willensbildung des deutschen Volkes", sondern war für die NS-Führung ebenso eine Massenbasis für die ideologische Kriegsvorbereitung.

Obwohl die Forderung nach Kolonien im Dritten Reich aufrechterhalten und auch die Kolonialpropaganda in noch größerem Umfang als zuvor forciert wurde, sind die Hoffnungen der Kolonialenthusiasten enttäuscht worden. Eine Mehrheit innerhalb der NS-Elite, aber insbesondere Hitler selbst, dachte bei der Schaffung von neuem „Lebensraum" zuallererst an Eroberungen in Osteuropa („Ritt gen Osten"), während die Kolonialbewegung Afrika im Blickfeld hatte („Fahrt über See"). Dem Kontinentalimperialismus waren alle anderen Pläne nachgeordnet, wenngleich zu keinem Zeitpunkt der Osten Europas der Endpunkt deutscher Expansionsbestrebungen sein sollte.

Alle Kolonialträumereien waren Mitte Februar 1943 endgültig hinfällig geworden, als infolge der Rückschläge an allen Kriegsfronten auf Weisung

▲ Die koloniale Propagandaabteilung des Reichskolonialbundes im Afrika-Haus. An der Wand im Bildhintergrund ist das Gemälde „Verteidigung von Daressalam“ des Kolonialmalers Rudolf Hellgrewe zu erkennen [mit zeitgenössischer Bildlegende]. | *Deutsche Kolonialzeitung 1938, S. 14*

Hitlers der RKB wie das Kolonialpolitische Amt ihre Tätigkeit einzustellen hatten. Nun gingen auch im Afrika-Haus die Lichter aus, es wurde nach der Auflösung des RKB und der anderen dort beheimateten kolonialen Organisationen geräumt. Zusammen mit den Aktenbeständen, die heute im Bundesarchiv Berlin-Lichterfelde aufbewahrt werden, wurde die auf über 15 000 Bände angewachsene „Deutsche Kolonialbibliothek“ einschließlich der 55 000 Fotografien umfassenden Bildsammlung ausgelagert. Die Buch- und Bildbestände gelangten nach dem Ende des Zweiten Weltkrieges nach Frankfurt am Main in die dortige Stadt- und Universitätsbibliothek. Im ehemaligen Afrika-Haus befinden sich heute Privatwohnungen. Mitte September 2023 ist vor dem Gebäude eine Mahn- und Informationstafel zur Geschichte des Afrika-Hauses errichtet worden.

♦ Literatur: Zeller: „Stätte des deutschen kolonialen Wollens“.

Organ der Deutschen Kolonialgesellschaft

Bezugsstelle:
Geschäftsstelle der Deutschen Kolonial-Gesellschaft, Berlin W. 35, Am Karlsbad 10

Schriftleitung und Geschäftsstelle:
Deutsche Kolonialgesellschaft, Berlin W. 35, Am Karlsbad 10.

Alleinige Anzeigen-Annahme:
Annoncen-Expedition Rudolf Mosse
Berlin SW. 19, u. sämtliche Filialen

Nr. 20. | Berlin, 20. Mai 1911. | 28. Jahrgang.

Inhalt: Hauptversammlung zu Stuttgart am 9. und 10. Juni 1911. — Die Deutsche Kolonialgesellschaft im eigenen Heim. Winkler. – Wiederum die Kleinaktien. — Die bergrechtlichen Verhältnisse und die Diamantenfrage in Deutsch-Südwestafrika. — (Schluß folgt.) — Papua. — Bilder aus einer deutschen Farm in Etaneno bei Kalkfeld in Deutsch-Südwestafrika. — Rundschau. — Literatur. – Aus den Abteilungen.

Hauptversammlung zu Stuttgart am 9. und 10. Juni 1911.

Zu der in den Nr. 16 und 19 veröffentlichten Tagesordnung kommen folgende Gegenstände hinzu:

Antrag des Gauverbandes Rheinland:

Die Hauptversammlung wolle beschließen: Der Ausschuß wird ersucht, zu erwägen, wie der Reiseverkehr nach den afrikanischen Kolonien gefördert werden kann, und dem Vorstande zu seiner nächstjährigen Sitzung eine Vorlage darüber machen.

Antrag der Abteilung Magdeburg:

Die Hauptversammlung der Deutschen Kolonialgesellschaft wolle beschließen, eingehend prüfen zu lassen, ob die Bestimmungen und Verordnungen für die Kolonien, die die Schonung des Wildes und die Wildreservate betreffen, genügen, das Großwild vor dem allmählichen vollständigen Aussterben zu bewahren, und auf der nächsten Vorstandssitzung über das Ergebnis der Untersuchungen Bericht zu erstatten.

Die Feststellung kann durch den Ausschuß selbst oder eine aus dem Ausschusse oder dem Vorstande zu wählende Kommission — vielleicht unter Hinzuziehung erfahrener afrikanischer Jäger und Forschungsreisender — vorgenommen werden. Späteren Entschließungen soll es dann vorbehalten bleiben, dem Reichs-Kolonialamt und den zuständigen Behörden etwa notwendig erscheinende Abänderungen und Vorschläge zu unterbreiten.

Antrag der Abteilung Lyck:

Die Hauptversammlung wolle den Ausschuß der Deutschen Kolonialgesellschaft beauftragen, bei den zuständigen Behörden geeignete Schritte zu tun behufs Schaffung eines Naturschutzparkes in Deutsch-Ostafrika in einer Gegend, die sich nach Fauna und Flora besonders dazu ·ignet und in bei andere berechtigte Interessen durch Schaffung eines solchen Reservats nicht geschädigt werden.

Die Abteilung Goslar hat ihren in Nr. 19 veröffentlichten Antrag wie folgt abgeändert:

Die Hauptversammlung der Deutschen Kolonialgesellschaft bittet den Herrn Staatssekretär des Reichs-Kolonialamts und den Reichstag, in den Etat für die Kolonien noch in

Das „Afrikahaus", das Heim der Deutschen Kolonialgesellschaft: Stirnansicht.

▶ Das Afrika-Haus in Berlin, Am Karlsbad 10, hier 1911, dem Jahr seiner Fertigstellung. Das Afrika-Haus war das Domizil der Deutschen Kolonialgesellschaft. Neben anderen kolonialen Organisationen residierte hier seit 1933 auch der Reichskolonialbund. Nach 1945 nutzte die Senatsverwaltung für Jugend und Familie das Gebäude. Heute befinden sich hier Privatwohnungen. *Deutsche Kolonialzeitung, 20. 5. 1911*

Die Berliner Abteilung der DKG unterhielt auch das Deutsche Kolonialheim, das sich seit 1901 in der Schellingstraße 3 befand (zuvor in der Potsdamer Straße 22a). Es wurde ausgestaltet von dem Kolonial- und Orientmaler Rudolf Hellgrewe.

DEUTSCH-
OST-AFRIKA
TOGO
SAMOA

Deutsches Kolonialhaus
Lützowstraße 89/90

◀ Das Deutsche Kolonialhaus in der Lützowstraße 89/90 in Berlin im Jahr 1903. Die Fassade des Deutschen Kolonialhauses wurde von dem Kolonial- und Orientmaler Rudolf Hellgrewe entworfen. *Deutsche Kolonialzeitung 1903, S. 503*

„Die stattliche Front mit ihren Bildwerken, Statuen und Inschriften trägt einen durchaus kolonialen Charakter", hieß es anerkennend in der kolonialen Presse zur Neueröffnung des Deutschen Kolonialhauses. 1903 hatte die von Bruno Antelmann geführte Firma für Kolonialwaren den Neubau in der Lützowstraße 89/90 bezogen, womit das Unternehmen nun über ein repräsentatives Handelsgebäude verfügte. Die neue Zentrale der Firma präsentierte sich mit einer exotisierenden Fassade im orientalischen Stil. Die Straßenansicht des Hauses mit seinem Bauschmuck, afrikanische Krieger, berittene Elefanten und Löwen darstellend, sowie mit den Namen der deutschen Kolonien war nach einem Entwurf des bekannten Kolonialmalers Rudolf Hellgrewe ausgeführt worden. Der Künstler war schon zuvor für das Kolonialhaus tätig gewesen, denn er hatte bereits die Verkaufsräume des Haupt- und Versandgeschäftes in der Jerusalemer Straße 28, wo die Firma in den ersten Jahren ihres Bestehens residierte, mit kolonialen Deckengemälden ausgestaltet.

Der neu errichtete Gebäudekomplex mit dem Vorder- und dem über den Hof zu erreichenden Hinterhaus bot der Bruno-Antelmann-GmbH ausreichend Platz für die zahlreichen

Geschäfts- und Lagerräume, für die Kontore, die Fernsprechzentrale und Aufsichtsratszimmer, für die „Expeditionsräume", in denen die Waren post- und bahnfertig gemacht wurden, wie für kleinere Maschinenhallen, in denen Abfüllanlagen und Kaffee-Röstmaschinen standen. Auch die „Propaganda"-Abteilung, die die reichsweite Werbung für die Kolonialprodukte koordinierte, war in eigenen Räumlichkeiten untergebracht.

Die Anfänge des Deutschen Kolonialhauses gehen auf das Jahr 1896 zurück, als der Geschäftsmann Bruno Antelmann auf der mit der Treptower Gewerbeausstellung verbundenen Ersten Deutschen Kolonialausstellung mit einem Verkaufsstand für Kolonialwaren vertreten war. Aus diesen bescheidenen Anfängen heraus hatte sich das Unternehmen rasch zu dem größten Kolonialhandelshaus nicht nur innerhalb Berlins, sondern auch im Deutschen Reich entwickelt. Abgesehen von den Niederlassungen in Dresden, Frankfurt/M., Leipzig, Kassel, München, Wiesbaden und Verkaufsstellen in über 400 weiteren Städten betrieb das Deutsche Kolonialhaus noch mehrere Zweigstellen in Berlin, so in der Gneisenau-, Kant- und Schillstraße. Eine weitere Filiale wurde in dem 1899 im ehemaligen Marine-Panorama am Lehrter Bahnhof eingerichteten Deutschen Kolonial-Museum unterhalten.

Das Deutsche Kolonialhaus vertrieb sämtliche Artikel der Kolonialwarenbranche, soweit sie aus den deutschen Überseegebieten bezogen wurden. So lautete denn auch der selbst gestellte Auftrag, „die Erzeugnisse der deutschen Schutzgebiete unter zuverlässiger Kontrolle ihrer Echtheit dem deutschen Publikum nahe zu bringen und den deutschen Markt auf diese Weise nach und nach von dem Import fremder Kolonialerzeugnisse immer mehr unabhängig zu machen". Um die Echtheit der „deutschen Kolonialwaren" zu garantieren, wurde in der Werbung stets darauf verwiesen, dass der Vertrieb „unter Aufsicht der Deutschen Kolonialgesellschaft" geschehe, die bereits bei Gründung des Unternehmens Pate gestanden hatte. Zu der Palette von Kolonialprodukten, die im Angebot waren, zählten „Usambara-Kaffee", „Samoa-Kakao", „Kamerun-Schokoladen" und Pralinen, Tee, Kokosnussmakronen, Kolonialgebäck, Rohtabak, „Neu-Guinea und Kamerun-Zigarren", „Kiautschou-Zigaretten", Erdnuss-Speiseöl, Kokosnussfett, Stearinkerzen, Seifen, Kola-Likör, Vanille und andere Gewürze; hinzu kamen weitere ausgewählte Kolonialwaren, die nicht in den „deutschen Schutzgebieten" produziert wurden, etwa brasilianischer Honig oder Palästinaweine.

Neben den Lebensmitteln, die das Hauptgeschäft ausmachten, wurden aber auch Ethnografica („Hausgötzen aus Togo", „Töpfe und Pfeifen der Kameruner Bali", „Schmuck der Herero aus Südwest", „Massai-Speere aus Ost-Afrika") angeboten, denn mit der Exotik kolonialisierter Völker ließen sich gute Umsätze machen. Weiterhin waren sogenannte Galanteriewaren (Palmbastmatten, Felle, Elfenbeinschnitzereien, Straußeneier, Löwenkrallen), Kolonialbücher, Kolonialatlanten und Spezialkarten, Kolonialfotografien, Kolonialbriefmarken und Postkarten aus den Kolonien und schließlich ausgestopfte Tiere (Papageien, Kakadus etc.) im Verkaufskatalog zu finden.

Allerdings darf nicht übersehen werden, dass im Jahr 1904 – um nur ein Beispiel zu nennen – ganze 2,2 Prozent des im Deutschen Reich konsumierten Kakaos aus den eigenen Kolonien stammte. Verschwindend gering fiel also der „kolonialdeutsche" Marktanteil bei Kakao bzw. Schokolade aus, Kolonialprodukten, die seit der Jahrhundertwende geradezu „Volksnahrungsmittel" geworden waren. Davon abgesehen vollzogen sich die Veränderungen auf dem Lebensmittelmarkt im Kolonialzeitalter ganz überwiegend auf dem Rücken der kolonisierten Völker. Die Einführung der einseitig an den Interessen des „Mutterlandes" ausgerichteten Plantagenwirtschaft in den Tropen ging häufig mit der Enteignung und Proletarisierung der einheimischen Bevölkerung einher. Gleichermaßen spotteten die Arbeitsbedingungen auf den von deutschen und anderen europäischen Pflanzungsgesellschaften geführten Plantagen (es gab daneben auch unabhängige, von afrikanischen Kleinbauern insbesondere für die Kakaoproduktion betriebene Pflanzungen) jeder Beschreibung: Die brutalen Rekrutierungsmethoden, die inhumane Behandlung der zu Hungerlöhnen beschäftigten Arbeiter gelangten zu trauriger Berühmtheit und haben wiederholt Anlass zu kritischen Kolonialdebatten im Deutschen Reichstag gegeben.

Soweit bekannt ist, soll das Deutsche Kolonialhaus im Jahr 1914 an das Hamburger Unternehmen Woermann verkauft worden sein. Der „Hoflieferant" Bruno Antelmann hatte seine Anteile schon zuvor veräußert.

Das Deutsche Kolonialhaus wurde jedoch nicht weitergeführt. Im 1926/27 erschienenen „Kolonialen Hand- und Adreßbuch“ wird es nicht mehr erwähnt. Das bis Mitte der 1930er-Jahre als Lager genutzte Gebäude wurde im Zweiten Weltkrieg zerstört. Erhalten geblieben sind nur die beiden Löwenfiguren des Eingangsportals, die dort bis Anfang der 1950er-Jahre standen, als das betreffende Grundstück eine neue Bebauung erhielt. Die beiden monumentalen Löwenfiguren gehörten seit 1972 zum ehemaligen „Straßenmöbelmuseum“ im Tegel-Center. Im Jahr 2015 wurden sie in das Lapidarium des Museums Reinickendorf, Alt-Hermsdorf 35 umgesetzt.

♦ Literatur: Zeller: Das Deutsche Kolonialhaus; Brändle: Nayo Bruce.

▲ Löwenfiguren vor dem Museum Reinickendorf, Alt-Hermsdorf 35.
Die beiden steinernen Löwen gehörten ursprünglich zum Portal des „Deutschen Kolonialhauses“ in der Lützowstraße 89/90 in Berlin-Tiergarten.
Foto: Joachim Zeller

▶ Reklamefotografie des Deutschen Kolonialhauses aus der Deutschen Kolonialzeitung 1901. Das Deutsche Kolonialhaus scheute sich nicht, mit seinen Angestellten aus Afrika und Neu-Guinea Reklame zu machen. Der Junge in der Bildmitte ist Kwassi Bruce aus Togo, der 1896 im Zuge der Ersten Deutschen Kolonialausstellung in Treptow nach Berlin gekommen war und von dem Ehepaar Antelmann als Pflegekind aufgenommen wurde. Bruce leitete später eine eigene Musikkapelle. 1926 erhielt er die preußische Staatsbürgerschaft. Im August 1934 reichte Bruce eine Schrift bei der Kolonialabteilung im Auswärtigen Amt ein, die sich mit der schwierigen Lebens- und Arbeitssituation von Afrikanern in Berlin befasst. Ab 1935 war er bei der vom Auswärtigen Amt unterstützten „Deutschen Afrika-Schau" angestellt, einem wandernden Kolonialzirkus, dessen Leiter er von 1936 bis 1939 war. Den Zweiten Weltkrieg verbrachte er in Togo in französischer Kriegsgefangenschaft. 1947 kehrte er nach Europa zurück. 1949 heiratete er in zweiter Ehe seine frühere deutsche Lebensgefährtin. Zusammen mit seiner zehnjährigen Tochter zog das Ehepaar nach Berlin, ohne dort jedoch heimisch zu werden. 1950 emigrierte die Familie nach Paris.

▲ Werbeanzeige des Deutschen Kolonialhauses aus dem Kolonial-Handels-Adressbuch 1902.

Weitere in der kolonialen Wirtschaft tätige Unternehmen

▲ Relief am ehemaligen Hauptsitz der Deutschen Bank in der Mauerstraße, Ecke Französische Straße. Das Relief an dem 1910 errichteten Gebäude stellt die koloniale Fremdherrschaft verbrämt als „Zivilisierungsmission“ dar. Die *Weißen* rechts werden als Gebende, die Afrikaner links als Nehmende gezeigt. Dabei lief der Kolonialismus der Europäer auf die Ausplünderung der menschlichen, kulturellen und natürlichen Ressourcen nicht nur des afrikanischen Kontinents hinaus. Angeführt werden die *Weißen* durch Hermes, den Schutzgott des Verkehrs und der Kaufleute. Statt des Hermesstabs trägt er eine Fackel als Symbol des Lichts, das der „*weiße* Mann“ in den „dunklen Erdteil“ zu bringen vorgibt. Die Frauengestalten tragen eine Eisenbahn und einen Pflug. Das anlandende Segelschiff weckt Assoziationen an ähnliche Szenen, wie sie aus der Kolumbus-Ikonografie bekannt sind. Zusammen mit den Afrikanern sind ein Elefant, ein Affe und ein Hund zu erkennen. Einer der Afrikaner scheint sich zur Begrüßung der *Weißen* und ihrer „zivilisatorischen Errungenschaften“ auf den Boden gekniet zu haben. Die Deutsche Bank war im Zeitalter des Hochimperialismus weltweit an der finanziellen Abwicklung von Kolonialgeschäften beteiligt. Eines der bekanntesten Großprojekte war der Bau der Bagdadbahn. Im ehemaligen Deutsch-Südwestafrika, dem heutigen Namibia, war die Deutsche Bank die wichtigste Finanzinstitution und sie profitierte damit wirtschaftlich von den Folgen des Völkermords an den OvaHerero und Nama. Aus diesem Grund wurde die Deutsche Bank im Jahr 2001 zusammen mit der Bundesrepublik Deutschland und der Deutschen Afrika-Linien GmbH & Co. Kg von der Herero People’s Reparation Corporation vor einem US-Gericht auf Reparationen verklagt. Die Klage ist allerdings abgewiesen worden.
Foto: Joachim Zeller

Die Diamanten-Regie des südwestafrikan. Schutzgebiets in Berlin.

Wenn man aus dem offiziellen Viertel der Wilhelmstrasse in Berlin in die Behrenstrasse, die Strasse der Hochfinanz, einbiegt, so fällt einem nach wenigen Schritten der Bankpalast der Berliner Handelsgesellschaft in die Augen, in dem die südwestafrikanische Diamanten-Regie ihr Heim aufgeschlagen hat.

Portal der Diamanten-Regie in Berlin.

Die Diamantenregie ist von der Regierung geschaffen worden, einmal um im Interesse des Fiskus über die Diamantenproduktion eine sichere Kontrolle ausüben zu können, dann aber namentlich auch, um den südwestafrikanischen Diamanten die Möglichkeit einer kaufmännisch-rationellen Verwertung zu sichern. Da die Diamantenfelder sich in Händen einer Reihe von Gesellschaften befinden, so bestand die Gefahr, dass die gewonnenen Diamanten in der Anfangszeit in Mengen auf den Markt geworfen und mehr oder minder verschleudert würden. Dadurch aber, dass die Regierung durch Gründung der Regie die Verwertung der ganzen südwestafrikanischen Produktion in einer Hand vereinigte, ist den deutschen Diamanten die gebührende Position am Markt geschaffen worden. Die Organisation und rechtliche Stellung der Diamantenregie ist die einer „Deutschen Kolonialgesellschaft“. Sie ist also der Aufsicht der Kolonialverwaltung unterstellt.

Alle Diamanten, die in Südwest gewonnen werden, müssen der Vertretung der Regie, der Afrikabank in Lüderitzbucht eingeliefert werden. Dem Einlieferer wird dort sofort ein Fünftel des ungefähren Wertes ausbezahlt, ein weiteres Fünftel nach Eintreffen der Steine in Berlin, der Restbetrag nach erfolgtem Verkauf. Von Lüderitzbucht gehen die Diamanten in versiegelten Wertkisten unter Zollverschluss nach Berlin. Nach Ankunft werden die Sendungen zur Kontrolle gewogen und dann ihr Inhalt zur Befreiung von Unreinigkeiten kurze Zeit in eine Flusssäurelösung gelegt.

Die beiden grössten Steine aus Südwest.

Nun kann die rohe Sortierung der Steine nach Grössen, 1/4 Karat, 1/2 Karat, 1 Karat und darüber erfolgen. Diese geschieht mit Metallsieben, wie wir sie auf unserm letzten Bilde deutlich sehen. Dann geht's an die feinere Sortierung nach der Qualität, denn auch zwischen den gleichgrossen und gleichschweren Steinen gibt es erhebliche Unterschiede in bezug auf Farbe und Form. Die in Südwest am häufigsten vorkommenden Steine wiegen 1/4 und 1/2 Karat. Die beiden grössten, die bis jetzt in unsrer Kolonie gefunden wurden (s. Bild 2), wiegen 11 und 17 Karat. Der 17 karätige hat den stattlichen Wert von 5000—6000 Mk.

Als unser Bild aufgenommen wurde, war gerade eine neue Sendung aus Südwest eingetroffen und teilweise schon oberflächlich sortiert. Was da vor uns auf dem Tisch liegt, dürfte etwa eine Million Mark wert sein. Im Durchschnitt beträgt der Wert der alle drei Wochen aus Lüderitzbucht ankommenden Sendungen mit schätzungsweise 240 000 Steinen Inhalt 1 1/2 Mill. Mark. Ist die Schätzung der Steine beendet, so werden sie für den Verkauf in Lose eingeteilt, d. h. Partien von mindestens 1000—5000 Karat. In diesen Partien sind Steine aller Grössen und Qualitäten enthalten. Die Diamanten werden nicht etwa nach Auswahl verkauft, sondern die Händler aus Paris, London, New York, aus Hanau, aus der Pfalz usw. müssen die Sortimente kaufen, die ihnen zugewiesen werden. Damit wird verhütet, dass etwa nur die erstklassigen Steine verkauft werden, die minder guten aber liegen bleiben. Die Preise welche für die Regie für die deutschen Diamanten erzielt, müssen als sehr vorteilhaft bezeichnet werden. Im Durchschnitt werden für die kleinen Steine, von denen 5—6 Stück auf 1 Karat gehen, 32—33 Mark pro Karat bezahlt. Mit der Grösse steigert sich der Preis bedeutend. Die geschliffenen Exemplare, die wir auf unserm zweiten Bild sehen, zeichnen sich durch tadellos bläulichweisse Färbung und herrliches Feuer aus.

Im Grunde genommen ist die Produktion unsrer Kolonie im Vergleich zu derjenigen von Britisch-Südafrika nicht gross, aber die deutschen Diamanten haben sich durch die verständnisvolle Preispolitik der Diamanten-Regie und dank ihrer Güte schnell einen Platz am Markt errungen.

Für eine Million Rohdiamanten.

◂ Artikel über die südwestafrikanische „Diamanten-Regie" aus der Zeitschrift „Kolonie und Heimat" von 1910. Die Diamanten-Regie hatte ihren Sitz im nicht mehr erhaltenen Bankgebäude der Berliner Handelsgesellschaft in der Behrenstraße, Ecke Wilhelmstraße. Die Behrenstraße war damals in der Reichshauptstadt die Straße der Hochfinanz. Die rechtliche Stellung der Diamanten-Regie war die einer „Deutschen Kolonialgesellschaft", womit sie der Aufsicht der Kolonialverwaltung unterstellt war. Alle Diamanten aus der Kolonie Deutsch-Südwestafrika mussten bei ihrer Vertretung, der Afrikabank in Lüderitzbucht, eingeliefert werden. Auf den Fotos, so der Bericht, sind Diamanten in einem Wert von rund einer Million Reichsmark zu sehen. Die Roh- und die geschliffenen Diamanten wurden an Händler vor allem aus Antwerpen, aber auch Paris, London, New York und Hanau verkauft. Für das Geschäftsjahr 1911/12 verzeichnete die Diamanten-Regie einen Reingewinn von 837 123 Reichsmark. In dem Geschäftsjahr trafen 19 Diamantensendungen von 816 296 Karat in Berlin ein. Der Erlös bezifferte sich auf 20 898 600 Reichsmark. Von Anfang an sah sich die Diamanten-Regie scharfer Kritik ausgesetzt. Kritiker monierten, dass kein deutscher Diamantenmarkt für den Verkauf der Diamanten geschaffen worden sei, sondern die Geschäfte fast ausschließlich über das Antwerpener Syndikat abgewickelt würden. Die Diamantengewinnung, der seinerzeit „wertvollste Produktionszweig" der Kolonialwirtschaft, könne so nicht von der Abhängigkeit des Auslandes gelöst werden. Der Diamantenhandel ist ein weiteres beredtes Beispiel für die Ausplünderung der Bodenschätze in den Kolonien.
Kolonie und Heimat, 3. Jg., 1910, Nr. 14, S. 4.

Détail aus der Façade des neuen Kolonialhauses.

Studium und tüchtiges Können und Hantiren in den schönen Formen unserer Renaissance sind hier von einer ganz famosen täuschenden Technik im Antikisiren oder besser gesagt im Patiniren begleitet. Mit Recht dürfen wir dem Atelier L. Sobotta, aus welchem auch ein großer Theil der Entwürfe und Zeichnungen für die verschiedensten plastischen Dekorationen sowie für die Mosaikbilder hervorgegangen sind, unsere Anerkennung für seine Musterleistung voll und ganz zu Theil werden lassen.

Gleich hervorragend ist die bildhauerische Betheiligung durch die Besitzer des interessanten Biberbaues

opaques Spiegelglas in rötlichem Ton dient zur Decoration der Pfeiler der Vorderfront der I. und II. Etage; die belegten und unbelegten, mit Façonfacetten versehenen Spiegelgläser der Wände, Thüren und Fenster im Hansasaal wirken durch ihre Facetten brillant. Sämmtliche bis zur Decke reichende Krystallspiegel, welche sich ringsum an den Wänden im Silbersaal, Rittersaal und Goldenen Saal hinter in Bronze getriebenen Verzierungen befinden, wurden ebenfalls von B. Diede, Berlin, geliefert.

Die Firma Deutsche Steinindustrie Act.-Ges. vormals M. L. Schleicher hat die Verkleidung der Entrée-flächen in polirtem rothem schottischem Granit sowie weitere Arbeiten in schle-

Blick in die Ausstellungsräume der Firma v. Tippelskirch & Co. im 1. Stock des Kolonialhauses.

▲ In dem 1902 errichteten „Roland-Haus" in der Potsdamer Straße 127–128 war auch das „Kolonialhaus" der Firma Tippelskirch & Co. „Specialgeschäft für Ausrüstungen aller Art besonders nach überseeischen Ländern" untergebracht. An der Fassade des nicht mehr erhaltenen Gebäudes standen die Namen der deutschen Kolonien. Im ersten Stock hatte die Firma Tippelskirch ihre Ausstellungsräume. Auf einem Foto ist ein *Schwarzer* (wohl in der Rolle als Bediensteter) an der Tür stehend zu erkennen, während zwei *Weiße* am Tisch sitzen. Die Firma Tippelskirch war 1906 in einen der größten Kolonialskandale der damaligen Zeit verwickelt. Die Handelsfirma hatte 1903 einen achtjährigen Monopolvertrag über alle Lieferungen an die Kolonialtruppen erhalten. Ihr Umsatz verfünffachte sich dadurch. Wie der Zentrums-Abgeordnete Matthias Erzberger im Reichstag vorrechnete, führte dies zu überzogenen Preisen, die bis zu 70 Prozent über den Marktpreisen lagen. Zudem lieferte Tippelskirch Waren in schlechter Qualität. Das Berliner Tageblatt enthüllte, dass diese Firma von dem seinerzeit amtierenden preußischen Landwirtschaftsminister Victor von Podbielski gegründet worden war und ihm zur Hälfte gehörte. Tippelskirch hatte auch einen Beamten von der Bekleidungskommission beim Oberkommando der Schutztruppe bestochen. Die Korruptions- und Monopolvorwürfe führten schließlich zur Kündigung der Verträge mit der Firma Tippelskirch. Der preußische Landwirtschaftsminister Podbielski musste im November 1906 sein Amt aufgeben und zurücktreten. In Berlin-Dahlem sind immer noch eine Straße, die Podbielskiallee, und der gleichnamige U-Bahnhof nach Victor von Podbielski benannt.
Die Woche. Moderne illustrierte Zeitschrift, Heft 25, 1902, Inseratenanhang, S. 1 ff.

KOLONIAL-
AUSSTELLUNG
IM DEUTSCHEN
KOLONIAL-MUSEUM
Am Lehrter Bahnhof
Alt-Moabit №1.
Geöffnet von 10 - 5;
Mittw., Sonnab. u. Sonntg.
von 10~8 Uhr.
Eintritt
50 Pfg.
Montags
1 Mark
Kinder die Hälfte.
KUNSTANST· HOLLERBAUM & SCHMIDT · BERLIN · N · 65

Deutsches Kolonialmuseum am Lehrter Bahnhof (heute Hauptbahnhof)

◂ Werbeplakat des Deutschen Kolonialmuseums in Berlin. *Kunstbibliothek Berlin*

Als im Herbst 1896 die Berliner Gewerbeausstellung im Treptower Park ihre Pforten schloss, ging auch die damit verbundene Erste Deutsche Kolonialausstellung zu Ende. Schon zuvor hatten sich ihre Initiatoren Gedanken darüber gemacht, was mit den Ausstellungsobjekten zu geschehen habe. Schließlich fiel die Entscheidung, „dass die in der Kolonial-Ausstellung befindliche Sammlung der aus den deutschen Kolonien stammenden Rohprodukte und aus denselben gefertigten Fabrikate [...] zum Grundstock eines Kolonial-Museums gemacht werden möchten", wie es in einem Schreiben an die Kolonialabteilung des Auswärtigen Amtes hieß. Drei Jahre später, am 13. Oktober 1899, war es dann so weit: Nachdem bereits am Tage zuvor eine „Besichtigung durch die Kaiserlichen Majestäten" stattgefunden hatte, wurde feierlich das im vormaligen Marine-Panorama am Lehrter Bahnhof Alt-Moabit 1 eingerichtete Deutsche Kolonialmuseum eröffnet.

Als Blickfang im Eingangsbereich des Kolonialmuseums erwartete die Besucher eine Statue von Kaiser Wilhelm II. An den Rundgang durch den zweistöckigen Kuppelbau schlossen sich der Import- und Exportsaal an. Der Importsaal umfasste eine

Sammlung pflanzlicher, tierischer und mineralogischer Produkte aus den deutschen Kolonien. Durch die Kautschuk- und Kakaobäume, Tropenhölzer, Straußenfedern, Edelsteine etc. sollte auf die Einfuhren aus dem überseeischen „Neu-Deutschland" und damit auf dessen wirtschaftliche Bedeutung aufmerksam gemacht werden. Im Exportsaal wurden Produkte gezeigt, die deutsche Industrieunternehmen in die Kolonien ausführten, wie Stacheldraht, Drahtproben, Tropenapotheken, Düngemittel, Modelle von Plantageneisenbahnen, Eismaschinen, Kaffeeschälmaschinen und andere tropentaugliche Landwirtschaftsmaschinen. Im Laufe der Jahre sollte ein unter der Mitarbeit des „Deutschen Kolonialvereins für Einfuhr und Ausfuhr" speziell für die Bedürfnisse der deutschen Kolonien ausgerichtetes Exportmusterlager entwickelt werden.

Hauptattraktion in der großen Rotunde des Gebäudes war der Nachbau eines dichtbewachsenen tropischen Flusstals, über dessen Felsblöcke eine Wasserquelle herabplätscherte. Weiterhin befand sich im Parterregeschoss eine Lesehalle, in der sich die Besucher niedersetzen konnten, um die dort ausliegenden Kolonialbücher und Zeitungen aus deutschen und fremden Kolonien zu studieren, darunter fanden sich der „Windhoeker Anzeiger", die „Deutsch-Ostafrikanische Zeitung", die „Deutsch-Asiatische Warte" oder die „Nachrichten aus Kiautschou". In den danebenliegenden Räumen stellten die evangelische und die katholische Mission ihre Arbeit in Übersee vor.

Die weiteren Bestände präsentierte das Kolonialmuseum aufgeteilt nach den einzelnen deutschen „Schutzgebieten". In der Kamerun-Abteilung war die Nachbildung einer Unteroffiziersmesse zu sehen, auf deren Veranda mit Schnitzereien verzierte Kanus standen. Ein Diorama zeigte den Kamerunberg bei Victoria. In der sich anschließenden Togo-Abteilung waren Hütten gedeckt mit Palmblättern und davor aufgebaute Installationen mit lebensgroßen Wachsfiguren von „Eingeborenen" und deren „typische" Gerätschaften zu sehen. In der Abteilung Deutsch-Südwestafrika fand sich ein „Hererolager", eine Darstellung des Forts von Okombahe und ein großes Naukluft-Diorama. Auf Tafeln hieß es, die Darstellung umfasse „einen Teil des schwierigen Geländes, in welchem harte Kämpfe gegen Hendrik Witbooi geführt wurden." Von Hendrik Witbooi, dem berühmten Chief der Nama, besaß das Museum zudem einen Stuhl, „welcher bei Eroberung seiner Werft am 27. August 1894 erbeutet worden ist", ein Geschenk des Gouverneurs von Deutsch-Südwestafrika, Oberst Theodor Leutwein. Der Rundgang im unteren Geschoss wurde abgeschlossen mit der chinesischen Abteilung und einer von dem Kieler Reichsmarine-Amt eingerichteten Halle, in der Modelle von Kriegs- und Linienschiffen, militärische Trophäen, Geschütze und Handfeuerwaffen bestaunt werden konnten.

In der Rotunde im zweiten Stock fiel der Blick der Besucher:innen auf die Nachbildung eines chinesischen Tempels, der flankiert war von großen Arrangements aus Palmen und von in China eroberten Kanonen. Ein monumentales Freilichtdiorama bot Ansichten aus der Südsee und von Kiautschou. Die Neu-Guinea-Ausstellung wurde beherrscht von einem großen „Eingeborenenhaus von der Insel Seleo", während ein Diorama von Stephansort als Kulisse für Häuser vom Bismarck-Archipel mit dazugehörigen Auslegerbooten diente. An einem Straßenbild von Kiautschou vorbei konnte man in die Ostafrika-Abteilung gelangen, die mit einem arabischen Haus, dem Leuchtturm von Ras Makatumbe und einem Diorama von Daressalam aufwartete, woran sich wiederum eine Figurenszene vom Elfenbeinhandel anschloss. Die Dioramen des Museums waren wohl nicht zufällig ähnlich dem im Dezember 1885 auf dem Gelände zwischen Wilhelmstraße 10 und Friedrichstraße 236 eröffneten „Kolonialpanorama" gestaltet, ein zu jener Zeit beliebtes Medium der Massenunterhaltung, in dem illusionistische Riesenrundgemälde ausgestellt wurden.

Eine Vielzahl von Einzelobjekten ergänzte die einzelnen Abteilungen. Darunter waren koloniale Beutestücke zu finden, die an die „Heldentaten" der Deutschen Schutztruppen in Übersee erinnerten und koloniale Memorabilien jeglicher Art wie ausgestopfte Tiere und Jagdtrophäen, Kolonialfotografien und große Reliefkarten, Swakopmund, den Hafen von Daressalam und die ostafrikanische Station Langenburg präsentierten. Hatte der Besucher seine Besichtigungstour durch das Kolonialmuseum beendet, konnte er sich in dem vom Deutschen Kolonialhaus betriebenen arabischen Café an „echten Kolonialprodukten" laben. Als Höhepunkt der Kolonialexotik kredenzten ihm *Schwarze* Bedienstete Mokka-Kaffee und feines „Kolonialgebäck".

An der Gründung des Deutschen Kolonialmuseums hatten sich, abgesehen von einigen Behörden, Kolonialverbände, allen voran die Deutsche Kolonialgesellschaft, und Persönlichkeiten aus den kolonialen Kreisen beteiligt. Schon im Jahr 1900 ist allerdings das als Aktiengesellschaft geführte Museum vollständig in die Hände der Deutschen Kolonialgesellschaft übergegangen. Zeit seines Bestehens litt das auf privater Basis arbeitende Kolonialmuseum unter chronischer Finanzknappheit, denn trotz aller Bemühungen gelang es nicht, staatliche Subventionen für die Einrichtung zu erhalten. Die Eintrittsgelder reichten jedenfalls nicht aus, um die laufenden Kosten zu decken.

Für die Initiatoren des Deutschen Kolonialmuseums sollte das Museum kein „wissenschaftliches Institut" sein, sondern war für das „große Publikum" bestimmt. Es hatte die „breiten Volksmassen" als Zielgruppe im Visier, und das beabsichtigte, „in Deutschland die Einsicht von der Bedeutung des Kolonialwesens immer mehr zu erhöhen und der kolonialen Sache immer neue Freunde zu erwerben". Aus diesen Gründen unterblieb auch eine wissenschaftlichen Kriterien genügende Beschriftung der Exponate, wie überhaupt auf exklusive Kunstobjekte verzichtet und stattdessen die allgemeinverständliche „koloniale Alltagskultur" präsentiert wurde.

Das sich im Dienste kolonialdeutscher Propaganda volkstümlich gebende Kolonialmuseum schloss eine Konkurrenz zu dem Berliner Völkerkunde-Museum (dem heutigen Ethnologischen Museum) von vornherein aus, dessen Sammelgebiete sich ohnehin nicht auf die deutschen Überseegebiete beschränkten. Gleichwohl bestand eine scharfe Wettbewerbssituation um die Vergabe und Zuteilung von Ethnografica, hatte doch die Kolonial-Abteilung des Auswärtigen Amtes den Gouverneuren der Kolonien mitteilen lassen, dass die Beamten neben den königlichen Museen auch das Deutsche Kolonialmuseum mit Ausstellungsstücken beschicken sollten. Jedoch konnte das Kolonialmuseum die privilegierte Stellung des Berliner Museums für Völkerkunde beim Erwerb des – in den Tropen zusammengerafften – Kulturgutes nie ernsthaft gefährden.

Wie das Deutsche Kolonialmuseum von der breiten Öffentlichkeit aufgenommen wurde, darüber liegen widersprüchliche Informationen vor. Glaubt man den Berichterstattungen der Deutschen Kolonialzeitung, war dem Museum ein großer Publikumserfolg beschieden: In einem 1911 erschienenen Artikel wird auf 481 259 zahlende Besucher verwiesen, die seit der Eröffnung im Jahr 1899 registriert worden sind, wozu noch Tausende hinzugezählt werden müssten, die freien Zutritt hatten, wie Schulklassen, Vereine etc. Des Weiteren konnte auf 2931 koloniale Lichtbildvorträge verwiesen werden, die im Museum abgehalten wurden. Lehrer mit ihren Schulklassen stellten die größte und damit wichtigste Besuchergruppe dar, wobei die Deutsche Kolonialgesellschaft als Trägerin des Museums stets eng mit dem Kultusministerium zusammenarbeitete, da ihr die Einflussnahme auf die junge Generation ein zentrales Anliegen war. Es lassen sich jedoch auch Stimmen finden, die sich über die unzureichende Frequentierung des Museums beklagten: „Eine gewisse Kenntnis kolonialer Dinge gehört heutzutage notwendig zur allgemeinen Bildung, es ist daher umso mehr zu verwundern, dass das Kolonialmuseum nicht ebenso stark besucht wird, wie viele andere Bildungsstätten." Nach dieser in der Zeitschrift „Kolonie und Heimat in Wort und Bild" von 1909 abgedruckten Stellungnahme konnten sich ganz offensichtlich andere Museen in Berlin eines weit stärkeren Publikumszuspruchs erfreuen, mithin höhere Besucherzahlen vorweisen.

Das Deutsche Kolonialmuseum war einseitig auf kolonialpolitische Propagandazwecke ausgerichtet. Unter der Regie der Deutschen Kolonialgesellschaft stehend, diente es als Agitationsinstrument zur Popularisierung der Kolonialidee wie der Flottenpropaganda. Neben seiner „erziehlichen Aufgabe" kam ihm mit seiner Produktensammlung und dem Export-Musterlager in bescheidenem Maße auch die Funktion eines Handelsmuseums zu. Das ganz auf die „koloniale Werbearbeit" ausgerichtete Museum demonstrierte die imperiale Größe des Deutschen Reiches und kündete gleichermaßen von der vermeintlichen Überlegenheit der „*weißen* Rasse" über die kolonisierten Völker.

Mit dem Beginn des Ersten Weltkrieges kam das Ende des Deutschen Kolonialmuseums. Vor allem finanzielle Gründe waren es, die eine Weiterführung unmöglich machten, sodass 1915 dessen Schließung erfolgte. Ein Teil der Museumsbestände gelangte 1917 durch Verkauf an das Stuttgarter Linden-Museum, das rund dreieinhalbtausend ethnografische Objekte erwarb. Wo die übrigen – der ursprünglich mehr als 70 000 – Ausstellungsobjekte verblieben sind, lässt sich bisher nicht feststellen. Nach dem Krieg scheiterte die neu formierte deutsche Kolonialbewegung damit, in Berlin wieder ein Kolonialmuseum zu eröffnen. Den Anhängern der deutschen Kolonialbewegung blieb nur der neidvolle Blick auf die Kolonialmuseen anderer Länder, wie das Kongo-Museum im belgischen Tervuren bei Brüssel. In einem 1941 erschienenen Artikel heißt es über das – nun in dem von deutschen Truppen besetzten Belgien liegende – Museum: „Heute wandern durch die weiten Säle deutsche Soldaten aus allen Gauen und können einen Eindruck davon mitnehmen, was die anderen Völker in Übersee haben und was Deutschland mit seinen Kolonien verlorenging.“

♦ Literatur: Schneider: Das Deutsche Kolonialmuseum Berlin; Essner: Berlins Völkerkunde-Museum in der Kolonialära.

▲ Das ehemalige Marine-Panorama am Lehrter Bahnhof, das ab 1899 das Deutsche Kolonialmuseum beherbergte.
Landesbildstelle Berlin

▶ Das Deutsche Kolonialmuseum in Berlin,
Artikel aus der Zeitschrift „Kolonie und Heimat“ 1909/10.

Das deutsche Kolonialmuseum in Berlin.

Das Berliner Kolonialmuseum.

Ganz nahe am Hamburger und Lehrter Bahnhof, nicht weit vom Reichstagsgebäude, steht der hier abgebildete einfache Rundbau, der schon seit einer Reihe von Jahren den Berlinern und vielen Fremden Gelegenheit bietet, sich einigermassen ein Bild über die Natur und Wirtschaft unsrer Kolonien zu machen. Allerdings wird diese Gelegenheit — das müssen wir von vornherein mit Bedauern feststellen — verhältnismässig viel zu wenig benutzt. Eine gewisse Kenntnis kolonialer Dinge gehört heutzutage notwendig zur allgemeinen Bildung, es ist daher umsomehr zu verwundern, dass das Kolonialmuseum nicht ebenso stark besucht wird, wie viele andre Bildungsstätten. Ein paar Rundgänge durch die hier aufgestapelten oder vielmehr übersichtlich und anschaulich geordneten Sammlungen kolonialer Gegenstände aller Art vermitteln die elementaren Kenntnisse auf diesem Gebiet schneller und gründlicher als das Studium kolonialer Bücher, zu dem der Grossstadtbewohner ja doch in den seltensten Fällen kommt.

Die Art der Anordnung des Museums muss entschieden praktisch und instruktiv genannt werden. Man hat sich dort nicht darauf beschränkt, die Gegenstände lediglich nach malerischen oder systematischen Grundsätzen neben einander aufzuhängen oder aufzubauen, sondern man hat auch versucht, dem Beschauer bis zu einem gewissen Grade eine lebendige Anschauung zu ermöglichen. Dioramen, kulissenartige Wandgemälde, zeigen uns charakteristische Landschaften aus den Kolonien, und im Vordergrund sind in natürlicher Grösse Szenen aus dem kolonialen Leben, namentlich dem der Eingeborenen aufgebaut. Wir sehen diese vor ihren Hütten oder Gehöften bei ihrer täglichen Beschäftigung, nur dass wir es eben nicht mit lebenden Menschen, sondern mit Wachsfiguren zu tun haben. Zum Beispiel gewährt uns unser zweites Bild aus der Südsee-Abteilung einen Einblick in ein Dorf aus dem Bismarck-Archipel. Im Hintergrund sehen wir den sogenannten „Bienenkorb“, eine Vulkaninsel in der Blanchebucht an der Nordspitze von Neu-Pommern. Im Vordergrund erblicken wir verschiedene Boote und Fischereigerätschaften der Eingeborenen, rechts eine Hütte. Das letzte Bild zeigt uns dieselbe Gruppe näher, verschiedene Arten von Wohnstätten, links oben eine grosse Fischreuse, in der Mitte ein Ahnenhäuschen. Andre Szenen führen uns nach Ostafrika, Kamerun, Togo usw. Doch wir wollen einen kurzen Rundgang durch das Museum antreten, bei dem wir uns natürlich zunächst nur einen allgemeinen Ueberblick verschaffen können.

In der Abteilung Kamerun fesselt uns zunächst der Ausblick auf Victoria. Der dichte, bis unmittelbar an das Meer grenzende tropische Urwald lässt nur an einzelnen Stellen die weissen Gebäude malerisch hervortreten und bietet im Verein mit dem von der Abendsonne beleuchteten Kamerunberg einen herrlichen Anblick. Links anschliessend sehen wir Kamerun-Hütten. Plattform aus Lehm und Gestein, Wände und Bedachungen aus gespaltenen Palmblättern. Innere Einrichtung: Lagerstätten aus Bambus, geschnitzte Hocker, Tanzmasken, Rasseln, Sprachtrommeln.

In der Abteilung Togo finden wir ebenfalls verschiedene Hütten. Am Hütteneingang: Gebrauchsgegenstände, Kriegstrommeln, Waffen usw.

In der Abteilung Deutsch-Südwestafrika fällt uns wieder ein prächtiges Landschaftsbild ins Auge. Es ist ein Blick auf die Naukluft: Die Darstellung umfasst einen Teil des schwierigen Geländes, in welchem harte Kämpfe gegen Hendrik Witboi geführt wurden. Daneben ein Hererolager. Die bienenkorbförmige Hütte, Pontok, besteht aus kräftigen, in das Erdreich eingelassenen, oberhalb verbundenen Aesten, die eine Lage dünner schmiegsamer Zweige aufnimmt, welche einer starken, aus Lehm und Kuhmist hergestellten Auflage den nötigen Halt gibt.

Gruppe aus der Südsee-Abteilung.

Die Abteilung Deutsch-Ostafrika zeigt eine Szene am Victoria-Nyansa: Ein am Wasser

Aus der Produktensammlung.

Blick in die Abteilung Ostafrika: Szene vom Elfenbeinhandel.

kniendes Weib trägt ihren Säugling auf dem Rücken festgebunden. Links schleppt ein Eingeborener Elfenbeinzähne herbei und empfängt von dem als Käufer auftretenden Araber seine Anweisungen. Ein Knabe, dessen Kopfhaar bis auf einen geringen Streifen abgeschoren ist, vergnügt sich mit einem an der Leine geführten Löwenbaby. Ferner sehen wir ein Araberhaus mit reich geschnitzter Tür und einen Inderladen.

In der Abteilung Kiautschou bildet den Mittelpunkt eine Strasse in Tsingtau. Im Hintergrunde sehen wir einen Schlächter in Berufstätigkeit; rechts, vor dem durch Ehrenscheiben gekennzeichneten Mandarinenhaus, einen Barbier mit seinen Geräten. Ferner einen der originellen Segelkarren. Das Rad läuft in der Mitte; die Last kann ringsherum gleichmässig verteilt werden und ist wegen der günstigen Lage des Schwerpunktes nicht zu heben, sondern nur im Gleichgewicht zu halten und fortzubewegen unter Ausnutzung des Windes.

In der Abteilung Südsee erblicken wir eine Reihe der verschiedenartigsten Hütten. Z. B. ein heiliges Haus, gemeinsam von den Dorfbewohnern errichtet, das zu Beratungen, Urteilssprüchen, religiösen Handlungen dient. Die sinnreiche Konstruktion des Dachstuhles bietet grosse Widerstandsfähigkeit gegen die häufig auftretenden schweren Stürme.

Ferner ein Junggesellenhaus. Der hohe Giebel besteht aus zahlreichem, mit Bast verbundenem Fachwerk, welches die aus Ataps (getrocknete Palmblätter) bestehende Bedachung aufnimmt. Fest zusammengefügte Stützen und Balkenlagen geben dem an beiden Querseiten offenen Bau seine Einteilung. Der mit Matten bedeckte Fussboden liegt etwa 1½ Meter über dem Erdreich (Pfahlbau). Neben einer Anzahl von Speeren schmücken einige Hunde- und Schweineschädel das Heim, dessen Zugang durch schräg hinauf geleitete Balken hergestellt ist.

Haben wir die verschiedenen Kolonien durchwandert und so einen gewissen Eindruck gewonnen, wie es draussen aussieht, so wenden wir uns der wirtschaftlichen Abteilung zu, um zu sehen, was der Europäer draussen schaffen kann. In dieser Abteilung wird uns die Gewinnung und Bearbeitung der verschiedenen Produkte: Kautschuk, Kakao, Baumwolle, Hanf, Holz, Mineralien usw. systematisch von Anfang an veranschaulicht. Gerade diese Sammlung ist ausserordentlich reichhaltig und lehrreich; unsre Bilder auf Seite 4 (unten) geben nur einen schwachen Begriff davon. Doch sehen wir auf ihnen immerhin links verschiedene Stämme von Kautschukbäumen und einen Kakaobaum mit Früchten, rechts eine Reihe prächtiger Holzproben aus Kamerun u. a.

Ergänzt werden alle diese Sammlungen noch durch eine prächtige Dekoration schöner Gehörne, Felle, Schädel, Waffen und Gebrauchsgegenstände der Eingeborenen, geflochtener Matten und vieler andrer eigenartiger Dinge. Die wirtschaftliche Abteilung insbesondere noch durch Karten, Bilder, graphische Darstellungen usw.

Was wir hier geschildert haben, ist freilich nur eine kleine Auslese des Gebotenen und kann einen Besuch im Museum nicht ersetzen. Alles in allem genommen wird derjenige, der das Museum aufmerksam durchwandert hat, eine Fülle von Belehrung mit nach Hause nehmen und seinen Besuch nicht bereuen; auch derjenige, der nach der Beschäftigung mit kolonialen Dingen die austrocknende Wirkung der Tropensonne an sich zu verspüren meint, braucht nicht durstig von hinnen zu scheiden. Ihm öffnen sich gastlich die Türen des am Ausgang gelegenen Restaurants.

Aus der Abteilung Togo: Hütte aus Mittel-Togo.

Aus der Abteilung Kamerun: Hütte eines Haussah-Händlers.

Aus der Abteilung Südsee: Wohnstätten vom Bismarckarchipel.

BISMARCK
DECOLONIZE BERLIN

Bismarck-Denkmal
Großer Stern im Tiergarten

◀ Das Bismarck-Denkmal am Großen Stern im Tiergarten wurde Mitte Juli 2020 mit dem Slogan „DECOLONIZE BERLIN" bemalt und das bronzene Figurenensemble des Monuments mit roter Farbe bespritzt.
Privat

Mitte Juli 2020 besprühten Unbekannte das Bismarck-Denkmal am Großen Stern mit dem Slogan „DECOLONIZE BERLIN" und bespritzten das bronzene Figurenensemble des Monuments mit roter Farbe. Der Farbanschlag ging wohl auf Aktivist:innen der Gruppe „Decolonize the City! #Decolonize Berlin" zurück. Die dekoloniale Intervention zur Schaffung einer provokativen Gegenöffentlichkeit reiht sich ein in die weltweit agierende antirassistische Black-Lives-Matter-Bewegung, die in Städten verschiedener Länder Denkmäler stürzte und die Forderung nach einer neuen aufgeklärten Erinnerungspolitik erhebt.

Warum Fürst von Bismarck? Was hat der Reichskanzler des Deutschen Reiches von 1871 mit der Kolonialgeschichte zu tun? Bismarck kann als Begründer des deutschen Kolonialreichs bezeichnet werden, denn er war es, der mit seinem Telegramm vom 24. April 1884 die „Erwerbungen" des Bremer Tabakwarenhändlers Adolf Lüderitz nördlich des Oranjeflusses an der Bucht von Angra Pequena (heute Lüderitzbucht in Namibia) offiziell unter den „Schutz des Deutschen Reiches" stellte.

Damit reüssierte der noch junge deutsche – eine rasante Industrialisierung durchlaufende – Nationalstaat als Kolonialmacht. In den folgenden Jahren wurde eine Reihe von Kolonien zusammengerafft, die mit einer Fläche von 2,9 Mill. km^2 sechsmal so groß waren wie das „Mutterland" selbst. Das Deutsche Reich, das wie Belgien und Italien zu den kolonialen Nachzüglern gehörte, wollte damit vor allem mit den beneideten Rivalen England und Frankreich gleichziehen. Bismarck war es auch, der Mitte November 1884 die Vertreter der Kolonialmächte zur Kongo-Konferenz nach Berlin einlud. Auf dieser Konferenz einigten sich die Imperialstaaten auf die völkerrechtlichen Rahmenbedingungen für die – bereits in Gang gesetzte – Aufteilung des afrikanischen Kontinents.

Indes stand der Reichskanzler, der das Deutsche Reich für „saturiert" hielt, dem Erwerb von Kolonien stets skeptisch gegenüber. Lediglich während der Verhandlungen zum Jahreswechsel 1884/85 hatte er sich der deutschen Kolonialpolitik gegenüber aufgeschlossen gezeigt. Noch in dem 1920 erschienenen, im Auftrag der Deutschen Kolonialgesellschaft herausgegebenen Deutschen Koloniallexikon wird Klage über Bismarcks „ablehnende und gleichgültige Haltung" gegenüber der Kolonialfrage geführt. Er habe sie stets „mit geistreichem Hohn und Spott abgewiesen". Auch in seiner dort zitierten Reichstagsrede vom 26. Juni 1884 habe Bismarck betont, dass seine „Absicht nicht auf eine exklusive Kolonialpolitik gerichtet" sei noch „auf Verwendung großer Reichsmittel". Die Entwicklung der Kolonialgebiete sollte „der Tätigkeit und dem Unternehmungsgeiste der Kaufleute überlassen bleiben". Es sollten Freibriefe nach dem Vorbild der englischen *Royal Charters* gewährt werden. Erst als Anfang der 1880er-Jahre eine „lebhaftere Kolonialbewegung in Deutschland" eingesetzt habe und „hamburgische und Bremer Kaufleute für ihre Unternehmungen in Westafrika und in der Südsee um Schutz baten", habe Bismarck seine ablehnende Haltung aufgegeben. So war es tatsächlich die Lobby des Handelskapitals, die Bismarck zur Wende in der Kolonialpolitik getrieben haben dürfte.

Bismarcks Interesse an kolonialpolitischen Fragen sollte von innenpolitischen und auf Europa bezogenen Überlegungen bestimmt bleiben. Staatliche Kolonien betrachtete er nicht als zweckmäßig. Die gefährdete Lage des Deutschen Reiches in Europa sollte außerhalb des Kontinents keine neuen Konfliktfelder eröffnen. „Solange ich Reichskanzler bin, treiben wir keine Kolonialpolitik", hatte er noch 1881 apodiktisch erklärt. Sieben Jahre später erwiderte er dem Afrikareisenden Eugen Wolf, als dieser ihn zu einer neuen kolonialen Initiative auf dem afrikanischen Kontinent zu überreden suchte: „Ihre Karte von Afrika ist ja sehr schön, aber meine Karte von Afrika liegt in Europa. Hier liegt Rußland, und hier [...] liegt Frankreich, und wir sind in der Mitte; das ist meine Karte von Afrika." Doch schließlich überwogen wirtschaftliche Gründe, wünschte doch das Wirtschaftsbürgertum neue Exportmöglichkeiten. Wie schon erwähnt, entsprachen informelle „Schutzgebiete", Modelle indirekter Herrschaft, in denen die Interessenten aus der Wirtschaft selbst das Risiko trugen, seinen Vorstellungen. Einem freihandelsimperialistisch geprägten Expansionismus gegenüber war er aufgeschlossen, vom Kolonialenthusiasmus kolonialer Agitatoren ließ er sich auch weiterhin nicht beeindrucken. Interessenverbände aus der Wirtschaft und Kolonialpublizisten, die Ende der 1880er-Jahre mit neuen kolonialpolitischen Forderungen an ihn herantraten, erinnerte er an die gefährdete geostrategische Lage des Deutschen Reichs. Die Kritik an der kolonialpolitischen Enthaltsamkeit des Kanzlers sollte sich daraufhin verschärfen. Seine Kritiker verwiesen auf die Kolonialexpansion der europäischen Rivalen, die das Deutsche Reich etwa bei der Versorgung mit Rohstoffen ins Hintertreffen geraten lassen könnten.

Stand Bismarck kolonialen Weltmachtträumen auch skeptisch gegenüber, so wird doch bis heute über seine Rolle in der Kolonialpolitik kontrovers diskutiert. Für postkoloniale Aktivist:innen scheint die Sache klar zu sein, denn in anderen deutschen Städten wurden ebenfalls Bismarck-Denkmäler mit roter Farbe beschmiert. Im Juni 2018 fand das Kunstprojekt „Demythologize that history and put it to rest" statt, bei dem das Berliner Bismarck-Denkmal Schauplatz einer Performance war. Der in Berlin lebende portugiesische Künstler Márcio Carvalho führte Künstler:innen aus Angola, Kamerun, Gabun, Irak, Mosambik und Portugal zusammen, um öffentliche Geschichtsbilder in Berlin und Lissabon zu hinterfragen. „Portugal und Deutschland haben eine gemeinsame Geschichte, auch wenn diese kaum bekannt ist: Portugal war der Ideengeber für die Kongokonferenz, zu der Bismarck die europäischen Mächte nach Berlin einlud", stellte Carvalho fest. Nach seiner Auffassung lässt das Berliner Bismarck-Denkmal eine kritische Auseinandersetzung mit diesem Teil der Geschichte kaum zu. Deswegen möchte er es „mit lebendigen Körpern erobern und eine Gegen-Monumentalisierung schaffen". Bei der Performance formte der irakische Künstler Wathiq al Ameri Bismarck-Köpfe aus Lehm, während Carvalho und der ebenfalls aus dem Irak stammende Künstler Ali al Fatlawi mit einem Tropenhut bekleidet auf das Denkmal kletterten. An den Hüten hingen feuerrote Chilischoten, die Importgüter aus den damaligen Kolonien symbolisieren sollen. Der aus Lehm geformte Kopf Otto von Bismarcks rollte über den Boden, wurde getreten und sein Gesicht mit Dreck beschmutzt. „Ich habe Afrika aufgeteilt und erobert", heißt es auf einer großen Sprechblase, die an einem Stock befestigt ist.

Die Kunst mischt sich ein in die Auseinandersetzungen um die koloniale Geschichte, vorherrschende Geschichtsbilder werden problematisiert und Fragen nach einer zeitgemäßen postkolonialen Erinnerungskultur aufgeworfen.

♦ Literatur: Förster/Mommsen/Robinson: Bismarck, Europe, and Africa; Canis: Bismarck als Kolonialpolitiker; Canis: Bismarcks Außenpolitik; Thewalt: Erinnerungskultur in Berlin.

▶ Postkoloniale Aktion am Bismarck-Denkmal am Großen Stern in Berlin im Jahr 2021: Das Künster:innenduo Various&Gould realisierte mit „Monumental Shadows – Koloniales Erbe neu denken" (monumental-shadows.net) eine künstlerische Auseinandersetzung mit der heutigen Erinnerungskultur Deutschlands und den langen Schatten der (kolonialen) Geschichte. Unter anderem wurde das Bismarck-Denkmal mit Papier kaschiert und abgeformt. Ein Diskursprogramm begleitete die Aktion.
Foto: Joachim Zeller
Im Juni 2023 wurde in der Spandauer Zitadelle die Ausstellung „Bismarck-Streit" eröffnet. Sie zeigt u. a. auch die von Various&Gould im Rahmen der „Monumental Shadows" angefertigten Objekte.

MONUMENTAL SHADOWS
www.monumental-shadows.net
RETHINKING
COLONIAL HERITAGE
KOLONIALES ERBE
NEU DENKEN
Layher

Die Konzi-Antilope von Deutsch-Ostafrika im Zoologischen Garten zu Berlin.
Nach dem Leben gezeichnet von Anna Held.

Zoologischer Garten
Hardenbergplatz 8

◂ „Konzi-Antilope von Deutsch-Ostafrika im Zoologischen Garten zu Berlin“, Zeitungsillustration, vor 1914.
Bei dieser Kuhantilope – auch Lichtenstein-Antilope (Gattung *Alcelaphus*) – könnte es sich um jene handeln, die Hermann von Wissmann, Reichskommissar und Gouverneur der Kolonie Deutsch-Ostafrika, im Jahr 1895 dem Zoo übergeben hat.
Bildarchiv der Deutschen Kolonialgesellschaft, Universitätsbibliothek Frankfurt am Main, Bild-Nr. 002-0063 20

Der im Jahr 1844 eröffnete Zoologische Garten Berlin ist nicht nur der älteste Zoo Deutschlands, sondern auch der artenreichste der Welt. Er gehört zu den meistbesuchten Sehenswürdigkeiten Berlins, steht heute aber in Konkurrenz zu dem nach dem Zweiten Weltkrieg im Ostteil der Stadt gegründeten Tierpark Friedrichsfelde.

Um 1900, im Zeitalter des Hochimperialismus, wurden Tiere auch aus den Kolonien, darunter den deutschen Überseegebieten, in den Zoo eingeliefert. Die Fluktuation war bei einzelnen Arten wegen des unbeschränkten Zugriffs auf die Fauna der Kolonien und die Angebote des internationalen Tierhandels recht groß. Nicht zuletzt war der Zoologische Garten stets über eingehende „Kolonialgeschenke“ erfreut. So brachte Hans Dominik, ein für seine Brutalität berüchtigter, in Kamerun stationierter Kolonialoffizier, einen jungen Elefanten aus Westafrika mit nach Berlin. Karl Ebermayer, Gouverneur von Kamerun, übergab eine gefleckte Hyäne, ein Kronadler aus Kamerun stammte von dem in der Kolonie ebenfalls tätigen Hans von Ramsay. Ein junges Löwenpaar aus der Massai-Steppe in Ostafrika ging als Geschenk des Herzogs Friedrich-Adolf von Mecklenburg, Gouverneur von Togo, ein. Die

Löwen wurden als „Deutsch-Ostafrikanische Wildkatzen" präsentiert. Von Hermann von Wissmann, Reichskommissar und Gouverneur der Kolonie Deutsch-Ostafrika, stammte eine Buschbock-Antilope. Außerdem übergab er dem Zoo drei Löwen; von einem der Löwen wurden Bildpostkarten gedruckt mit der Aufschrift: „Gruss aus dem Zoologischen Garten zu Berlin. Wissmann-Löwe aus Deutsch-Ostafrika". Nach dem Verlust der Kolonien infolge des Ersten Weltkrieges stellte sich der Berliner Zoo in den Dienst neokolonialer Propaganda. So wurde etwa im Jahr 1934 ein „Kolonialtag" mit Führungen zu den „kolonialen Tieren" im Zoo abgehalten. Und der Reichskolonialbund hielt Sitzungen in den Festsälen des Zoos ab.

Seit den 1870er-Jahren ersetzten neu errichtete exotische Stilbauten die alten Tierhäuser. Dazu gehören das Antilopen- und Giraffenhaus im orientalischen Stil, die tempelartige Elefantenpagode im indischen Stil, das einem ägyptischen Tempel nachempfundene Straßenhaus, das Elefantentor, das Flusspferdhaus im maurischen Stil, das japanische Stelzvogelhaus oder das persische Pferdehaus, das die arabische Architektur Ostafrikas zitiert. Die spektakulären Anlagen mit den exotistischen Gebäuden sollten das Publikum beeindrucken. Vor allem aber stellte der Zoo mit seiner neu gestalteten Traumlandschaft eine Allegorie des europäischen Hegemonialanspruchs über den „Rest der Welt" dar.

Der Zoo in der Reichshauptstadt fungierte wie andere Tierparks aber nicht nur als Tiergehege, sondern er diente auch als Menschenzoo. Als „Exoten" und „Wilde" titulierte Menschen aus anderen Erdteilen und Kulturen wurden dem *weißen* gaffenden Publikum in sogenannten Völkerschauen dargeboten. Zu der Schau mit „Nubiern" aus Ostafrika, die Elefanten, Nashörner und weitere Tiere mit sich führten, kamen im Jahr 1878 an nur einem Sonntag 62 000 Schaulustige. Anthropologen bot sich die hochwillkommene Gelegenheit, Körpermessungen an den Völkerschau-Teilnehmer:innen durchzuführen. Anhand physischer Merkmale sollte – entsprechend der sozialdarwinistischen Rassenlehre jener Zeit – der vermeintlich „höhere" oder „niedere" Entwicklungsstand der verschiedenen „Menschenrassen" festgestellt werden. Sehr erfolgreich war auch die Samoaschau, die im Sommer 1900 mehrere Wochen im Zoologischen Garten Berlin gastierte. Die Menschen aus Samoa, das seit Mitte Februar des Jahres unter dem „Schutz" des Deutschen Reiches stand, wurden als „Unsere neuen Landsleute" präsentiert. Auf einem der Werbeplakate wand sich eine Schlange um den Oberkörper eine Samoanerin, obgleich es auf Samoa solche Reptilien gar nicht gibt. Ludwig Heck, langjähriger Direktor des Zoos, war ganz offensichtlich dieser unverhohlenen Kolonialpropaganda gegenüber nicht abgeneigt. Bis in die 1930er-Jahre wurden rund 25 Völkerschauen im Zoo Berlin gezeigt, die für die Steigerung der Besucherzahlen und für entsprechende Mehreinnahmen sorgten. Es lassen sich aber auch Proteste dagegen nachweisen, Menschen in Zoologischen Gärten auszustellen. So gab es im Jahr 1926 Einwände gegen die von der Firma Hagenbeck im Berliner Zoo organisierte Indienschau. Daraufhin erschienen kritische Presseberichte nicht nur im „Berliner Tageblatt", sondern sogar in indischen Zeitungen wie im „Hindu" oder im „Forward". Zwar gibt es heute eine Mahntafel, die an die von den Nationalsozialisten vertriebenen jüdischen Aktionäre erinnert. Es fehlt aber bisher eine Mahntafel im Zoo, die die Völkerschauen ins Gedächtnis ruft, die nichts anderes waren als ein Akt kultureller Barbarei.

Wer durch das Gelände des Zoos streift, stößt auf weitere Spuren des Kolonialismus, etwa unter den Tierskulpturen. Eine davon ist die Granitskulptur des Gorillas Bobby. Betritt man den Zoo durch das Elefantentor und geht in Richtung des Chinesischen Musikpavillons, ist sie auf der linken Seite der Allee zu finden. Der männliche Gorilla, der im Jahr 1928 nach Berlin kam, war seinerzeit ein Liebling der Berliner Zoobesucher und ziert bis heute das Logo des Zoologischen Gartens. Im Naturkundekundemuseum kann die Dermoplastik Bobbys betrachtet werden. Die Steinskulptur stammt von dem Münchner Tierbildhauer Fritz Behn, der als *die* Leitfigur unter den deutschen „Kolonialkünstlern" bezeichnet werden kann. Er war eine schillernde Künstlerpersönlichkeit, die sich dem Bannkreis des Imperialismus ebenso wenig zu entziehen vermochte wie später dem Faschismus. Behn unternahm zwei große Expeditionen durch die Kolonie Deutsch-Ostafrika. Wie viele andere reisende Künstler hoffte er, in Afrika den Jungbrunnen zur Erneuerung seiner Kunst zu finden. Die zahlreichen Illustrationen seines Buches „‚Haizuru …' Ein Bildhauer in Afrika", aber etwa auch seine Grafikmappe „Afrikanische Visionen" bemühen den romantischen Mythos von der ostafrikanischen Savanne als vermeintlich noch unberührtem Naturparadies.

Behns Projektionen von „Wild-Afrika“ mutierten zur Chiffre für die Sehnsucht nach Ursprünglichkeit und Vitalität. Die Weiten der Serengeti erscheinen als „Wildkammer“, enthistorisiert zu einer reinen Naturlandschaft, als mystischer Hort noch intakter Natur. Ins Vergessen geriet, dass die Serengeti in den Augen der Einheimischen eine schon seit Jahrtausenden genutzte Kulturlandschaft ist. Noch in dem berühmten Dokumentarfilm „Serengeti darf nicht sterben“ (1959) von Bernhard und Michael Grzimek findet sich der Topos von der ursprünglichen Wildnis Ostafrikas wieder. Behns Grafiken setzen die Exklusivität der Großwildjagd als imperiale Inszenierung *weißer* Männlichkeit ins Bild und (re)produzieren die gängigen Stereotype, wie sie auch in der zeitgenössischen kolonialen Populärkultur immer wieder Verwendung fanden.

Der Bildhauer Behn, der als „künstlerischer Pionier des deutschen Kolonialgedankens“ gefeiert wurde, trat auch als Schöpfer des 1931/32 in Bremen errichteten „Kolonial-Ehrenmals“ hervor. Das Monument in Form eines riesigen afrikanischen Elefanten ist bis heute in der Hansestadt erhalten und 1990 anlässlich der Unabhängigkeit Namibias zum *Anti-Kolonial-Denk-Mal* umgewidmet worden. Die Vorgeschichte des Bremer Denkmals geht bis 1913/14 zurück, als Behn bei dem Wettbewerb zur Errichtung eines Kolonialkriegerdenkmals in Berlin den ersten Preis gewann. Mit dem Denkmal sollte der seit Beginn der deutschen Übersee-Expansion in den Kolonien gefallenen Militärangehörigen gedacht werden. Das Berliner Denkmalprojekt gelangte infolge des Ausbruchs des Ersten Weltkrieges jedoch nicht zur Ausführung.

♦ Literatur: Chichester/Zimmer: August Gaul; Klös: Völkerschauen im Zoo Berlin; Thode-Arora: Völkerschauen in Berlin; Paulmann: Deutscher Kolonialismus und Natur; Zeller: Kunst und Kolonialismus; Maier-Wolthausen: Hauptstadt der Tiere.

▲ „Gruss aus dem Zoologischen Garten zu Berlin. Wissmann-Löwe aus Deutsch-Ostafrika", Postkarte, nach 1900 | *Sammlung Joachim Zeller*

▸ Gorilla Bobby, Granitskulptur (um 1938) von Fritz Behn im Zoologischen Garten Berlin. *Foto: Joachim Zeller*

XVI. Jahrgang
Nr. 5

Berliner

Berlin, 3. Februar 1907.
Einzelpreis
10 Pfg.
oder 14 Heller.

Illustrirte Zeitung

Verlag Ullstein & Co., Berlin SW. 68.

Mit Büchse und Zeichenstift durch unsere Kolonien:
Maler Wilhelm Kuhnert auf seiner Studienreise in Deutsch-Ostafrika. (Siehe den Artikel auf Seite 63.)

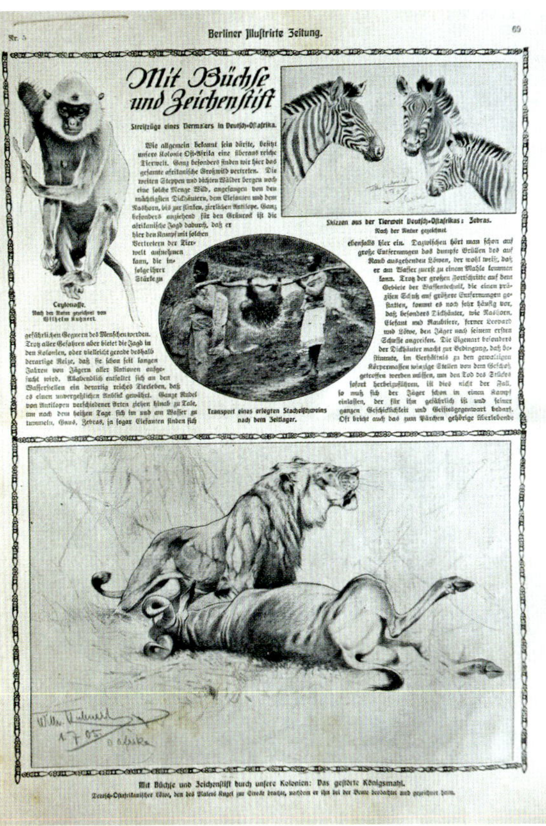

Mit Büchse und Zeichenstift

Streifzüge eines Tiermalers in Deutsch-Ostafrika.

Wie allgemein bekannt sein dürfte, besitzt unsere Kolonie Ost-Afrika eine überaus reiche Tierwelt. Ganz besonders finden wir hier das gesamte afrikanische Großwild vertreten. Die weiten Steppen und dichten Wälder bergen noch eine solche Menge Wild, angefangen von den mächtigsten Dickhäutern, dem Elefanten und dem Nashorn, bis zur flinken, zierlichen Antilope. Ganz besonders anziehend für den Grünrock ist die afrikanische Jagd dadurch, daß er hier den Kampf mit solchen Vertretern der Tierwelt aufnehmen kann, die infolge ihrer Stärke zu gefährlichen Gegnern des Menschen werden. Trotz aller Gefahren aber bietet die Jagd in den Kolonien, oder vielleicht gerade deshalb derartige Reize, daß sie schon seit langen Jahren von Jägern aller Nationen aufgesucht wird. Allabendlich entfaltet sich an den Wasserstellen ein derartig reiches Tierleben, daß es einen unvergeßlichen Anblick gewährt. Ganze Rudel von Antilopen verschiedener Arten ziehen hinab zu Tale, um nach dem heißen Tage sich im und am Wasser zu tummeln, Gnus, Zebras, ja sogar Elefanten finden sich ebenfalls hier ein. Dazwischen hört man schon auf große Entfernungen das dumpfe Brüllen des auf Raub ausgehenden Löwen, der wohl weiß, daß er am Wasser zuerst zu einem Mahle kommen kann. Trotz der großen Fortschritte auf dem Gebiete der Waffentechnik, die einen präzisen Schuß auf größere Entfernungen gestatten, kommt es noch sehr häufig vor, daß besonders Dickhäuter, wie Nashorn, Elefant und Raubtiere, ferner Leopard und Löwe, den Jäger nach seinem ersten Schusse angreifen. Die Eigenart besonders der Dickhäuter macht zur Bedingung, daß bestimmte, im Verhältnis zu den gewaltigen Körpermassen winzige Stellen von dem Geschoß getroffen werden müssen, um den Tod des Stückes sofort herbeizuführen, ist dies nicht der Fall, so muß sich der Jäger schon in einen Kampf einlassen, der für ihn gefährlich ist und seiner ganzen Geschicklichkeit und Geistesgegenwart bedarf. Oft bricht auch das zum Pärchen gehörige überlebende

Ceylonaffe.
Nach der Natur gezeichnet von Wilhelm Kuhnert.

Skizzen aus der Tierwelt Deutsch-Ostafrikas: Zebras.
Nach der Natur gezeichnet.

Transport eines erlegten Stachelschweins nach dem Zeltlager.

Mit Büchse und Zeichenstift durch unsere Kolonien: Das gestörte Königsmahl.
Deutsch-Ostafrikanischer Löwe, den des Malers Kugel zur Strecke brachte, nachdem er ihn bei der Beute beobachtet und gezeichnet hatte.

Maler Wilhelm Kuhnert auf Jagdstreifzügen in Deutsch-Ostafrika:
Erlegtes Nashorn. — Nilpferd, das nach dem Verenden mit Hilfe von dreißig Eingeborenen ans Ufer geschafft wurde.

Tier, das unbemerkt im hohen Grase verborgen saß, plötzlich hervor und nimmt mit seiner ganzen Kraft und Wildheit den Kampf auf. Meistens ist in solchen Fällen der Europäer auf sich ganz allein angewiesen, seine schwarzen Begleiter haben sich, wenn sie die Gefahr nahen sehen, schon längst in ein sicheres Versteck geflüchtet und warten mit Gemütsruhe der Dinge, die da kommen werden. In solchen Fällen gibt es natürlich keinen anderen Ausweg, als siegen oder sterben. Die Literatur über Jagderlebnisse in Ost-Afrika ist keineswegs gering, eine ganze Menge von Herren, die in jenen Gegenden jagen, haben zur Feder gegriffen und ihre Abenteuer und Erfahrungen dem deutschen Publikum geschildert. Gänzlich neu dagegen sind die Darstellungen, die wir heute unseren Lesern zeigen können. Der bekannte Tiermaler und Jäger Wilhelm Kuhnert hat im vergangenen Jahre zum zweiten Male den südlichen Teil unserer Kolonie den beiden Flüssen Rufidji und Rua entlang, durchstreift. An Ort und Stelle und nach der Natur wollte Herr Kuhnert seine Studien zu seinen Gemälden machen; in den Tropen wollte er jene reichen Eindrücke aufnehmen, die nachher sein Pinsel wiedergeben sollte. Ein ganzes Jahr lang pirschte der Maler-Jäger in den Steppen und den Wäldern, stets bereit, wenn sich seinem Auge etwas Besonderes bot, dies auf dem Papier oder der Leinwand festzuhalten. Dem Maler kam der Umstand zu gute, daß er auch Jäger ist, der mit dem Tierleben vertraut und mit seinen Eigentümlichkeiten bekannt ist. Nur dem Jägerauge, das jahrelang gewohnt ist, die kleinsten Bewegungen des Wildes zu beachten, die geringsten Anzeichen von Beunruhigung wahrzunehmen, ist es möglich, das Tier so typisch darzustellen, wie es die Forschung will und wie es dem Publikum als charakteristisch dargestellt werden muß. Jedes einzelne Tier hat bestimmte Momente in seiner Stellung und Körperhaltung, die dem Kenner ebensoviel erzählen, wie eine wissenschaftliche Abhandlung, Momente, in denen jeder Muskel und jeder Nerv im Körper angespannt ist. So dargestellt und der Oeffentlichkeit gezeigt, wird es dann erst seine richtige Beachtung erfahren. Um das Wild richtig und in seiner Ruhezeit beobachten zu können, mußte der Maler oft stundenlang der Fährte des Stückes folgen, durch die beinahe undurchdringlichen Wälder mußte ein Weg gebahnt werden, kein Hindernis durfte abschrecken. Wenn endlich das Tier im hohen Grase erreicht war, wurde es zuerst, soweit es sichtbar war, skizziert und dann erst konnte der Nimrod seiner Jagdlust fröhnen und zur Büchse

Maler Kuhnert.
Rückkehr von der Leopardenjagd.

Gefleckte Hyäne beim Aas. Nach der Natur beobachtet und gezeichnet.

◀▲ Den Berliner Künstler Wilhelm Kuhnert zog es in die Kolonie Deutsch-Ostafrika, wo er sein Eldorado als Jäger und Tiermaler fand. Großwildjäger wie er trugen dazu bei, dass es zu einem dramatischen Schwund der Wildpopulation im östlichen Afrika kam. Seine Bildwerke der afrikanischen Großtierfauna – sie zeigen das kolonisierte Tier – trugen wesentlich zur emotionalen Besetzung des Kolonialismus bei und damit zur Vereinnahmung der Errungenschaften imperialer Politik in Übersee. *Artikel „Mit Büchse und Zeichenstift. Streifzüge eines Tiermalers in Deutsch-Ostafrika" in der Berliner Illustrirten Zeitung vom 3. Februar 1907.*

General André, französ. Kriegsminister.
Nach einer Aufnahme von Gerschel in Paris.

Die Samoanertruppe in Berlin. Größeres Interesse als die landläufigen Vorführungen fremder Völkerstämme darf die gegenwärtige Samoa-Ausstellung im Zoologischen Garten zu Berlin beanspruchen. Zeigt sie uns doch zum ersten Mal im deutschen Vaterlande Angehörige unserer jüngsten Kolonie, und ist es doch zudem ein ganz auserlesenes Menschenmaterial, das sie uns vorführt. Es sind in der That durchweg kräftig und schön gebaute Leute von hellbrauner Hautfarbe, die der Führer der Truppe, der ehemalige Polizeichef Samoas, Herr Carl Marquardt, herübergeführt hat, und sie gewinnen durch ihre selbst nach unseren Begriffen nicht reizlose Gesichtsbildung und ein sehr liebenswürdiges, temperamentvolles Wesen. In allen ihren Kunstfertigkeiten

Samoanische Mädchen.

Samoanische Krieger.

und in der ganzen Art, sich zu geben, zeigen die Samoaner, daß sie ein unvergleichlich höher stehendes, intelligenteres und kulturfähigeres Volk sind als die Eingeborenen Afrikas. Unsere Bilder zeigen einen Teil der Truppe, Männer und Frauen, wie sie mit der feierlichen Bereitung ihres Nationalgetränks beschäftigt sind, das aus dem Saft der Kawa-Wurzel gewonnen wird. In der Mitte dieses Bildes ist die „Dorfjungfrau" sichtbar, die aufrecht über den anderen Frauen ihres Dorfes steht, deren Patronin sie ist. Im Hintergrunde rechts steht, in halb europäischer Tracht gekleidet, der „Sprecher" der Truppe, ein Eingeborener, der früher Sekretär der einheimischen Regierung war. Ein anderes Bild führt uns die jungen Männer im

Samoaner bei der feierlichen Bereitung ihres Nationalgetränkes. Nach Spezial-Aufnahmen für das Daheim von A. Hönig & Co. in Berlin.

Der Urwald ruft

In Berlin findet am Zoo eine große Kolonial-Kunstausstellung statt, die einen Überblick über das Schaffen in Afrika tätiger Künstler gibt und gleichzeitig der Propaganda für unsere geraubten Kolonien dient. Die Ausstellung ist aus dem Gedanken heraus geboren, in dem jetzt wiedererwachten Deutschland das Interesse an unseren Kolonien wachzuhalten. — Prof. Sommer ist hier mit der Gestaltung der Fassade beschäftigt.

▲ Koloniale Kunstausstellung „Der Urwald ruft" am Berliner Zoo im Jahr 1933. Die Ausstellung bot Einblicke in „das Schaffen der in Afrika tätig gewesenen Künstler" und diente „gleichzeitig der Propaganda für unsere geraubten Kolonien". *Breisgauer Zeitung, Illustrierte Beilage, Nr. 15, 6. 4. 1933*

◀ Die Zeitschrift „Daheim" ließ in ihrer Bildberichterstattung mit dem Titel „Die Samoanertruppe in Berlin" Mitte des Jahres 1900 verlautbaren. „Größeres Interesse als die landläufigen Vorführungen fremder Völkerstämme darf die gegenwärtige Samoa-Ausstellung im Zoologischen Garten zu Berlin beanspruchen. Zeigt sie uns doch zum ersten Mal im deutschen Vaterlande Angehörige unserer jüngsten Kolonie, und ist es doch zudem ein ganz auserlesenes Menschenmaterial, das sie uns vorführt. [...] In allen ihren Kunstfertigkeiten [...] zeigen die Samoaner, daß sie ein unvergleichlich höherstehendes, intelligenteres und kulturfähigeres Volk sind als die Eingeborenen Afrikas." Hier wird das Klischee von den Samoanern als „edle Wilde" bemüht. Damit verband sich die Vorstellung von der „arischen Herkunft", die den Polynesiern häufig attestiert wurde. *Daheim, 16. 6. 1900*

KOCH

Robert-Koch-Institut
Nordufer 20

◂ „Koch bekämpft die Schlafkrankheit in Afrika“ (Inschrift), bronzenes Kleindenkmal im Robert-Koch-Museum in Berlin-Wedding.
Robert-Koch-Museum in Berlin

Das Robert-Koch-Institut (RKI) mit Hauptsitz im Wedding ist eine Bundesbehörde für Infektions- und nicht übertragbare Krankheiten. Als Einrichtung der öffentlichen Gesundheitspflege ist es während der Corona-Pandemie der Jahre 2020/21 auch einer breiten Mehrheit der Bevölkerung bekannt geworden. Benannt ist das Institut nach Robert Koch (1843–1910), dem neben Louis Pasteur wichtigsten Begründer der wissenschaftlichen Bakteriologie. Der Mediziner, Mikrobiologe und Hygieniker gelangte mit seinen Forschungen zu Milzbrand, der Entdeckung des Choleraerregers, vor allem aber mit der Entdeckung des Erregers der Tuberkulose zu Weltruhm. Nach dem Trubel im Zuge des „Tuberkulin-Skandals“ – das von Koch entwickelte Mittel gegen Tuberkulose stellte sich als Täuschung heraus – kehrte er nicht an den Lehrstuhl für Hygiene der Universität Berlin zurück. Stattdessen übertrug man ihm im Sommer 1891 die Leitung des neu eingerichteten „Instituts für Infektionskrankheiten“. Im Jahr 1905 erhielt er den Nobelpreis für Medizin.

Robert Koch gilt in Deutschland aber auch als Begründer und gefeierter Protagonist der Tropenmedizin und -hygiene. Wiederholt hatte er darauf verwiesen, dass die Bekämpfung der Tropenkrankheiten – vor allem der Malaria, unter der auch viele der *Weißen* in den Kolonien litten – „gleichbedeutend sein würde mit der friedlichen Eroberung der schönsten und fruchtbarsten Länder der Erde!" In seiner Perspektive hegten Bakteriologie und Kolonialismus einen gemeinsamen Traum, nämlich die „Beherrschung" von Krankheiten wie dem „Tropenfieber". Seine tropenmedizinischen Expeditionen führten ihn auf der Jagd nach dem Erreger der Pest nach Ägypten und Indien. Seine Reise nach Südafrika galt dem Kampf gegen die dort herrschende Rinderpest. In den Dienst des deutschen Kolonialismus stellte er sich durch seine Malaria- und Schlafkrankheitsexpeditionen nach Deutsch-Neuguinea in der Südsee (heute Papua-Neuguinea) und Deutsch-Ostafrika (heute Tansania, Ruanda und Burundi).

Im März 1906 schiffte sich Koch in Hamburg nach Deutsch-Ostafrika ein. Seine Untersuchungen zur Schlafkrankheit führte er aber in der benachbarten britischen Kolonie Kenia durch. Er schlug sein Lager auf einer der durch die Schlafkrankheit stark entvölkerten Sese-Inseln im Viktoriasee auf. Täglich wurden mehr als 1000 Patient:innen untersucht und mit dem organischen Arsenpräparat Atoxyl behandelt, das in großen Mengen bei der Lanolinfabrik Martinikenfelde (Vereinigte Chemische Werke Charlottenburg bei Berlin) nachbestellt werden musste, denn Koch ging keineswegs sparsam mit der nicht ungefährlichen, da arsenhaltigen Lösung um. Die zu behandelnden Kranken kamen nicht nur freiwillig in die Station. Auch Strafandrohung bei Nichterscheinen bis hin zur Anwendung von Gewalt gehörten dazu. Erst als Kranke über Sehstörungen oder Erblindung klagten, war Koch bereit, die Dosen zu verringern. Ganz wollte Koch allerdings nicht auf das Mittel verzichten. Trotz der offensichtlich schädlichen Nebenwirkungen und obwohl sein Aufenthalt in Ostafrika zu kurz war, um eine dauerhafte Heilung durch das Atoxyl belegen zu können, pries er das Präparat als „wahres Heilmittel" an.

Koch schlug Maßnahmen zur weiteren Bekämpfung der Schlafkrankheit vor, darunter Isolierstätten – ein Konzept, das man auch in Togo und Kamerun übernahm. Nach Kochs Vorstellungen sollten die Lager – die er „Konzentrationslager" nannte – auch als Forschungsstätte dienen: „Da in den Konzentrationslagern eine genaue Beobachtung während längerer Zeit möglich sei", notierte er, „könne man hier am besten den empfehlenswerten Modus der Atoxylbehandlung ausfindig machen und beispielsweise auch eine etappenmäßige Therapie erproben." Nach Kochs Abreise im Oktober 1907 wurden in Deutsch-Ostafrika drei Schlafkrankenlager errichtet, in Togo und Kamerun waren es fünf solcher Anstalten. An den dort eingewiesenen Afrikaner:innen wurden Experimente mit über einem Dutzend verschiedener chemischer Präparate durchgeführt. Die mitunter skrupellose Forschungspraxis von Robert Koch trug ihm den Vorwurf ein, er habe kolonisierte Menschen als „Versuchsobjekte" missbraucht. In der jüngeren Geschichtsforschung werden die Kolonien häufig auch als „Laboratorien der Moderne" bezeichnet, als Experimentierfelder, in denen bei Humanexperimenten mindere ethische Standards galten als in Europa.

Die Zahl der deutschen Ärzte, die zwischen 1884 und 1918 in den deutschen Überseegebieten in Afrika, China und der Südsee tätig waren, belief sich auf 550. Von ihnen standen 145 auf der Gehaltsliste des Reichskolonialamts und des Auswärtigen Amts. Viele der deutschen Ärzte waren Mitglied von Organisationen, die sich kolonialpolitisch engagierten. Nach dem Ersten Weltkrieg, als das Deutsche Reich zwangsweise dekolonisiert wurde, waren es insbesondere auch die Mediziner, die den Verlust des Kolonialreiches beklagten. Sie empfanden dies als Raub ihrer Arbeits- und Experimentiermöglichkeiten. Insofern waren die Ärzte ein Teil des „Weimarer Revisionssyndroms". Sie malten die Gefahr an die Wand, auf wissenschaftlichem Gebiet gegenüber anderen Nationen ins Hintertreffen zu geraten.

♦ Literatur: Eckart: Ein Bakteriologe für die Kolonien; Eckart: Medizin und Kolonialimperialismus; Besser: Die hygienische Eroberung Afrikas; Bauche: Robert Koch, die Schlafkrankheit und Menschenexperimente.

▲ Robert Koch bekämpft die Schlafkrankheit. Deutsche Kolonial-Bilder der Berliner Morgenpost, 1941 | *Sammelbild der Berliner Morgenpost*

◀ Robert Koch mit einem Leichnam in Kalkutta/Indien, wo er den Cholera-Erreger entdeckte. *Erste Daheim-Beilage, No. 35, 1884*

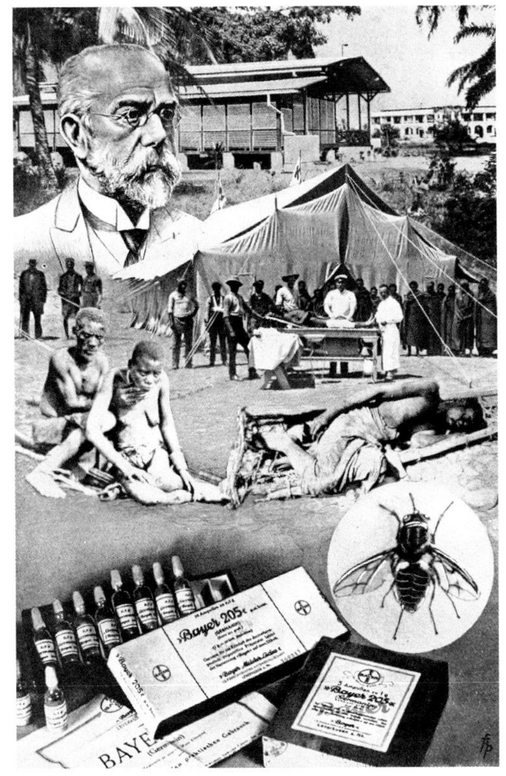

▲ Koloniales Propagandabild zur deutschen Tropenmedizin, 1938. – Die Collage zeigt oben Robert Koch als Begründer der Forschungen zur Schlafkrankheit, darunter eine Schlafkrankenstation, eine Tsetse-Fliege und das Medikament „Bayer 205", auch Suramin genannt. Das Medikament, dessen Handelsname Germanin ist, wird seit den 1920er-Jahren als Antiprotozoikum gegen die Schlafkrankheit und andere Trypanosomen-Krankheiten eingesetzt. Man hatte sich aus patriotisch-propagandistischen Gründen entschlossen, dem Medikament den Handelsnamen Germanin zu geben, um die Weltgeltung und den hohen Stand der Forschung in Deutschland zu unterstreichen. 1938 publizierte Hellmut Unger den gleichnamigen Roman, der 1943 von der UFA verfilmt wurde. | *Paul H. Kuntze: Das Volksbuch unserer Kolonien, Leipzig 1938, Tafel 21*

Herero E. Bist. Nr. 38
Bartels Nr. 28

Charité
Robert-Koch-Platz

◀ Berlin, Großer Hörsaal der Charité, 30. September 2011: Einer der zwanzig Schädel, die an die Namibia-Delegation übergeben wurde. Auf dem Schädel sind Nummern und die Wörter „Herero" und „Bartels" eingraviert. Paul Bartels war einer der Forscher, die „rassen-anatomische Untersuchungen" an den Gebeinen durchführten. Heute werden solcherart Forschungen als Auswüchse einer pseudowissenschaftlich-rassistischen Anthropologie gesehen.
Foto: Joachim Zeller

Das Berliner Universitätsklinikum Charité beherbergte größere anthropologische Schädel- und Skelettsammlungen, die zu erheblichen Teilen während der Kolonialzeit im späten 19. und frühen 20. Jahrhundert zusammengetragen worden waren. Das Sammeln menschlicher Schädel und Skelette war eine Voraussetzung für eine wertende und hierarchisierende „Rassenanthropologie", die seinerzeit die Forschungspraxis bestimmte. Anlässlich des 100. Jahrestages des Kolonialkrieges und des Völkermords an Herero und Nama in der damaligen Kolonie Deutsch-Südwestafrika (1904–1908) kam es 2007/08 zur ‚Wiederentdeckung' menschlicher Überreste namibischer Herkunft in der Charité. Offensichtlich stammten einige Gebeine von kriegsgefangenen Herero und Nama, die die deutsche Schutztruppe in Konzentrationslagern interniert hatte. Nachdem eine kritische Öffentlichkeit dieses geschichtspolitische Skandalon publik gemacht hatte, forderte der damalige namibische Botschafter in Deutschland, Peter Katjavivi, die Rückgabe aller in deutschen Sammlungen aufbewahrten namibischen Gebeine. Unterstützt wurde Katjavivi von namibischen und deutschen Nichtregierungsorganisationen, die die Restitution der namibischen Schädel in den Kontext der postkolonialen Debatte um die Anerkennung des Genozids und Entschädigungen durch die deutsche Bundesregierung stellten. Die afrikanischen Schädel in wissenschaftlichen Sammlungen wurden damit auch zu politischen Objekten.

Etwa zeitgleich gingen bei der Charité aus Australien und Neuseeland Forderungen nach der Rückgabe menschlicher Überreste ein. Für eine adäquate Reaktion auf solche Forderungen erwies sich allerdings der Kenntnisstand zur Herkunft der Sammlungsstücke wie auch zum weiteren kolonial- und wissenschaftshistorischen Kontext der Sammlungen als völlig unzureichend. Anders als in Australien und Neuseeland gab es in Deutschland, aber auch in Namibia bislang kein erprobtes Modell für entsprechende Restitutionen. Daher untersuchte das 2010 am Fächerverbund für Anatomie und dem Medizinhistorischen Museum der Charité eingerichtete und von der Deutschen Forschungsgemeinschaft (DFG) geförderte interdisziplinäre „Charité Human Remains Project" die wissenschafts- und kolonialhistorischen Kontexte sowie die Herkunft der betreffenden Gebeine, zunächst solche aus Namibia, Australien und einen Schädel aus Paraguay.

Der ursprüngliche Plan, erst nach Abschluss der Forschungen Rückgaben zu organisieren, ließ sich aufgrund des politischen Drucks nicht einhalten. Daher wurde Anfang 2011 eine erste Übergabe von zwanzig Schädeln (11 von Herero, 9 von Nama) für den Sommer 2011 vereinbart. Die Verhandlungen führte die Charité mit der namibischen Botschaft unter Beteiligung des Auswärtigen Amtes, ein direkter Kontakt nach Namibia bestand nicht. Zu klären war, wie die Übergabe ablaufen sollte, ob die namibische Delegation die *Human Remains* in Augenschein nehmen und über historische Details informiert werden wollte, ob Gebeine bei einer Übergabe in irgendeiner Form sichtbar werden und wie sie verpackt und schließlich transportiert werden sollten. Eine wichtige protokollarische Frage bezog sich darauf, wer die Gebeine wem übergeben sollte. Die namibische Seite erwartete eine der politischen Bedeutung angemessene Übergabe, durchgeführt von einem deutschen an einen namibischen Regierungsvertreter. Die deutsche Regierung hingegen wollte bei der Übergabe nicht direkt auftreten, konnte dies formell auch eigentlich nicht, da die Regierung ja nie im Besitz der Gebeine gewesen war. Zudem ist sie der Charité als derzeitigem universitären „Besitzer" der

Gebeine auch nicht weisungsberechtigt. Die Weigerung des Auswärtigen Amtes, bei der Übergabe eine aktivere Rolle zu spielen, hätte beinahe zur vorzeitigen Abreise der 70-köpfigen namibischen Delegation geführt.

Die Übernahme der historischen Verantwortung für die kolonialen Gebeinsammlungen lehnte die Bundesregierung stets ab. Sie verwies stattdessen auf die Zuständigkeit der Institutionen. Während der turbulenten Rückgabewoche in Berlin äußerten Vertreter der namibischen Delegation wiederholt die Auffassung, dass sie die namibischen Schädel in Berlin als Beweise für die deutsche Schuld für den Genozid an den Herero und Nama betrachten und die Restitution lediglich ein erster Schritt sei, dem materielle und finanzielle Leistungen folgen müssten. Es verwundert daher auch nicht, dass die Übergabezeremonie am 30. September 2011 im Großen Hörsaal der Charité an der Philippstraße zu einem diplomatischen Eklat geriet. Die Staatsministerin im Auswärtigen Amt Cornelia Pieper – konfrontiert mit Forderungen nach Reparationen und einer Entschuldigung der deutschen Bundesregierung – verließ nach ihrer Rede eilig den Saal, ohne die Statements der namibischen Vertreter anzuhören.

Nicht zuletzt wegen der aufwendigen Organisation von Rückgaben an Namibia und Australien zogen sich die Forschungen länger als erwartet hin. Auch bei der zweiten Übergabe am 5. März 2014, die Gebeine von 21 Personen von Damara, San, Ovambo, Nama und Herero umfasste, konnten nicht alle namibischen *Human Remains* zurückgegeben werden. Der Rahmen der Übergabe war deutlich reduziert, die namibische Delegation bestand aus weniger als zehn Mitgliedern. Die Übergabe im Hörsaal der Anatomie erfolgte offiziell wieder von der Charité an den National Heritage Council of Namibia. Der Versuch von Charité-Verwaltung und Auswärtigem Amt, den Einlass zur Zeremonie restriktiv zu handhaben, führte zu Rassismus-Vorwürfen und zu heftigen Protesten von Aktivist:innen. Der namibische Botschafter veranlasste letztlich unmittelbar vor dem Beginn der Zeremonie den freien Zutritt für die Öffentlichkeit, die Zeremonie selbst verlief angemessen feierlich.

Eine dritte Übergabe menschlicher Überreste an eine namibische Delegation fand am 28./29. August 2018 in der Französischen Friedrichstadtkirche am Gendarmenmarkt in Berlin statt. Es war eine gemeinsame Übergabe von menschlichen Überresten aus der Berliner Charité und aus Universitätssammlungen in Jena, Greifswald, Hannover, Hamburg, Witzenhausen sowie aus Privatbesitz. Aus Sammlungen der Charité stammten Überreste von 16 Angehörigen der Nama, Herero und San. Wie schon bei den ersten beiden Übergaben kam es erneut zu einem Eklat. Um „störenden" Protesten vorzubeugen, wurden einige Aktivist:innen des Bündnisses „Völkermord verjährt nicht!" von dem Festakt ausgeschlossen. Diese hielten vor der Kirche eine Mahnwache ab. Auf den Transparenten war zu lesen: „Genocide victims are in solidarity with German NGOs" oder „Apology, Reparation and Restitution now". Letzteres bezieht sich darauf, dass die offizielle Entschuldigung immer noch auf sich warten lässt, obwohl die Bundesregierung seit 2015 klare Signale gesetzt hat, den kolonialen Genozid in Namibia anerkennen zu wollen. Aus Sicht der Bundesregierung steht vor allem die Anfang des Jahres 2017 von Herero und Nama bei einem New Yorker Gericht eingereichte Sammelklage einer Einigung im Wege, mit der die Opfergruppen Reparationen durchsetzen wollen. Dagegen beharrt die deutsche Regierung auf ihrem Standpunkt, eine Entschuldigung nur aus einer politisch-moralischen Verpflichtung heraus vornehmen zu wollen. Eine völkerrechtliche Grundlage sieht sie für den Sachverhalt nicht. Man wolle Wiederaufbauhilfe leisten, aber keine „Reparationen" zahlen.

Außer an Namibia übergab die Charité menschliche Überreste an Paraguay (2012), Australien (2013, 2014) und Neuseeland (2019). Doch noch weitere Gebeine aus kolonialen Erwerbskontexten warten in der Charité und in anderen Berliner Sammlungen auf ihre Rückführung. Auf dem Charité Campus Mitte informiert seit 2017 die Ausstellung „Charité im Nationalsozialismus und die Gefährdungen der modernen Medizin" mit einer Tafel über die Verstrickung der Berliner Universitätsmedizin in den deutschen Kolonialismus.

♦ Literatur: Stoecker/Schnalke/Winkelmann: Sammeln, Erforschen, Zurückgeben?; Stoecker/Winkelmann: Skulls and skeletons from Namibia in Berlin.

▲ Berlin, Philippstraße 30, Eingang zur der Charité, 30. September 2011:
Kontaktaufnahme der Herero mit den *ancestors* (Ahnen).
Das Ritual der Herero fand vor der Übergabezeremonie statt.
Im Hintergrund stehen auch Vertreter:innen der Nama.
Foto: Joachim Zeller

▲ Berlin, 5. März 2014: Gedenkstunde im Hörsaal der Anatomie der Charité: Eine Delegation aus Namibia nimmt die menschlichen Gebeine entgegen, die in Kartons verpackt unter der Flagge Namibias liegen. | *Foto: Joachim Zeller*

▲ Berlin, 28. August 2018: Stand des Bündnisses „Völkermord verjährt nicht!" vor der Französischen Friedrichstadtkirche am Gendarmenmarkt, wo der Gedenkgottesdienst zur dritten Übergabe der geraubten Gebeine an eine namibische Delegation stattfand.
Foto: Joachim Zeller

◂ Berlin, 5. März 2014: Am Eingang zum Hörsaal der Anatomie der Charité ruft das NGO-Bündnis „Völkermord verjährt nicht!" zu einem aktiven Gedenken für die Opfer des deutschen Kolonialismus auf. Im Vorfeld hatte das Bündnis, bestehend aus dem Zentralrat der Afrikanischen Gemeinde in Deutschland, der Initiative Schwarze Menschen in Deutschland (ISD-Bund), AfricAvenir International und Berlin Postkolonial dagegen protestiert, dass die Übergabezeremonie als geschlossene Veranstaltung stattfinden sollte. Erst kurzfristig gab das Auswärtige Amt den Eintritt für die Öffentlichkeit frei.
Foto: Joachim Zeller

ARCHAEOPTERYX
DIE WELT IM OBEREN JURA

Museum für Naturkunde
Invalidenstraße 43

◀ Der Sauriersaal im Museum für Naturkunde Berlin: Der Brachiosaurus bzw. Giraffatitan brancai (in der Bildmitte) bildet ein Ensemble mit anderen Pflanzen- und Fleischfressern, die vor rund 150 Millionen Jahren gelebt haben. Ganz rechts unten im Bild ist der Schwanz und der Hinterlauf des Dysalotosaurus lettowvorbecki zu erkennen. Das ebenfalls aus dem ehemaligen Deutsch-Ostafrika stammende Dinosaurierskelett ehrt mit seinem Artnamen lettowvorbecki den berühmt-berüchtigten Kolonialoffizier Paul von Lettow-Vorbeck.
Auf der dazugehörigen Museumstafel heißt es, dass die Regeln der Taxonomie eine Umbenennung von einmal vergebenen Artnamen „leider“ verhindert. Es wird aber das Zustandekommen des Namens erklärt, was unumgänglich für eine Dekolonisierung der Wissenschaften ist.
Antje Dittmann, Museum für Naturkunde Berlin

Es ist das größte, in einem Museum aufgebaute Dinosaurier-Skelett der Welt: der *Brachiosaurus brancai*, der neben weiteren Dino-Objekten aus fossilisierten Knochen im Lichthof des Museums für Naturkunde zu bewundern ist. Wie die Büste der Nofretete oder der Pergamonaltar auf der Museumsinsel ist es eine Touristenattraktion ersten Ranges in Berlin. Aus der ganzen Welt reisen Dino-Fans und Wissenschaftler:innen an, um das 23 Meter lange und über 13 Meter hohe Exponat im Sauriersaal in Augenschein zu nehmen. Seit mittlerweile mehr als 100 Jahren befindet sich das Skelett in Deutschland. Zwischen 1909 und 1913 ist der *Brachiosaurus brancai* – zusammen mit anderen Saurierknochen – bei einer paläontologischen Grabungskampagne am Fuße des Tendaguru-Berges im Süden der damaligen Kolonie „Deutsch-Ostafrika“, dem heutigen Tansania, freigelegt und außer Landes gebracht worden. Einheimische Grabungshelfer transportierten die an zahlreichen Fundstätten zusammengetragenen Saurierknochen zum Seehafen von Lindi. In 800 Kisten verpackt, gelangten die 250 Tonnen schweren Versteinerungen in die Reichshauptstadt. In den nachfolgenden Jahren wurden die fossilen Exponate wie ein Puzzle aus den versteinerten Knochenfragmenten verschiedener Dinosaurier zusammengesetzt, während man fehlende Elemente nachbildete – ein übliches Vorgehen bei paläontologischen Rekonstruktionen. Besonders fragile Teile wie der Schädel des *Brachiosaurus brancai* wurden durch eine Replik ersetzt, das Original wird im Magazin verwahrt. Bis ins Jahr 1937 zog sich die Präparierung des Brachiosaurus brancai hin, heute korrekter bezeichnet als *Giraffatitan brancai*, einer Gattung sauropoder Dinosaurier aus dem afrikanischen Oberjura. Sie zählen zu den größten Landtieren, die je auf der Erde gelebt haben. Im großen Saal des Museums bildet der *Brachiosaurus brancai* ein Ensemble mit anderen Pflanzen- und Fleischfressern aus dem oberen Jura, einer Zeit vor 150 Millionen Jahren.

Lange hat das Museum für Naturkunde die koloniale Erwerbsgeschichte des Dino-Giganten und der anderen ausgestellten Dinosaurier-Skelette vom Tendaguru der Öffentlichkeit vorenthalten. Erst ein 2018 abgeschlossenes dreijähriges Forschungsprojekt setzte sich mit der kulturwissenschaftlichen Bedeutung der Dinosaurier-Sammlung und ihrer kolonialen Geschichte auseinander. Die Informationstafel wurde daraufhin überarbeitet und mit Hinweisen zum kolonialen (Unrechts-)Kontext versehen. So heißt es nun auf der Tafel im Ausstellungssaal: „Durch die Funde vom Tendaguru hoffte das Museum für Naturkunde seine wissenschaftliche Stellung stärken und seine Bedeutung im internationalen Wettbewerb um spektakuläre paläontologische Funde steigern zu können. Wissenschaftliches Interesse verband sich mit kolonialpolitischen Ansprüchen. Die ersten spektakulären versteinerten Knochen von Brachiosaurus brancai, die ab 1910 ausgestellt wurden, erfüllten diese Erwartungen des Museums. Die Fossilien wurden als ‚nationale' Objekte präsentiert, die ‚zum ersten Mal auf deutschem Boden' gefunden worden seien. Erzählungen wie diese, die ein nationalistisches Verständnis von Wissenschaft bedienten, waren nicht auf den Fall der Tendaguru-Expedition beschränkt, sondern ein charakteristisches Merkmal der zeitgenössischen Rhetorik. Sie betonten die Rolle der Wissenschaft im Wettlauf der Nationen am Vorabend des Ersten Weltkrieges und legitimierten die Kolonialherrschaft. Die Funde vom Tendaguru sind nicht nur herausragende Zeugnisse der Zeit vor 150 Millionen Jahren. Bis heute bieten sie vielfältige Anknüpfungspunkte für die naturwissenschaftliche und auch für die geisteswissenschaftliche Forschung. So lässt sich an die Diskussion um die Umstände ihrer Bergung auch eine Aufarbeitung der kolonialen Kontexte anschließen. Das Museum für Naturkunde Berlin setzt sich aktiv mit seiner facettenreichen Geschichte auseinander. So kooperiert es auch mit tansanischen Partnerinstitutionen, um die gemeinsame Vergangenheit zu durchleuchten, öffentlich zu diskutieren und an der Gestaltung einer gemeinsamen Zukunft zu arbeiten."

Mit dieser Kommentierung reagiert das Berliner Naturkundemuseum auf die seit einigen Jahren europa- und weltweit geführte Restitutionsdebatte um Objekte aller Art, die aus den ehemaligen Kolonialgebieten stammen und zum Bestand hiesiger ethnologischer oder naturkundlicher Sammlungen gehören. Doch so kritisch der Text auch ausfällt, so verschweigt er doch die Tatsache, dass Rückgabeforderungen aus Tansania vorliegen. Wie kompliziert solche Restitutionsansprüche sein können, belegt gerade das Beispiel des *Brachiosaurus brancai*. In Tansania besteht nämlich kein Konsens hinsichtlich der Frage einer Rückgabe. Während mittlerweile mehrere tansanische Parlamentarier die Rückführung der Saurierknochen fordern, erteilte die Regierung Tansanias einem Restitutionsantrag im Juni 2017 eine Absage. Ein Grund liegt wohl darin, die guten Beziehungen zu Deutschland nicht gefährden zu wollen, mithin keine Kürzung deutscher Entwicklungshilfeleistungen zu riskieren. Auch in anderen Berliner Museen, wie dem Botanischen Museum in Dahlem, befinden sich zoologische und botanische Objekte aus den ehemaligen Kolonien, darunter Tausende von Herbarbelegen. Der Forschung stellt sich heute die Aufgabe, die einzelnen Objektbiografien zu rekonstruieren und Fragen nach der Provenienz von Sammlungsbeständen interdisziplinär nachzugehen.

♦ Literatur: Heumann/Stoecker/Tamborini/Vennen: Dinosaurierfragmente; Rahemipour: Bipindi – Berlin.

Marianne Bechhaus-Gerst
Treu bis in den Tod
Deutsch-Ostafrika
Sachsenhausen –
Ch. Links
HIER WOHNTE
MAHJUB BIN
ADAM MOHAMED
'BAYUME MOHAMED HUSEN'
GEB. 1904 IN
DARESSALAM
VERHAFTET SEPT. 1941
SACHSENHAUSEN
TOT 24.11.1944

Stolperstein für Mahjub bin Adam Mohamed

Brunnenstraße 193

◂ Der Mitte September 2007 eingeweihte Stolperstein für Mahjub bin Adam Mohamed in der Brunnenstraße 193 im Stadtbezirk Mitte.
Links daneben liegt die im selben Jahr erschienene Biografie des Deutsch-Afrikaners, verfasst von der Kölner Historikerin Marianne Bechhaus-Gerst. Anfang 2020 wurde der Stolperstein gestohlen und anschließend durch einen neuen ersetzt, der eine leicht geänderte Inschrift aufweist.
Foto: Joachim Zeller

Wer war Mahjub bin Adam Mohamed (hierzulande besser bekannt unter dem Namen Bayume Mohamed Husen), der 1904 als Sohn eines sudanesischen Söldners in Deutsch-Ostafrika geboren wurde und 1944 in Deutschland als Mohamed Husen starb?

Mahjub bin Adam Mohamed kam in Daressalam, der Hauptstadt der damaligen deutschen Kolonie (heute Tansania) auf die Welt. Nachdem er im Ersten Weltkrieg als Kindersoldat in der deutsch-ostafrikanischen Kolonialtruppe gedient hatte, arbeitete er zunächst bei deutschen Firmen im nun unter englischem Mandat stehenden Tanganyika, heuerte später als Kellner auf Schiffen der Woermann-Linie an, bevor er Ende 1929 nach Deutschland, d.h. nach Berlin kam. Hier gehörte er bald zu den bekanntesten Persönlichkeiten unter den *Schwarzen* Deutschen. Neben kleineren Engagements beim Film – darunter solche mit kolonialem Inhalt wie „Die Reiter von Deutsch-Ostafrika“ und „Carl Peters“ – schlug er sich als Kellner in der Wild-West-Bar im Haus Vaterland am Potsdamer Platz, als Darsteller in der „Deutschen Afrika-Schau“ und als Kiswahili-Lehrer am Berliner Seminar für Orientalische Sprachen durch. Seit 1933 war er mit der Sudetendeutschen Maria Schwandner verheiratet. Aus diesem Grund mussten beide im Sommer 1933 ihre Ausweise abgeben und erhielten Fremdenpässe. Mahjub bin Adam Mohamed galt als Lebenskünstler, der den von der damaligen kolonialrevisionistischen Bewegung in die Welt gesetzten Mythos vom „treuen Askari" durchaus für sich zu nutzen wusste. Er ließ Autogrammkarten von sich anfertigen, auf denen er seine Filmuniform trägt. Die Karten zeigen die Aufschrift: „Erinnerungen an einen deutschen Askari von D. O. Afrika". Zu Beginn des Zweiten Weltkriegs versuchte er vergeblich, sich als Freiwilliger zu melden.

Im September 1941 wurde Mahjub bin Adam Mohamed nach einer Denunziation in „Schutzhaft" genommen und ins Konzentrationslager Sachsenhausen verschleppt. Die NS-Behörden hatten zuvor vergeblich versucht, ihn wegen „Rassenschande" anzuklagen, da er außereheliche Beziehungen zu deutschen Frauen unterhielt, aus denen mehrere Kinder hervorgingen. Im November 1944 starb er im Lager.

Ihm zum Gedenken wurde 2007 in der Brunnenstraße 193 ein Stolperstein eingeweiht. Dort stand einst das Haus, in dem er einige Jahre mit seiner Familie gewohnt hatte. Initiiert und gestiftet hat den Gedenkstein der Verein „KopfWelten – gegen Rassismus und Intoleranz e. V." mit Sitz in Köln. Mit diesem Stolperstein ist zum ersten Mal ein afrikanisches Opfer der NS-Herrschaft geehrt worden.

Im Jahr 2021 wurden weitere Stolpersteine für *Schwarze* Opfer der Nationalsozialisten in Mitte eingeweiht, so für Martha Ndumbe in der Max-Beer-Straße 24 und für Ferdinand James Allen in der Torstraße 174.

♦ Literatur: Bechhaus-Gerst: Treu bis in den Tod.

▶ Anzeige Mahjub bin Adam Mohamed im „Künstler-Almanach" von 1941 mit seinem vermutlich letzten Foto (rechts). Die linke Fotografie zeigt ihn in einer Askari-Uniform.

Deutscher Askari aus Deutsch-Ost-Afrika · Angehöriger der Nubier-Truppe bis 1918
Lehrer für Suaheli am Auslandsinstitut der Universität, Berlin NW 7, Dorotheenstraße 7

B. Mohamed Husen

BERLIN N 54, BRUNNENSTRASSE 193

FERNSPRECHER: 426310

▲ Briefpapier von Mahjub bin Adam Mohamed, der sich in Deutschland Bayume Mohamed Husen nannte | *Sammlung Marianne Bechhaus-Gerst*

B. Mohamed Husen

Berlin N 54, Brunnenstraße 193
Ruf: **426310**
Ehemaliger deutscher Askari
Kriegsteilnehmer 1914–1918

Letzter großer Kolonialfilm: „Dr. Carl Peters"
Theater-Engagements: Metropoltheater „Die oder keine"
Filmdarsteller und Berater für alle Kolonialgebiete
Sprachen: deutsch, englisch, arabisch, suaheli, vier afrikanische Ost-Küsten-Dialekte
Besitzer aller Adressen von Afrikanern und Afrikanerinnen in Großdeutschland

Ein Tog-Neger als Wähler.

Hotel Kaiserhof
Wilhelmplatz 3–5

Die Weltrundschau zu Reclams Universum veröffentlichte Mitte Juni 1903 eine bemerkenswerte Fotografie. Sie zeigt einen elegant gekleideten *Schwarzen* Mann an der Wahlurne stehend. Vor ihm sitzen *weiße* Männer an den Tischen, offensichtlich mit den Listen der Wahlberechtigten beschäftigt. Es handelt sich um einen Bildbericht über die Wahl zum 11. Deutschen Reichstag, die am 16. Juni 1903 stattfand. Im Text heißt es dazu: „Zu den kleinen Sensationen des Berliner Wahltags gehörte auch das auf unserem Bilde dargestellte Erscheinen eines Tog-Negers an der Wahlurne. Dieser pflichttreue deutsche Staatsbürger ist Koch bei Herrn v. Richthofen."

Ein zweites, ganz ähnliches Bilddokument kursiert im Internet, dessen Quelle aber bisher nicht geklärt werden konnte. Die Bildlegende lautet: „Von der Reichstagswahl. Ein schwarzer Landsmann aus unseren Kolonien gibt als Reichstagswähler seine Stimme ab." Vergleicht man beide Fotografien, so fällt vor allem auf, dass der Mann unterschiedliche Hüte in der Linken hält. Unklar ist, warum bei den Aufnahmen der Hut ausgetauscht wurde.

Die Fotodokumente geben einige Rätsel auf. Wer ist diese Person? Ist mit der Bezeichnung „Tog" die damalige

◂ Weltrundschau zu Reclams Universum, 14.–20. Juni 1903, S. 285.

deutsche Kolonie Togo gemeint? Haben wir es also mit einem Deutsch-Togolesen zu tun? Schaut man die Tagespresse jener Tage durch, so finden sich tatsächlich weitere Hinweise auf die Identität des Mannes. In der SPD-Zeitung „Vorwärts" vom 17. Juni 1903 heißt es über das im 23. Berliner Wahlbezirk liegende Wahllokal, das im heute nicht mehr existierenden Hotel Kaiserhof am Wilhelmplatz 3–5 (an der Wilhelmstraße) eingerichtet war: „Etwas ungewöhnlich war das Erscheinen eines *Schwarzen* aus Togo; es war der Koch des Staatssekretärs von Richthofen mit Namen ‚Adjama'." Konsultiert man mit dieser Information die im Bundesarchiv lagernden kolonialhistorischen Aktenbestände, z. B. die Korrespondenz des Reichskolonialamtes und des Auswärtigen Amtes, können nun – mit einiger Sicherheit – der vollständige Name und weitere biografische Daten ermittelt werden. Daraus geht hervor, dass ein gewisser Aikuri Ajama (also nicht „Adjama") im Jahr 1878 in Klein-Popo in Togo geboren wurde. 1894 soll er im Alter von ca. 15 Jahren aus Anecho zusammen mit einem Kaufmann Namens „von Elbe" nach Deutschland gekommen sein. Getauft wurde er am 3. Juni 1895 in Karnitz auf den Namen Martin Gottfried Immanuel Ajama und er wurde daselbst am 4. Oktober 1896 auch konfirmiert.

Später nach Berlin übergesiedelt, arbeitete er als Koch von Oswald Freiherr von Richthofen, Diplomat und Staatssekretär im Auswärtigen Amt, der ab 1896 für knapp anderthalb Jahre auch den Posten des Direktors der Kolonialabteilung des Auswärtigen Amtes bekleidete. Welchem Beruf Aikuri Ajama nach dem Tod des im Jahr 1906 verstorbenen von Richthofen nachging, wird noch zu ermitteln sein. Jedenfalls übersiedelte er 1911 in die Schweiz, wo er vermutlich in Zürich in der Gessnerallee eine Pension leitete. In einem Schreiben an das Auswärtige Amt in Berlin vom 27. August 1920 heißt es, er wünsche seine deutsche Staatsangehörigkeit beizubehalten. An anderer Stelle ist aber vermerkt, dass er kein deutscher Reichsangehöriger sei, sondern Landesangehöriger des Schutzgebietes Togo. Danach wäre er also nicht im Deutschen Reich eingebürgert gewesen. Welchen weiteren Lebensweg Aikuri Ajama genommen hat, ist derzeit noch ungeklärt.

Abgesehen von seiner tatsächlichen Staatsbürgerschaft, drängt sich die Frage auf, ob Menschen mit afrikanischen Wurzeln im Deutschen Reich naturalisiert wurden und auch das Wahlrecht besaßen. In der einschlägigen

Literatur ist davon die Rede, dass nur wenige Afrikaner:innen ein reguläres Einbürgerungsverfahren durchlaufen hatten und deutsche Pässe besaßen. Den *Schwarzen* Reichsbürger:innen stand das Recht auf Aufenthalt und auf Arbeit zu, aber auch das Recht zu wählen? Gesichert zum Zeitpunkt um 1900 ist nur die Einbürgerung von Mandenga Diek und Josef Boholle. Beide stammten aus Kamerun. Und nach dem Reichs- und Staatsangehörigkeitsgesetz von 1913 besaßen die Betroffenen keine volle deutsche Staatsangehörigkeit. Der bekannteste Togolese jener Zeit in Deutschland war Bonifacius Folli, der jedoch erst im Jahr 1913 als Koch von Herzog Adolf Friedrich zu Mecklenburg, dem Gouverneur von Togo, nach Berlin migrierte.

In der damaligen Presse lassen sich ähnliche Fälle nachweisen, so in einer Meldung in „Der Volksfreund. Tageszeitung für das werktätige Volk Badens" vom 4. Februar 1907. Unter der Überschrift „Ein schwarzer Reichstagswähler" heißt es dort, dass ein aus Südafrika stammender „schwarzer Landsmann" seine Stimme im Wahllokal des 3. Sebalder Bezirk in Nürnberg abgegeben habe. Am 25. Januar 1907 fand die Wahl zum 12. Deutschen Reichstag statt, die als die berüchtigten „Hottentottenwahlen" in die Geschichte eingingen. Der 28-jährige Mann namens Adesnoza soll über die Kolonie Deutsch-Togo nach Deutschland gekommen sein, wo er in Nürnberg als Fotograf arbeitete.

Die Berichte über Martin Aikuri Ajama und Adesnoza stellen wichtige Zeugnisse der frühen afrikanischen Diaspora wie zur frühen Demokratiegeschichte in Deutschland dar. Bleibt noch darauf hinzuweisen, dass heute *Schwarze* Deutsche selbstverständlich an Wahlen teilnehmen und Afrodeutsche als Abgeordnete in den Länderparlamenten und im Deutschen Bundestag sitzen.

Von der Reichsta

Ein schwarzer Landsmann aus unseren Kolonien gibt als K

◂ „Von der Reichstagswahl. Ein schwarzer Landsmann aus unseren Kolonien gibt als Reichstagswähler seine Stimme ab.“ Foto: 1903. *Quelle unbekannt*

„Schwarze Kolonie“

Gesundbrunnen

— Die „schwarze Kolonie“ auf dem Gesundbrunnen in Berlin ist eine Ansiedlung der „Berliner Neger“ in der Stettinerstraße, im Volksmunde „Chambre garnie Kamerun“ genannt. Ein schwarzes Ehepaar war auf den Gedanken gekommen, dort für Landsleute einen Gasthof einzurichten, und gegenwärtig bewohnen 17 schwarze Schlafburschen die „schwarze“ Kolonie. Gleichzeitig unterhält der Schlafstellenwirth eine Art Vermiethungsbureau; Gastwirthe, Schaubudenbesitzer und jeder sonstige Geschäftsmann, der einen Neger braucht, wendet sich an die Kolonie, wo der Vertrag sogleich zwischen beiden Parteien gemacht wird. Die Neger auf dem Gesundbrunnen sind ruhige und bescheidene Hausbewohner, die den weißen Nachbarn noch niemals Anlaß zu Beschwerden gegeben haben.

▲ „‚Schwarze Kolonie‘ auf dem Gesundbrunnen“, in: (Berliner) Abendblatt, 11. 7. 1895.

Weitere Spuren zu Menschen mit afrikanischen Wurzeln im kosmopolitischen Berlin um 1900: Im (Berliner) Abendblatt vom 11. Juli 1895 findet sich diese Notiz über eine „‚schwarze Kolonie‘ auf dem Gesundbrunnen“. Im Volksmund wurde sie „Chambre garni Kamerun“ genannt. Es heißt dort, in einem von einem „schwarzen Ehepaar“ geführten Gasthof in der Stettinerstraße haben 17 *Schwarze* Schlafburschen gewohnt. Außerdem unterhalte der Wirt ein Vermittlungsbüro für *Schwarze* Arbeitskräfte.

Eine weitere Notiz dieser Art findet sich bereits einige Jahre zuvor in der Ersten Beilage der Berliner Börsenzeitung vom 22. Oktober 1887. Der Artikel berichtet davon, dass – soweit bekannt – 23 *Schwarze* in Berlin leben würden, die „sogar mit Berlinerinnen verheiratet“ seien und auch Kinder hätten. Sie gehören meist dem „dienenden Stande“ an, sind also als Kellner, Portiers oder Hausierer tätig. Meist würden sie aus den USA stammen. Zwei oder drei von ihnen seien „Muhamedaner“. Frauen aus Afrika, so wird spekuliert, lebten wohl nicht in Berlin. „Fasst alle“ N**** „sprechen geläufig Deutsch, manche sogar ausgesprochenen Berliner Dialekt.“ Der Artikel verweist auch auf einzelne Persönlichkeiten der „hier lebenden

Farbigen“, so auf Ibu ben Hamid, einen Sudanesen „von herkulischer Körperkraft, der seiner Zeit unter Gordon gegen den Mahdi focht, und der jetzt in den Kneipen des Nordens und Westens hausirt“. Da ist Little Young, „ein vorzüglicher Billardspieler, der in einem hiesigen Restaurant servirt“. Und es wird Big Bobb genannt, „[der dicke Robert], der Diener eines hiesigen Großindustriellen“. Zum Schluss heißt es: „Uebrigens verleugnet sich der harmlose, leichtlebige Charakter bei unseren schwarzen Mitbürgern nicht, der durch die Neckereien der Straßenjugend oft auf die härteste Probe gestellt wird.“

Einige Jahre zuvor, am 11. März 1882, brachte das Teltower Kreisblatt eine kurze Notiz über „Die Berliner Negerkolonie“, die ungefähr 60 *Schwarze* Menschen aus Afrika und den USA stammend in Berlin zählen würde. „Der Vornehmste ist Sayio, der Mohr des Prinzen Karl. Bankroft Davis und Bayard Taylor brachten sich, als sie als Gesandte nach Berlin kamen, Neger mit. Beide sind hier geblieben […]. Taylor's Diener ist jetzt Ausläufer in einem Geschäft in der Leipzigerstraße. […] Drei Neger haben sich mit weißen Frauen verehelicht und ihre Kinder finden […] an ihren Genossen sehr willige Spielkameraden.“

Im Teltower Kreisblatt (Sektion Steglitz) sind weitere einschlägige Informationen zu finden. So ist in den Ausgaben vom 21. April und 4. Juli 1885 zu lesen, dass Konsul Eduard Schmidt – er hatte dort als Agent des Hamburger Reeders Adolph Woermann gerabeitet – bei seiner Rückkehr nach Deutschland von Ebobse Dido, dem jüngsten Sohn von Epee Ekwalla Deido, begleitet wurde. Bei ihm würde es sich um den ersten Kameruner handeln, der sein „Vaterland“ besucht habe.

Was Menschen aus den ehemaligen deutschen Kolonien betrifft, die vorübergehend oder dauerhaft ihren Lebensmittelpunkt in Deutschland hatten, so kann deren Zahl nur geschätzt werden. Für den Zeitraum zwischen 1884 bis 1945 ist von 500 bzw. 600 Afrikanern und Ozeaniern bzw. deren Nachkommen auszugehen, die meisten von ihnen Männer. Zwei Drittel von ihnen stammten aus Kamerun und Togo.

Ermelerhaus
Märkisches Ufer 10

◀ Der Tabak-Fries am Ermelerhaus, Märkisches Ufer 10 (Detail). *Foto: Joachim Zeller*

Ein in Berlin weitgehend unbekanntes, gleichwohl beredtes kolonialhistorisches Zeugnis stellt der Fries dar, der am Ermelerhaus, Märkisches Ufer 10, prangt. Wie in einer Bildergeschichte zeigt es den Tabakhandel zwischen einem afrikanisch anmutenden Land mit tropischer Vegetation und der Stadt Berlin. Afrikaner:innen bzw. *Schwarze* schuften bei der Tabakernte, während *weiße* Händler damit befasst sind, die Ware zu kontrollieren, abzuwiegen und übers Meer zu verschiffen. Ein Zigarre rauchender Tabakhändler hat sich auf einem Ballen niedergelassen, in den ein Gehilfe die Initialen W.E. ritzt. Ganz rechts ist das Ziel der Fracht zu erkennen: Berlin, symbolisiert durch den Deutschen und den Französischen Dom am Gendarmenmarkt.

Die Initialen W.E. stehen vermutlich nicht für den (bislang unbekannten) Bildhauer, sondern für Wilhelm Ferdinand Ermeler, einen der Begründer der Berliner Tabakindustrie. Der Tabakhändler und -fabrikant hatte das Haus im Jahr 1824 erworben. Als Ermeler das prächtige Patrizierhaus samt der dahinterliegenden Tabakmanufaktur kaufte, stand es aber noch in der Breitenstraße 11. Einer der früheren Eigentümer des Hauses war der ebenfalls als Tabakfabrikant tätige Johann Heinrich Neumann gewesen. In den 1960er-Jahren ist das unter Denkmalschutz stehende Gebäude abgetragen und an seinem heutigen Standort an der sogenannten Friedrichsgracht unter Verwendung charakteristischer Bauelemente wiederaufgebaut worden.

Nach der Übernahme des Hauses ließ Ermeler den Bildfries an der frühklassizistischen Fassade am Mittelrisalit über dem Eingang anbringen und mit dem Gründungsdatum seines Unternehmens „1808" versehen. Der Handel mit Tabak hatte Ermeler wohlhabend gemacht. In seinem Tagebuch notierte er: „Mein Anfang war 100 Thaler, jetzt 56 Jahre alt, habe ich schon über 200 000 Thaler nach und nach und ohne Speculation redlich verdient." Im Jahr 1841 produzierten 150 Arbeiter 6000 Packungen mit 110 verschiedenen Rauch- und Schnupftabaksorten und 100 000 Zigarren. Der Profit der Tabakfirma Ermeler belief sich in diesem Jahr auf 260 000 Taler. Auf den Verpackungen der Rauchtabake tauchten auch die federgeschmückten „Tabakmohren" auf. Die Firma erwarb in- und ausländische Tabakblätter, vor allem die besseren Sorten bezog sie aus Übersee über Amsterdam, London und Hamburg.

Was der zum höheren Bürgertum aufgestiegene Tabakhändler Ermeler als „redlichen" Verdienst bezeichnet, dürfte sich aus der Perspektive der Afrikaner anders darstellen. Denn die Darstellung des Bildfrieses verharmlost die jahrhundertelange Plantagensklaverei, die es in Teilen Westafrikas gab, von Amerika ganz zu schweigen. Ausgeblendet wird der globale Prozess der politisch-territorialen Beherrschung der Erde durch die europäischen Kolonialmächte und die Durchsetzung des europazentrischen kapitalistischen Weltmarktes, der unter anderem mit der transatlantischen Erweiterung des Handels mit versklavten Afrikanern einherging. Das Bildrelief zeigt das Geschäft mit dem Tabak – neben Kaffee, Kakao oder Tee eines der klassischen Kolonialprodukte jener Zeit – ganz auf die Interessen der *Weißen* ausgerichtet. Die einen arbeiten, die anderen schöpfen die schon damals ungleich verteilten Gewinne ab und genießen die aus den Tropen bezogenen Güter. Allerdings war Preußen seinerzeit nicht im Besitz eigener Kolonien, da das Deutsche Reich erst 1884 als Kolonialmacht auf den Plan trat. Längst Geschichte war zu der Zeit die kurbrandenburgische Stützpunktkolonie Großfriedrichsburg, die um 1700 im heutigen Ghana bestanden hatte.

Der Tabak-Fries am Ermelerhaus gibt Anlass, darüber nachzudenken, wie auch Berlin in die Machtstrukturen und Produktionsverhältnisse des Kolonialhandels eingebunden war. Fragen nach den bis heute fortwirkenden kolonialen Strukturen im Welthandel bzw. nach einem fairen Handel stehen im Raum. Eine aus globaler Perspektive verfasste Informationstafel, die der heutigen kosmopolitisch geprägten Erinnerungskultur gerecht werden würde, sucht man am Ermelerhaus vergeblich.

♦ Literatur: Bernhard: Das Ermelerhaus; Ebert: Die Geschichte der Familie und Tabakfirma Ermeler; Carpus: Kolonialrassismus und Widerstand.

▲▼ Der Tabak-Fries am Ermelerhaus, Märkisches Ufer 10 (Details von links nach rechts)

▲▼ *Fotos: Joachim Zeller*

Manga Bell, der Oberhäuptling von Kamerun
mit zwei Söhnen und einem Enkel zu Besuch bei Missionar Scheve in Berlin.

Reisebegleiter. Bells älterer Sohn.

Bells Enkel. Missionar Scheve. Bells jüngerer Sohn. Manga Bell.

Diakonissenheim Bethel
Emdener Straße 15

◂ Pressefotografie von 1902: „Manga Bell, der Oberhäuptling von Kamerun mit zwei Söhnen und einem Enkel zu Besuch bei Missionar Scheve in Berlin". Das Bild, bei dem es sich wohl um eine Fotomontage handelt, ist fotohistorisch von herausragender Bedeutung. Es zeigt Afrikaner als Botschafter ihres Landes, die den Dialog mit den Kolonialherren einfordern.
Berliner Illustrirte Zeitung, XI. Jg., Nr. 32, 10. 8. 1902, S. 500

Berlin-Moabit im Frühsommer des Jahres 1902. Der Baptistenprediger Eduard Scheve empfängt Mitglieder der Duala-Delegation in dem Diakonissenheim Bethel in der Emdener Straße 15, wo er auch selbst mit seiner Familie wohnt. Die elf Mitglieder der Delegation aus Duala in Kamerun halten sich rund sechs Wochen in der Reichshauptstadt auf, während derer sie im luxuriösen Adlon-Hotel am Pariser Platz logieren. Die Duala-Notabeln kommen in diesen Tagen häufiger mit Eduard Scheve zusammen, der als „Vater der Kamerunmission" gilt. Scheve hatte im Jahr 1890 die Missionsgesellschaft der deutschen Baptisten und ein Hilfskomitee für die Mission in Kamerun gegründet. Zu der Duala-Abordnung gehören unter anderem August Manga Ndumbe Bell („King Bell"), sein Sohn Rudolf Duala Manga Bell, Dika Mpondo („King Akwa") und Jim Epee Ekwalla (*Headman* der Deido). Sie versprechen sich von dem Baptistenprediger Unterstützung bei ihrem politischen Anliegen, sind sie doch in offizieller Mission nach Berlin gereist, um Einspruch gegen die politischen Missstände in der Kolonie Kamerun zu erheben.

1892 hatten die Familienverbände der Duala bereits schlechte Erfahrungen mit einer an die deutsche

Kolonialmacht gerichteten Petition machen müssen, die zu ihrer Enttäuschung ohne jeden Erfolg geblieben war. Die Öffentlichkeit im Deutschen Reich erhielt durch die ab Mitte August 1900 in der „Deutschen Reichspost" erschienenen Artikelserie „Mißstände in Kamerun" Kenntnis von den dortigen Verhältnissen. Die Duala entschlossen sich schließlich dazu, persönlich in Berlin vorzusprechen, um ihre Beschwerden über die anhaltende Unterdrückung unter dem neuen Gouverneur Jesco von Puttkamer beim Kaiser Wilhelm II. und im Auswärtigen Amt vorzutragen. Unmittelbarer Anlass für die Reise war der drohende Einnahmeverlust durch ein Verbot der „Ausübung der Jagd mit Schußwaffen oder sonstigen Jagdgeräten" in Kamerun.

August Manga Ndumbe Bell wünschte eine Audienz beim Kaiser sowie die Verleihung der Reichsangehörigkeit für sich und seinen Sohn zu erhalten. Letzteres wurde ihm von der Kolonialabteilung des Auswärtigen Amtes verweigert. Die Audienz beim Kaiser gewährte man ihm, und so durfte er anlässlich der Herbstparade des Gardekorps auf dem Tempelhofer Feld dem Kaiser huldigen. Ob er auch tatsächlich mit dem Kaiser die anstehenden Probleme besprechen konnte, ist nicht bekannt. In der Kolonialabteilung des Auswärtigen Amtes trug er die Beschwerden der Duala zunächst mündlich vor und reichte sie anschließend schriftlich ein. Er führte Klage über das willkürliche Vorgehen von Kolonialbeamten, Soldaten, Expeditionen und deutschen Faktoreien. Vor allem wollte er sich vergewissern, ob wichtige Verordnungen tatsächlich vom Auswärtigen Amt in Berlin oder eigenmächtig durch Beamte in Kamerun erlassen würden. Außerdem forderte er für sich das „Privilegium, in wichtigen Angelegenheiten direkt mit dem Auswärtigen Amt in Berlin verhandeln zu dürfen". Die Petition war aus Kalkül moderat gehalten, sie stellte die Kolonialherrschaft der Deutschen keineswegs grundsätzlich infrage. Trotzdem wurde sie von dem uneinsichtigen Kameruner Gouverneur Jesco von Puttkamer als im Ton „frech" und in der Sache „anmaßend" bewertet.

Eine weitere Delegation der Akwa traf erst Anfang September 1902 in Berlin ein. Zusammenkünfte mit August Manga Ndumbe Bell dürften wiederum beim Baptistenprediger Scheve im Diakonissenheim Bethel abgehalten worden sein. Obwohl der Akwa-Vertreter Dika Mpondo von August Manga Ndumbe Bell die Versicherung erhielt, dessen Anliegen ebenfalls angesprochen zu haben, wollte dieser seine Klagen dennoch selbst vorbringen. Begleitet von seinem in Deutschland ausgebildeten Sohn Mpondo Dika (auch Mpundu Akwa), drei oder vier weiteren Bonambela sowie Epee Ekwalla Deido (Jim Ekwalaa), suchte er die Kolonialabteilung im Auswärtigen Amt auf. Dort wurden sie von einem gewissen von Doberitz empfangen, einem mit Kamerun völlig unvertrauten Beamten. Auch in diesem Fall scheint es nicht mehr als einige unverbindliche Zusagen gegeben zu haben. Drei Jahre später, als die Bonambela erneut in Deutschland vorstellig wurden, notierte der Beamte von Doberitz folgende Punkte, die Dika Mpondo gesagt haben soll: Abschaffung der Prügelstrafe, Aufhebung der Zwangsablieferung von Ochsen zu niedrigen Preisen an das Gouvernement, Kritik an der Bevorzugung von August Manga Ndumbe Bell durch die Behörden sowie den Verlust der Handelsrechte und das Scheren der Kopfhaare von Gefangenen und Strafarbeitern.

Die Mission nach Berlin hatte wieder einmal die Konkurrenzsituation zwischen den Bells und Akwas zutage treten lassen, eine Konkurrenz, die die Kolonialregierung mit ihrer „devide et impera“-Politik auszunutzen wusste. Doch trotz der nur vagen Zusagen seitens der Kolonialabteilung, schien die Reise bei den Duala-Vertretern das Selbstbewusstsein gehoben und den Eindruck erweckt zu haben, sich den Maßnahmen der anscheinend übermächtigen Kolonialverwaltung nicht in jedem Fall beugen zu müssen. Diese Einschätzung sollte sich allerdings als trügerisch erweisen, denn die „Anmaßung“ der Duala, bei Kaiser Wilhelm II. persönlich vorstellig geworden zu sein, provozierte in der Folgezeit ein verschärft repressives Verhalten seitens des Gouvernements in Kamerun.

Von der Duala-Mission in Berlin sind vor allem Pressefotografien überliefert, etwa in der „Berliner Illustrirte[n] Zeitung“, „Die Woche“ und „Daheim: ein deutsches Familienblatt mit Illustrationen“. Die Pressefotos zeigen die Bells als selbstbewusste Botschafter ihres Landes. Die offiziellen deutschen Stellen dürften in ihnen wohl lediglich koloniale Untertanen und lästige Bittsteller gesehen haben. Aufschlussreich ist die Bildunterschrift zu der Fotografie in der Zeitschrift „Die Woche“ (Nr. 33, 1902, S. 1570), die „Manga Bell“ als „Kameruns Oberhäuptling“ tituliert. Das war August Manga Ndumbe Bell keineswegs, da es eine solche herausgehobene Stellung eines Herrschers weder an der dortigen Küste noch in ganz Kamerun gab. Diese Wahrnehmung seiner Person erklärt aber, warum vor allem er mit seinem Gefolge große Aufmerksamkeit in der Presse erfuhr.

Auch die in der „Berliner Illustrirte[n] Zeitung“ vom 10. August 1902 zum Abdruck gekommene Fotografie bezeichnet Manga Bell als „Oberhäuptling von Kamerun“. Er hatte übrigens zwischen 1867 und 1872 ein College im Bristol/England besucht und war dort in einer Baptistengemeinde getauft worden. Auf der Aufnahme sitzt er zusammen mit anderen Mitgliedern seiner Familie und Eduard Scheve wohl in dessen Wohnzimmer im Diakonissenheim Bethel. Hinter August Manga Ndumbe Bell steht dessen ältester Sohn Rudolf Duala Manga Bell, der von 1891 bis 1896 in Aalen in Württemberg gelebt, in Ulm seinen Realschulabschluss abgelegt hatte und deshalb als Dolmetscher fungierte. Nach dem Tod seines Vaters im Jahre 1908 sollte er den Kampf gegen die restriktive Kolonialherrschaft der Deutschen in Kamerun fortsetzen. Anhaltenden Widerstand leistete Rudolf Duala Manga Bell vor allem gegen die Pläne der Deutschen, den Grundbesitz der Kameruner in Douala zu enteignen und die Küstenstadt zu einem rein europäischen Wohngebiet nur für *Weiße* umzubauen. Dafür musste Rudolf Duala Manga Bell später mit dem Leben bezahlen. Er und sein Sekretär Adolf Ngoso Din wurden am 8. August 1914 wegen „Hochverrats“ mit dem Strang hingerichtet. Er soll seinen Henkern entgegengerufen haben: „Unschuldiges Blut hängt ihr auf. Umsonst tötet ihr mich. Aber verdammt seien die Deutschen [...] Ihr werdet Kamerun niemals besitzen.“ Ihre Leichname ließen die Deutschen zur Abschreckung drei Tage lang am Galgen hängen. Mit der Hinrichtung, wollte die deutsche Kolonialverwaltung verhindern, dass die Duala nach Ausbruch des Ersten Weltkriegs Partei für die Feindmächte ergreifen. Bis heute hat Deutschland für diesen Justizmord keine offizielle Entschuldigung ausgesprochen. Geehrt wurde er allerdings im Dezember 2022, als der Nachtigalplatz im Wedding in Manga-Bell-Platz umbenannt wurde. Der neue Straßenname ehrt aber nicht nur Rudolf, sondern auch seine Frau Emily Duala Manga Bell. Gemeinsam kämpften sie gegen die koloniale Fremdherrschaft der Deutschen in Kamerun.

Dabei setzten die Bells einst großes Vertrauen in die Deutschen, in diesem Fall besonders in die Gemeinde der Baptisten unter Eduard Scheve. Wie andere Kameruner Familien entschieden sie sich, ihre Söhne und Töchter zur Ausbildung nach Deutschland zu geben. So vertraute August Manga Ndumbe Bell seinen Sohn Richard und Rudolf Duala Manga Bell seinen Sohn Alexander als auch der Deido-*Headman* Epee Ekwalla Deido seinen Sohn Otto dem Baptistenprediger Eduard Scheve an. Die Kinder haben mehrere Jahre im Haushalt der Scheves im Diakonissenheim Bethel gelebt und Berliner Schulen besucht.

Das Diakonissenheim Bethel in Moabit existiert nicht mehr. Der Gebäudekomplex wurde zusammen mit der Kapelle der Bethania-Gemeinde im November 1943 durch Kriegseinwirkung völlig zerstört. Bei der Emdener Straße 15 handelt es sich um einen wichtigen Ort der geteilten Geschichte Kameruns und Deutschlands.

♦ Literatur: Aitken/Rosenhaft: Black Germany; Aitken: Black Germany; Eyoum/Michels/Zeller: Duala und Deutschland; Hopmann/Siegenthaler: Hey! Kennst Du Rudolf Duala Manga Bell?; Bommarius: Der gute Deutsche.

Rudolf Manga Bell. Manga Bell.

Manga Bell, Kameruns Oberhäuptling, und sein Sohn Rudolf Manga Bell in Berlin.

Spezialaufnahme für die „Woche"

▲ Pressefotografie von 1902: August Manga Ndumbe Bell (Mitte) mit seinem älteren Sohn und späteren Nachfolger Rudolf Duala Manga Bell (links) und seinem jüngeren Sohn Richard (rechts) in Berlin. Außerdem zeigt das Foto Alexander den Sohn von Rudolf Duala Manga Bell (zweiter von rechts).
Die Woche, Nr. 33, 1902, S. 1570

▶ Kameruner zu Besuch bei dem Baptistenprediger Eduard Scheve in dem Diakonissenheim Bethel in der Emdener Straße 15 in Moabit im Sommer 1902. Alle Personen sind namentlich bekannt (zunächst die drei stehenden Personen hinten von links nach rechts, dann die mittlere und die vordere Reihe): Richard Manga Bell, Rudolf Duala Manga Bell, Bruno Muloby, August Manga Ndumbe Bell, Alexander Duala Manga Bell, Eduard Scheve, Titia Koni (Kony), Bertha Mbenge, Rudolf Nkom, Carl Steane.
Diakoniegemeinschaft Bethel e.V., Berlin

▸ Diakonissenheim Bethel in der Emdener Straße 15 in Berlin-Moabit. Hier wohnte der Baptistenprediger Eduard Scheve (1836–1909). Scheve hatte im Jahr 1890 die Missionsgesellschaft der deutschen Baptisten und ein Hilfskomitee für die Mission in Kamerun gegründet.
Postkarte von 1924

AFRIKA-HAUS
BERLIN
seit 1993
www.afrikahaus-berlin.de
Deutsches Kolonialhaus
KOLA
KWASSI BRUCE
„Die farbigen Angestellten des Deutschen Kolonialhauses", Berlin 1901. Die Bildmitte zeigt Kwassi Bruce (1893–1964) aus Togo. Er kam 1896 zur ersten Deutschen Kolonialausstellung nach Berlin, wurde als Pflegekind aufgenommen und später Pianist. Den Ersten Weltkrieg verbrachte er in Togo, danach unterhielt er in Deutschland eine eigene Musikkapelle. 1926 wurde Bruce preußischer Staatsbürger. Die Machtübernahme der Nationalsozialisten beendete seine Musikerkarriere. 1934 verfasste Bruce eine Schrift über die schwierige Lebens- und Arbeitssituation von Afrikanern in Berlin. Zwischen 1935 und 1939 arbeitete er bei der „Deutschen Afrika-Schau". Den Zweiten Weltkrieg überstand er in Togo. 1947 kehrte Bruce zurück und heiratete 1949 seine deutsche Lebensgefährtin. Doch heimisch fühlte er sich in Berlin nicht mehr. 1950 emigrierte Familie Bruce nach Paris.
AFRIKA-HAUS
BERLIN
seit 1993
Koloniale Straßennamen

Afrika-Haus Berlin
Bochumer Straße 25

◀ Der Leiter des Berliner Afrika-Hauses Oumar Diallo in der 2019 eröffneten Ausstellung „Berlin – ein postkolonialer Erinnerungsraum".
Das Gemälde in der Mitte soll Georg Adolf Christiani zeigen, dem die Ausstellung gewidmet ist, von dem aber kein authentisches Bild überliefert ist. Das Gemälde stammt von der namibischen Künstlerin Imke Rust. Georg Adolf Christiani war vermutlich der erste Afrikaner, der nachweislich in Berlin gelebt hat.
Foto: Joachim Zeller

Wer Georg Adolf Christiani war, wissen vermutlich nur wenige. Im Afrika-Haus in der Bochumer Straße im Stadtteil Moabit ist seit 2019 die Ausstellung „Berlin – ein postkolonialer Erinnerungsraum" zu sehen, die Georg Adolf Christiani gewidmet ist. Nach allem, was bisher bekannt ist, war er der erste Afrikaner, der nachweislich in Berlin gelebt hat. Mit dem Namen Ebnu kam er im Jahr 1678 nach Berlin und wurde 1681 in Spandau auf den Namen Georg Adolf Christiani getauft. Nicht auszuschließen ist, dass Ebnu aus dem heutigen Ghana stammte, wo 1683 die kurbrandenburgisch-preußische Stützpunktkolonie Großfriedrichsburg gegründet wurde. Damit sind auch die beiden zentralen Themen der Dauerausstellung benannt: die Geschichte der afrikanischen Diaspora in Berlin und des deutschen Kolonialismus.

Das Afrika-Haus ist ein interkulturelles Begegnungszentrum, in dem Vorträge, Seminare und Ausstellungen zur Geschichte, Politik, Literatur und Philosophie Afrikas und zu den afrikanisch-europäischen Beziehungen organisiert werden und Konzerte und Theateraufführungen stattfinden.

Träger des mittlerweile seit über 25 Jahren bestehenden Afrika-Hauses (www.afrikahaus-berlin.de) ist der gemeinnützige Verein Farafina e. V. Für seine Arbeit erhielt der Verein 2003 den Integrationspreis der Bezirksverordnetenversammlung Mitte und 2016 den Hauptstadtpreis für Integration und Toleranz. Der Name Farafina bedeutet in der Sprache der grenzüberschreitenden westafrikanischen Sprache Malinke „Afrika". Das Wort steht für die Gemeinschaft im Zusammenleben verschiedener Bevölkerungsgruppen. So versteht sich der Verein als Mittler zwischen Menschen unterschiedlicher Herkunft, Sprache und Kultur. Der Fokus des Afrika-Hauses richtet sich auf Integration, entwicklungspolitische und transkulturelle Bildungsarbeit. Farafina setzt sich besonders für ein *Empowerment* von Menschen mit afrikanischen Wurzeln, für Toleranz und gesellschaftliche Teilhabe ein und engagiert sich gegen jegliche Form von Rassismus und Fremdenfeindlichkeit.

Die im Jahr 2019 eröffnete Dauerausstellung zur deutschen Kolonialgeschichte ist nur eines der neuen Projekte des Afrika-Hauses. Mit besonderem Fokus auf der (post-)kolonialen Metropole Berlin spannt die Ausstellung, die sich an ein breites Publikum richtet, auf großen Schautafeln einen Bogen über mehrere hundert Jahre. Den Beginn markieren die frühen deutschen Expansionsversuche nach Übersee. Dazu gehört die Statthalterschaft der Welser im heutigen Venezuela im Jahr 1528. Es folgt der erste kurbrandenburgisch-preußische Kolonisationsversuch, der Ende des 17. Jahrhunderts an der westafrikanischen Küste unternommen wurde. Über seine Kolonie Großfriedrichsburg beteiligte sich Brandenburg-Preußen nicht nur am Handel mit Gold und Elfenbein, sondern auch mit Sklaven. Rund 20 000 versklavte Menschen soll die Brandenburgisch-Africanische Compagnie nach Amerika verschifft haben. Der Schwerpunkt der Ausstellung liegt auf der Zeit der Überseeherrschaft des wilhelminischen Kaiserreichs (1884/85–1918/19). Sie will damit zeigen, dass das Deutsche Reich von 1871 durch seine expansive Politik nicht lediglich eine kontinentale Großmacht, sondern eine „Weltmacht" zu sein beanspruchte. Ein besonderes Anliegen der Ausstellung ist es, die kolonisierten Völker nicht einseitig als Opfer der kolonialen Fremdherrschaft von *Weißen* zu betrachten, sondern ebenso ihre Handlungsspielräume und ihren Widerstand hervorzuheben. Nicht zuletzt wird die Geschichte der afrikanischen Diaspora beleuchtet, die auch aufgrund des kolonialen Engagements des Deutschen Reiches entstand. Es folgt die Geschichte des Kolonialrevisionismus in den 1920er-/1930er-Jahren. Aktuelle Diskussionen und Initiativen etwa zur Umbenennung von Straßen mit kolonialen Namen, zur Repatriierung von menschlichen Gebeinen an die vormaligen Kolonien, zur Rückgabe von Objekten aus naturkundlichen Sammlungen bis hin zu der kontrovers geführten Debatte um die koloniale Raubkunst im Humboldt Forum in Berlin-Mitte runden die Präsentation ab.

Das schon lange zur Institution gewordene Afrika-Haus möchte seinen Beitrag dazu leisten, die Dekolonialisierung Berlins voranzubringen. Dazu gehört der Standpunkt, dass eine Dekolonialisierung, die den Namen verdient, neben den politischen und sozialökonomischen Prozessen auch Wissensarchive und Mentalitäten umfasst, um nicht zuletzt den „kolonialen Blick" auf Afrika zu überwinden. Erreicht werden kann dies nur durch ein dialogisches Erzählen, eine inklusive Geschichtsschreibung und eine integrativ geprägte Erinnerungskultur, die die Stimmen der Opfer und Täter und ihrer Nachfahren, von *Weißen* und *Schwarzen*, einschließt. Die Aufarbeitung der kolonialen Vergangenheit bietet nicht zuletzt Anlass, über das Selbstverständnis der bundesdeutschen Gesellschaft als Migrationsgesellschaft nachzudenken. Die Widerstände dagegen sind allenthalben wahrzunehmen, vor allem vonseiten rechtspopulistischer bzw. rechtsextremistischer Kräfte, die einen regelrechten Kulturkampf gegen eine weltoffene, liberale Gesellschaft führen.

Das Afrika-Haus in der Bochumer Straße versteht sich als postkolonialer Gegenentwurf zu dem Afrika-Haus der Deutschen Kolonialgesellschaft, einst *der* kolonialpropagandistische Lobbyverband im Deutschen Reich (▸ S. 156 ff.). Um die Herausforderungen unserer globalisierten Welt anzunehmen, hält es die Leitung des Afrika-Hauses mit dem Motto, das Johann Wolfgang von Goethe in einem

Briefwechsel mit Friedrich Schiller einst treffend formulierte: „Jeden Tag erwarte ich einen Weltbürger in meinem Hause, den ich doch gerne empfangen möchte." Goethe erwartete die Weltbürger in seinem Haus in Weimar, der Verein Farafina empfängt sie im Afrika-Haus in Berlin-Moabit.

♦ Literatur: Diallo: Das Afrika-Haus – Afrika Mitte(n) in Berlin.

▲ Das Jahrbuch zum 25. Jubiläum des Afrika-Hauses Berlin.

▶ Princesse Marilyn Duala Bell aus Kamerun mit Oumar Diallo, dem Leiter des Afrika-Hauses in Berlin-Moabit, 30. Mai 2022. Die Ausstellungstafel zeigt ein Pressefoto vom Besuch der Duala-Delegation 1902 in Berlin. Princesse Bell hielt sich in Deutschland auf, um der von ihr mitinitiierten Kampagne zur Rehabilitierung von Rudolf Douala Manga Bell Nachdruck zu verleihen. Ihr Urgroßvater war im August 1914 in Douala von der deutschen Kolonialmacht wegen „Hochverrat" hingerichtet worden. Kürzlich reichte sie eine Petition ein, die die deutsche Bundesregierung auffordert, die Hinrichtung von Rudolf Duala Manga Bell und seinem Mitstreiter Ngoso Din als Justizmord anzuerkennen. | *Foto: Joachim Zeller*

▲ Oumar Diallo vor dem frisch sanierten Afrika-Haus in Berlin-Moabit, April 2021.
Foto: Joachim Zeller

Dr. med. M. Helmy
Facharzt für innere Krankheiten
Facharzt für Nieren und Blasenleiden

Exkurs: Mohamed Helmy

Wohnhaus in der Krefelder Straße 7

◀ Dr. Mohamed Helmy (rechts) mit Freunden vor seiner Praxis in der Kastanienallee 26. *AdsD/Friedrich Ebert-Stiftung*

Die Lebensgeschichte von Mohamed Helmy hat nichts mit der kolonialen Geschichte im engeren Sinne zu tun. Gleichwohl handelt es sich bei ihm um einen herausragenden Vertreter der afrikanischen Diaspora jener Zeit, weshalb er hier gewürdigt werden soll. Mohamed Helmy (auch Mod Helmy genannt) wurde 1901 in Khartoum geboren, wo sein Vater als Besatzungsoffizier der britisch-ägyptischen Armee im heutigen Sudan stationiert war. Die Familie zog später wieder nach Kairo.

Nach Abschluss des Gymnasiums ging der ägyptische Student 1922 nach Berlin, um an der Friedrich-Wilhelms-Universität Medizin zu studieren. Die Weimarer Republik erkannte die Unabhängigkeit Ägyptens an und nahm diplomatische Beziehungen zu Kairo auf. 1925 folgten etwa 400 Ägypter:innen der Einladung, in Deutschland zu studieren, 150 von ihnen in Berlin. 1929 legte Mod Helmy sein Staatsexamen ab. Er arbeitete zunächst als Praktikant, dann als Assistenzarzt am Städtischen Krankenhaus in Moabit. Dort waren 70 Prozent der Ärzteschaft jüdisch. Nach der Machtübernahme der Nationalsozialistenwurden 30 der 47 jüdischen Ärzt:innen entlassen. Die meisten freigewordenen Stellen besetzte man mit Nazis, doch auch Helmy erhielt eine dieser nun „freien" Stellen und arbeitete sowohl in der Inneren Abteilung als auch in der Urologie. 1937 promovierte er als Facharzt für Innere Medizin. Mit seiner fachlichen und politischen Meinung hielt Helmy nicht hinterm Berg, weshalb seine Kolleg:innen ihn loswerden wollten. Er musste sich rassistische Beschimpfungen anhören und wurde schließlich entlassen.

Fortan behandelte er seine Patient:innen in seiner Wohnung in der Krefelder Straße 7, darunter auch untergetauchte Jüdinnen und Juden. Anders als Juden waren Araber zwar keiner Verfolgung ausgesetzt, aber auch für sie galt das Verbot, „arische" Deutsche zu heiraten. Im Oktober 1939 wurde Helmy gemeinsam mit weiteren ägyptischen Landsleuten für einige Monate interniert. Ägypten unterstand zu der Zeit faktisch britischem Protektorat, und die Nationalsozialisten wollten die Ägypter als Faustpfand für einen Gefangenenaustausch mit Großbritannien benutzen. Da das NS-Regime gleichzeitig an guten Beziehungen zur arabischen Welt interessiert war, setzte man die Ägypter Anfang Mai 1940 wieder auf freien Fuß. Helmy musste sich nun regelmäßig bei der Gestapo melden. Er praktizierte weiter in seiner Wohnung und spielte den nazifreundlichen Moslem. Von 1942 bis Kriegsende musste er die Praxis eines einberufenen Arztes übernehmen. Dort nahm Helmy ein 17-jähriges rumänisch-jüdisches Mädchen auf. Anna Boros sollte als rumänische Staatsbürgerin in ihr Herkunftsland deportiert werden. Helmy gab Anna Boros als Muslima aus und beschäftigte sie in seiner Praxis als Arzthelferin. Ihre Mutter, Julie Wehr, war durch ihre Heirat mit einem nicht-jüdischen Deutschen vorerst vor der Deportation geschützt. Mehrmals brachte Helmy Anna Boros in dieser Zeit bei Gefahr zu Bekannten. Ab dem Winter 1943 ließ er sie in seiner Laube in Berlin-Buch wohnen. Der Arzt half auch Annas Mutter, ihrem Stiefvater Georg Wehr und ihrer Großmutter Cecilie Rudnik. Für die Großmutter fand er eine Unterkunft in der Wohnung von Frida Szturmann. Mit Helmys Hilfe überlebte die ganze Familie die Verfolgung durch die Nazis.

1945 heiratete Helmy seine langjährige Verlobte Emmy Anna Auguste Ernst. Er praktizierte bis zu seinem Lebensende als niedergelassener Kassenarzt in Berlin. Lange kämpfte er darum, als Opfer der nationalsozialistischen Verfolgung anerkannt zu werden. Mohammed Helmy starb 1982 im Alter von 80 Jahren. 2013 ehrte ihn die israelische Gedenkstätte Yad Vashem posthum – als bislang einzigen Ägypter unter etwa 70 Muslimen – mit der Auszeichnung „Gerechter unter den Völkern", weil er eine jüdische Familie gerettet hatte. An seinem ehemaligen Wohnhaus in der Krefelder Straße 7 in Moabit hängt seit 2014 ihm zu Ehren eine Gedenktafel.

♦ Literatur: Avidan: Mod Helmy; Steinke: Der Muslim und die Jüdin.

▲ Gedenktafel für Mohamed (Mod) Helmy in der Krefelder Straße 7 in Moabit.
Foto: Oumar Diallo

Literatur

AfricAvenir International e. V.: No Humboldt 21! Dekoloniale Einwände gegen das Humboldt-Forum, Berlin 2017.

Aikins, Joshua Kwesi/Hoppe, Rosa: Straßennamen als Wegweiser für eine postkoloniale Erinnerung in Deutschland, in: Susan Arndt/Nadja Ofuatey-Alazard (Hrsg.): Wie Rassismus aus Wörtern spricht. (K)Erben des Kolonialismus im Wissensarchiv deutscher Sprache. Ein kritisches Nachschlagewerk, Münster 2011, S. 521–538.

Aitken, Robbie: Black Germany. Zur Entstehung einer Schwarzen Community in Deutschland, in: Aus Politik und Zeitgeschichte 72 (2022) 12, 21. 3. 2022, S. 4–10.

– /Rosenhaft, Eve: Black Germany. The Making and Unmaking of a Diaspora Community, 1884–1960, Cambridge/New York 2013.

Anonymous: Entwürfe für ein Kolonialdenkmal in Berlin, in: Daheim, 20. 6. 1914, S. 2 f.

Arndt, Susan/Ofuatey-Alazard, Nadja (Hrsg.): Wie Rassismus aus Wörtern spricht. (K)Erben des Kolonialismus im Wissensarchiv deutscher Sprache. Ein kritisches Nachschlagewerk, Münster 2011.

Assilkinga, Mikaél u. a.: Atlas der Abwesenheit: Kameruns Kulturerbe in Deutschland, Heidelberg 2023, https://books.ub.uni-heidelberg.de/arthistoricum/catalog/book/1219.

Auma, Maisha M./Fofana, Kamady/Golly, Nadine/Babyesiza, Akiiki: Was weiß denn ich? Erziehung Bildung und Bildungsinstitutionen in antikolonialer Kritik. Drei Gutachten im Auftrag von Decolonize Berlin e. V., 2022, decolonize-berlin.de/wp-content/uploads/2022/06/Was-weiss-denn-ich_web_Decolonize_Berlin.pdf.

Avidan, Igal: Mod Helmy. Wie ein arabischer Arzt in Berlin Juden vor der Gestapo rettete, München 2017.

Bauche, Manuela: Robert Koch, die Schlafkrankheit und Menschenexperimente im kolonialen Ostafrika, https://www.freiburg-postkolonial.de/Seiten/robertkoch.htm (2006).

Bauche, Manuela/Lerp, Dörte/Lewerenz, Susann/Muschalek, Marie/Weber, Kristin: Das Beispiel des Deutschen Historischen Museums: Erinnern und Vergessen, in: Denise Bergold-Caldwell u. a. (Hrsg.): Spiegelblicke: Perspektiven schwarzer Bewegung in Deutschland, Berlin 2015, S. 157–159.

Bayer, Natalie/Terkessidis, Mark (Hrsg.): Die postkoloniale Stadt lesen. Historische Erkundungen in Friedrichshain-Kreuzberg, Berlin 2022.

Bechhaus-Gerst, Marianne: Treu bis in den Tod. Von Deutsch-Ostafrika nach Sachsenhausen – Eine Lebensgeschichte, Berlin 2007.

– /Zeller, Joachim (Hrsg.): Deutschland postkolonial? Die Gegenwart der imperialen Vergangenheit, 2. aktualisierte u. erweiterte Aufl., Berlin 2021.

Berger, Ursel/Wanken, Christiane (Hrsg.): Wilde Welten. Aneignung des Fremden in der Moderne, Berlin 2010 (Katalog, Georg-Kolbe-Museum Berlin).

Bernhard, Andreas: Das Ermelerhaus – Ein verlorenes kulturhistorisches Museum, in: Jahrbuch Stiftung Stadtmuseum Berlin, Bd. VIII, 2002, Berlin 2003, S. 143–181.

Berlin als postkoloniale Stadt kartieren. Die Ergebnisse eines studentischen Projektseminars im Master „Historische Urbanistik" am Center for Metropolitan Studies, Technische Universität Berlin, www.arcgis.com/apps/MapSeries/index.html?appid=9fb2779479e44fe3918089636970029d.

Berliner Entwicklungspolitischer Ratschlag (Hrsg.) in Kooperation mit der Initiative Schwarze Menschen in Deutschland (ISD-Bund) und Berlin Postkolonial: Stadt neu lesen. Dossier zu kolonialen und rassistischen Straßennamen in Berlin, Berlin 2016.

Besser, Stephan: Die hygienische Eroberung Afrikas, in: Alexander Honold/Klaus R. Scherpe (Hrsg.): Mit Deutschland um die Welt. Eine Kulturgeschichte des Fremden in der Kolonialzeit, Stuttgart/Weimar 2004, S. 217–225.

Bezirksamt Mitte von Berlin / Mitte Museum (eds.): Dekoloniale Stimmen in Berlin. Ansichten, Schicksale und neue Realitäten, Berlin 1904–62, Berlin 2022.

Bezirksamt Steglitz-Zehlendorf von Berlin, Amt für Weiterbildung und Kultur, Fachbereich Kultur (Hrsg.), Spuren des Kolonialismus. Der private Nach lass des Wandervogels Karl Fischer, Katalog zur gleichnamigen Ausstellung in der Schwartzschen Villa, Galerie, 3. 12. 2021–15. 5. 2022, Berlin 2021.

Blanchard, Pascal/Boëtsch, Gilles/Snoep, Nanette Jacomijn (Hrsg.): Human Zoos. The Invention oft he Savage, Musée du Quai Branly, Paris 2011.

Bommarius, Christian: Der gute Deutsche. Die Ermordung Manga Bells in Kamerun 1914, Berlin 2015.

Brändle, Rea: Nayo Bruce Geschichte einer afrikanischen Familie in Europa, Zürich 2007.

Bresky, Stefan u. a. (Hrsg.): Deutscher Kolonialismus, Begleitheft zur Dauerausstellung, Deutsches Historisches Museum, Berlin 2019.

Brusius, Mirjam: Dekolonisiert die Museumsinsel! Museumsnarrative, Rassentheorie und Chancen einer viel zu stillen Debatte, in: Thomas Sandkühler u. a. (Hrsg.): Geschichtskultur durch Restitution? Ein Kunst-Historikerstreit, Köln 2021, S. 126–144.

Brücke-Museum/Stiftung Deutsches Technikmuseum Berlin/Stiftung Stadtmuseum Berlin/Daniela Bystron/Anne Fäser (Hrsg.): Das Museum dekolonisieren? Kolonialität und museale Praxis in Berlin, Bielefeld 2022, https://www.stadtmuseum.de/sites/default/files/transcriptverlag_das museumdekolonisieren.pdf.

Canis, Konrad: Bismarck als Kolonialpolitiker, in: Ulrich van der Heyden/Joachim Zeller (Hrsg.): Kolonialmetropole Berlin. Eine Spurensuche, Berlin 2002, S. 23–28.

– Bismarcks Außenpolitik 1870 bis 1890, Paderborn 2004.

Carpus (Hrsg.): Kolonialrassismus und Widerstand. Globales (Geschichts-)Lernen in Berlin, Dresden, Leipzig und Potsdam. Eine Publikation in Kooperation mit der Initiative Schwarze Menschen in Deutschland, Berlin Postkolonial, Leipzig Postkolonial, Dresden Postkolonial sowie der Schwarzen Diaspora Hochschulgruppe Uni Potsdam, Cottbus 2017.

Caspar, Helmut: „Durch Gottes Führung“. Koloniale Münzen und Medaillen der Hohenzollern, in: Ulrich van der Heyden/Joachim Zeller (Hrsg.): „… Macht und Anteil an der Weltherrschaft“, Berlin und der deutsche Kolonialismus, Münster 2005, S. 69–74.

Chichester, K. Lee/Zimmer, Nina (Hrsg.): August Gaul: Moderne Tiere, Ausst.-Kat., Kunstmuseum Bern, München 2021.

Chihying, Musquiqui/Kasper, Gregor: „Café Togo“. Wenn aktivistische und künstlerische Praxis sich im Film begegnen, in: iz3w. informationszentrum 3. welt, Nr. 376 (Januar/Februar 2020), S. 20–21.

Creutz, Ulrich: Lebendabgüsse aus Deutsch-Neuguinea, in: Ulrich van der Heyden/Joachim Zeller (Hrsg.): Kolonialmetropole Berlin. Eine Spurensuche, Berlin 2002, S. 283–287.

Diallo, Oumar: Das Afrika-Haus – Afrika Mitte(n) in Berlin, in: ders./Joachim Zeller (Hrsg.): Black Berlin. Die deutsche Metropole und ihre afrikanische Diaspora in Geschichte und Gegenwart, 2. überarbeitete Aufl., Berlin 2014, S. 183–185.

– /Zeller, Joachim (Hrsg.): Black Berlin. Die deutsche Metropole und ihre afrikanische Diaspora in Geschichte und Gegenwart, 2. überarbeitete Aufl., Berlin 2014.

Dinkel, Jürgen: „Mecca of Oriental patriots“. Antikolonialismus in Deutschland 1900 bis 1960, in: Christoph Cornelißen/Dirk van Laak (Hrsg.): Weimar und die Welt. Globale Verflechtungen der ersten deutschen Republik, Bonn 2021, S. 53–88.

Dolezalek, Isabella/Savoy, Bénédicte/Skwirblies, Robert (Hrsg.): Beute. Eine Anthologie zu Kunstraub und Kulturerbe, Berlin 2021.

Ebert, Marlies: Die Geschichte der Familie und Tabakfirma Ermeler. Bürgerliches und unternehmerisches Leben und Wirken im Berlin des 19. Jahrhunderts, in: Jahrbuch Stiftung Stadtmuseum Berlin, Bd. VIII, 2002, Berlin 2003, S. 105–142.

Eckart, Wolfgang U.: Ein Bakteriologe für die Kolonien, in: Ulrich van der Heyden/Joachim Zeller (Hrsg.): Kolonialmetropole Berlin. Eine Spurensuche, Berlin 2002, S. 102–107.

– Medizin und Kolonialimperialismus. Deutschland 1884–1945, Paderborn 1997.

Edenheiser, Iris/Förster, Larissa (Hrsg.): Museumsethnologie. Eine Einführung. Theorien – Debatten – Praktiken, Berlin 2019.

Essner, Cornelia: Berlins Völkerkunde-Museum in der Kolonialära. Anmerkungen zum Verhältnis von Ethnologie und Kolonialismus in Deutschland, in: Berlin in Geschichte und Gegenwart. Jahrbuch des Landesarchivs Berlin (1986), S. 65–94.

Eyoum, Jean-Pierre Félix/Michels, Stefanie/Zeller, Joachim (Hrsg.): Duala und Deutschland – verflochtene Geschichte. Die Familie Manga Bell und koloniale Beutekunst: Der Tangue der Bele Bele/Douala et l'Allemagne: une histoire croisée. La famille Manga Bell et l'œuvre d'art colonial pillé: Le «Tangué» des Bele Bele, Köln 2011.

Falentin, Dominique/Militz, Marlene: Plakatguerilla, 2013, in: Lagatz Merten/Bénédicte Savoy/Philippa Sissis (Hrsg.): Beute. Ein Bildatlas zu Kunstraub und Kulturerbe, Berlin 2021, S. 278–281.

Förster, Stig/Mommsen, Wolfgang J./Robinson, Ronald (Hrsg.): Bismarck, Europe, and Africa. The Berlin Africa Conference 1884–1885 and the Onset of Partition, Oxford u. a. 1988.

Friederici, Angelika: Castan's Panopticum. Ein Medium wird besichtigt, 35 Themenhefte, Berlin 2008–2020, www.castans-panopticum.de.

– Castan's Panopticum. A divertissement halfway optical impressions and visual cliché, in: Pascal Blanchard/Gilles Boëtsch/Nanette Jacomijn Snoep (Hrsg.): Human Zoos. The Invention oft he Savage, Musée du Quai Branly, Paris 2011, S. 98 f.

Friedrichs, Jan-Henrik/Jana, Katja: „Dass die Akademie Themen aufgreift und dann den Aktivismus links liegen lässt …" Gespräch mit Manuela Bauche von Kolonialismus im Kasten? und Christian Kopp von Berlin Postkolonial, in: WerkstattGeschichte 75 (2017), S. 71–81.

Fuhrmann, Malte: Der Traum vom deutschen Orient. Zwei deutsche Kolonien im Osmanischen Reich 1851–1918, Frankfurt a. M./New York 2006.

Füllenbach, Magdalena Tonia: Satire als Widerspruch: Das Kolonialdenkmal in der Karikatur des deutschen Kaiserreichs, in: dies./Michael Münnich/Johanna Spanke (Hrsg.): Widerspruchs-Kulturen. Medien, Praktiken und Räume des Widersprechens, Berlin 2023, S. 37–56.

Geary, Christraud: Bamum und Tikar. Inspiration und Innovation, in: Lorenz Homberger (Hrsg.): Kamerun. Kunst der Könige, Museum Rietberg, Zürich 2008, S. 23–67.

General-Akte der Berliner Konferenz vom 26. Februar 1885, in: Stenographische Berichte. Verhandlungen des Reichstags. 6. Legislaturperiode –

I. Session 1884/85, Berlin, S. 1664–1670, http://www.reichstagsprotokolle.de/Blatt3_k6_bsb00018455_00332.html.

Generaldirektion der Stiftung Preußische Schlösser und Gärten Berlin-Brandenburg (Hrsg.), Schlösser. Preußen. Kolonial. Orte, Biografien und Sammlungen, Dresden 2023.

Gerbing, Stefan: Afrodeutscher Aktivismus. Interventionen von Kolonisierten am Wendepunkt der Dekolonisierung Deutschlands 1919, Frankfurt a. M. 2010.

– „Freier Mensch" oder „deutscher Afrikaner"? Politische Interventionen zwischen Novemberrevolution und Weimarer Republik, in: Oumar Diallo/Joachim Zeller (Hrsg.): Black Berlin. Die deutsche Metropole und ihre afrikanische Diaspora in Geschichte und Gegenwart, 2. überarbeitete Aufl., Berlin 2014, S. 112–123.

Gottschlich, Jürgen/Zaptcioglu-Gottschlich, Dilek: Die Schatzjäger des Kaisers. Deutsche Archäologen auf Beutezug im Orient, Berlin 2021.

Green, Jeffrey/Lotz, Rainer E.: Von Bernburg in Anhalt nach Basoko im Kongo. William Hoffman, ein unbedeutender Imperialist, in: Ulrich van der Heyden/Joachim Zeller (Hrsg.): Kolonialismus hierzulande. Eine Spurensuche in Deutschland, Erfurt 2007, S. 215–219.

Gründer, Horst: Der „Wettlauf" um Afrika und die Berliner Westafrika-Konferenz 1884/85, in: Ulrich van der Heyden/Joachim Zeller (Hrsg.): Kolonialmetropole Berlin. Eine Spurensuche, Berlin 2002, S. 19–23.

Grosse, Pascal: Die Deutschen Kolonialkongresse in Berlin 1902, 1905 und 1910, in: Ulrich van der Heyden/Joachim Zeller (Hrsg.): „… Macht und Anteil an der Weltherrschaft". Berlin und der deutsche Kolonialismus, Münster 2005, S. 94–100.

Henrichsen, Dag: Cape Cross? Afrikanische Ortsgeschichte_n, in: Historische Urteilskraft. Magazin des Deutschen Historischen Museums (2019) 1, S. 86–90.

Heyden, Ulrich van der: Auf Afrikas Spuren in Berlin. Die Mohrenstraße und andere koloniale Erblasten, Berlin 2008.

– (Hrsg.): Unbekannte Biographien: Afrikaner im deutschsprachigen Raum vom 18. Jahrhundert bis zu Ende des Zweiten Weltkrieges, Berlin 2008.

– Die Berliner Mohrenstraße und die Ignoranz geisteswissenschaftlicher Forschung – Versuch einer geschichts- und politikwissenschaftlichen Analyse, in: Jahrbuch für Europäische Überseegeschichte 20 (2020), S. 247–266.
– /Zeller, Joachim (Hrsg.): Kolonialmetropole Berlin. Eine Spurensuche, Berlin 2002.
– /Zeller, Joachim (Hrsg.): „… Macht und Anteil an der Weltherrschaft". Berlin und der deutsche Kolonialismus, Münster 2005.
– /Zeller, Joachim (Hrsg.): Kolonialismus hierzulande. Eine Spurensuche in Deutschland, Erfurt 2007.

Heumann, Ina/Stoecker, Holger/Tamborini, Marco/Vennen, Mareike: Dinosaurierfragmente. Zur Geschichte der Tendaguru-Expedition und ihrer Objekte 1906–2018, Göttingen 2018.

Hillebrecht, Werner: Alles nicht so einfach, in: Afrika Süd. Zeitschrift zum südlichen Afrika (2019) 5, S. 36–38.

Hinrichsen, Malte/Hund, Wulf D.: Metamorphosen des ‚Mohren'. Rassistische Sprache und historischer Wandel, in: Gudrun Hentges u. a. (Hrsg.): Sprache – Macht – Rassismus, Berlin 2014, S. 69–96.

Honold, Alexander: Afrikanisches Viertel. Straßennamen als kolonialer Gedächtnisraum, in: Birthe Kundrus (Hrsg.): Phantasiereiche. Zur Kulturgeschichte des deutschen Kolonialismus, Frankfurt a. M. 2003, S. 305–321.
– /Scherpe, Klaus R. (Hrsg.): Mit Deutschland um die Welt. Eine Kulturgeschichte des Fremden in der Kolonialzeit, Stuttgart/Weimar 2004.

Hopmann, Suy Lan/Siegenthaler, Fiona (Hrsg.): Hey! Kennst Du Rudolf Duala Manga Bell?, MARKK, Museum am Rothenbaum Hamburg, Hamburg 2021 (Ausstellungskatalog).

Humboldt, Alexander: Kosmos. Entwurf einer physischen Weltbeschreibung, ediert und mit einem Nachwort versehen von Ottmar Ette und Oliver Lubrich, Berlin 2014.

Jokinen, Hannimari/Manase, Flower/Zeller, Joachim (Hrsg.): Stand und Fall. Das Wissmann-Denkmal zwischen kolonialer Weihestätte und postkolonialer Dekonstruktion, Berlin 2022.

Kasch, Georg: Berlin, Ecke Afrika, in: Zitty (2014) 24, S. 66 f.

Kirschnick, Sylke: Koloniale Szenarien in Zirkus, Panoptikum und Lunapark, in: Ulrich van der Heyden/Joachim Zeller (Hrsg.): „… Macht und Anteil an der Weltherrschaft“. Berlin und der deutsche Kolonialismus, Münster 2005, S. 171–176.

Klös, Ursula: Völkerschauen im Zoo Berlin zwischen 1878 und 1952, in: Bongo (Berlin) (2000) 30, S. 33–82.

Kopp, Christian/Krohn, Marius: Blues in Schwarz-Weiß. Berlins Black Community im Widerstand gegen kolonialrassistische Straßennamen, in: Oumar Diallo/Joachim Zeller (Hrsg.): Black Berlin. Die deutsche Metropole und ihre afrikanische Diaspora in Geschichte und Gegenwart, 2. überarbeitete Aufl., Berlin 2014, S. 219–231.

Lauré al-Samarai, Nicola/Berlin Postkolonial: Grenzgänger*innen. Schwarze und osmanische Präsenz in der Metropole Berlin um 1700, 2 Bde., Berlin 2019.

Lerp, Dörte/Lewerenz, Susann: Getrennte Geschichten. Der Kolonialismus im Deutschen Historischen Museum, in: Wolfgang Geiger/Henning Melber (Hrsg.): Kritik des deutschen Kolonialismus. Postkoloniale Sicht auf Erinnerung und Geschichtsvermittlung, Frankfurt a. M. 2021, S. 155–162.

Lindner, Urs: Afrodeutscher Aktivismus. Mdachi bin Sharifu spricht im Erfurter Kaisersaal über „Unsere koloniale Vergangenheit“, https://decolonizeerfurt.wordpress.com/afrodeutscher-aktivismus/.

Martin, Peter/Alonzo, Christine (Hrsg.): Zwischen Charleston und Stechschritt. Schwarze im Nationalsozialismus, München 2004.

– Die „Liga gegen koloniale Unterdrückung“, in: Ulrich van der Heyden/Joachim Zeller (Hrsg.): „… Macht und Anteil an der Weltherrschaft“. Berlin und der deutsche Kolonialismus, Münster 2005, S. 261–269.

Maier-Wolthausen, Clemens: Hauptstadt der Tiere. Die Geschichte des ältesten deutschen Zoos, Berlin 2019.

Melber, Henning: „… dass die Kultur der Neger gehoben werde!“ Kolonialdebatten im deutschen Reichstag, in: Ulrich van der Heyden/Joachim Zeller (Hrsg.): Kolonialmetropole Berlin. Eine Spurensuche, Berlin 2002, S. 67–72.

Merten, Lagatz/Savoy, Bénédicte/Sissis, Philippa (Hrsg.): Beute. Ein Bildatlas zu Kunstraub und Kulturerbe, Berlin 2021.

Metzler, Gabriele: Kolonialismus muss aufgearbeitet werden. Für eine neue Berliner Universitätsgeschichte, in: Der Tagesspiegel 15. 9. 2020, www.tagesspiegel.de/wissen/kolonialismus-muss-aufgearbeitet-werden-fuer-eine-neue-berliner-universitaetsgeschichte/26186498.html.

Njoya, Njiassé Aboubakar: The Mandu Yienu in the Museum für Völkerkunde Berlin, in: Baessler-Archiv 1994, Neue Folge, 42, S. 1–24.

Njoya, Idrissou: Die Geschichte der Abwesenheit des Mandú-yénú in: No Humboldt 21! Dekoloniale Einwände gegen das Humboldt-Forum, AfricAvenir International e. V., Berlin 2017, S. 64–71.

Oberhofer, Michaela: Die Wiederentdeckung und Reinterpretation einer verloren geglaubten Afrika-Sammlung aus Bamum (Kamerun), in: Mitteilungen der Berliner Gesellschaft für Anthropologie, Ethnologie und Urgeschichte, Bd. 31 (2010), S. 73–88.

Oguntoye, Katharina/Ayim, May-Opitz/Schultz, Dagmar: Farbe bekennen. Afro-deutsche Frauen auf den Spuren ihrer Geschichte, Berlin 1986 (3. Aufl. 2006).

Overhoff, Jürgen: Preußens verborgene Sklaven, in: Die Zeit, 20. 8. 2020.

Paulmann, Johannes (Hrsg.): Deutscher Kolonialismus und Natur vom Kaiserreich bis zur Bundesrepublik, Themenheft der Zeitschrift für Geschichtswissenschaft 56 (2008) 6.

Pogge von Strandmann, Hartmut: Imperialismus vom Grünen Tisch. Deutsche Kolonialpolitik zwischen wirtschaftlicher Ausbeutung und „zivilisatorischen" Bemühungen, Berlin 2009.

Rahemipour, Patricia (Hrsg.): Bipindi – Berlin. Ein wissenschaftshistorischer und künstlerischer Beitrag zur Kolonialgeschichte des Sammelns, Text von Katja Kaiser, Fotografische Perspektive von Yana Wernicke und Jonas Feige, Botanischer Garten und Botanisches Museum Berlin, Berlin 2018.

Reed-Anderson, Paulette: Rewriting the Footnotes. Berlin und die afrikanische Diaspora, hrsg. von der Ausländerbeauftragten des Senats von Berlin, Berlin 2000.

– Menschen, Orte, Themen. Zur Geschichte und Kultur der Afrikanischen Diaspora in Berlin, hrsg. von Joliba Interkulturelles Netzwerk in Berlin e. V., Berlin 2013.

Reisinger, Silke/Radnoth, Corry Szantho von: Tropenhelm und Pickelhaube. Auf kolonialen Spuren durch Berlin, hrsg. vom Bildungswerk Berlin der Heinrich-Böll-Stiftung, Berlin 2006 (Broschüre).

Reyels, Lili/Ivanov, Paola/Weber-Sinn, Kristin (Hrsg.): Humboldt Lab Tanzania. Objekte aus den Kolonialkriegen im Ethnologischen Museum, Berlin – Ein tansanisch-deutscher Dialog, Berlin 2018.

Roller, Kathrin: „Wir sind Deutsche, wir sind Weiße und wollen Weiße bleiben". Reichstagsdebatten über koloniale „Rassenmischung", in: Ulrich van der Heyden/Joachim Zeller (Hrsg.): Kolonialmetropole Berlin. Eine Spurensuche, Berlin 2002, S. 73–79.

Rosenhaft, Eve/Aitken, Robbie: Martin Dibobe, in: Ulrich van der Heyden (Hrsg.): Unbekannte Biographien: Afrikaner im deutschsprachigen Raum vom 18. Jahrhundert bis zu Ende des Zweiten Weltkrieges, Berlin 2008, S. 162–172.

Savoy, Bénédicte: Nofretete. Eine Deutsch-französische Affäre 1912–1931, Köln/Weimar/Wien 2011.

– Afrikas Kampf um seine Kunst. Geschichte einer postkolonialen Niederlage, München 2021.

Schlögl, Hermann A.: Nofretete. Die Wahrheit über die schöne Königin, München 2012.

Schmidt, Dierk: The Division of the Earth. Tableaux on the Legal Synopses of the Berlin Africa Conference, edited by Lotte Arndt/Clemens Krümmel/ Dierk Schmidt/Hemma Schmutz/Diethelm Stoller/Ulf Wuggenig, Köln 2010.

Schneider, Gerhard: Das Deutsche Kolonialmuseum Berlin und seine Bedeutung im Rahmen der preußischen Schulreform um die Jahrhundertwende, in: Die Zukunft beginnt in der Vergangenheit: Museumsgeschichte und Geschichtsmuseum, hrsg. vom Historischen Museum der Stadt Frankfurt am Main, Gießen 1982, S. 155–199.

Schneidewind, Ernst: Glossen zum Wettbewerb um das Kolonialkrieger-Denkmal oder die neueste Berliner Denkmals-Katastrophe, in: Die Kunstwelt 3 (Juli 1914) 19–20, S. 653–664.

Schulte-Varendorff, Uwe: Kolonialheld für Kaiser und Führer. General Lettow-Vorbeck – Mythos und Wirklichkeit, Berlin 2006.

Simons, Oliver: Der Raub der Nofretete, in: Ulrich van der Heyden/Joachim Zeller (Hrsg.): „… Macht und Anteil an der Weltherrschaft“. Berlin und der deutsche Kolonialismus, Münster 2005, S. 191–196.

Sippel, Harald: Die Kolonialabteilung des Auswärtigen Amtes und das Reichskolonialamt, in: Ulrich van der Heyden/Joachim Zeller (Hrsg.): Kolonialmetropole Berlin. Eine Spurensuche, Berlin 2002, S. 29–32.

Sprute, Sebastian-Manès: Gaben tauscht man auf Augenhöhe aus? 1905/06, in: Lagatz Merten/Bénédicte Savoy/Philippa Sissis (Hrsg.): Beute. Ein Bildatlas zu Kunstraub und Kulturerbe, Berlin 2021, S. 186–189.

Steinke, Ronen: Der Muslim und die Jüdin. Die Geschichte einer Rettung in Berlin, Berlin 2017.

Stoecker, Holger: Das Seminar für Orientalische Sprachen, in: Ulrich van der Heyden/Joachim Zeller (Hrsg.): Kolonialmetropole Berlin. Eine Spurensuche, Berlin 2002, S. 115–122.

– Afrikawissenschaften in Berlin von 1919 bis 1945. Zur Geschichte und Topographie eines wissenschaftlichen Netzwerkes, Stuttgart 2008.

– /Schnalke, Thomas/Winkelmann, Andreas (Hrsg.): Sammeln, Erforschen, Zurückgeben? Menschliche Gebeine aus der Kolonialzeit in akademischen und musealen Sammlungen, Berlin 2013.

– /Winkelmann, Andreas: Skulls and skeletons from Namibia in Berlin – Results of the Charité Human Remains Project, in: Human Remains & Violence 4 (2018) 2, S. 5–26, www.manchesteropenhive.com/view/journals/hrv/4/2/article-p5.xml.

Thewalt, Anna: Erinnerungskultur in Berlin. Die koloniale Vergangenheit sichtbar machen, in: Der Tagesspiegel, 16. 6. 2018, https://www.tagesspiegel.de/kultur/erinnerungskultur-in-berlin-die-koloniale-vergangenheit-sichtbar-machen/22688300.html.

Thode-Arora, Hilke: Völkerschauen in Berlin, in: Ulrich van der Heyden/Joachim Zeller (Hrsg.): Kolonialmetropole Berlin. Eine Spurensuche, Berlin 2002, S. 149–154.

Trümpler, Charlotte (Hrsg.): Das große Spiel. Archäologie und Politik zur Zeit des Kolonialismus (1860–1940), Köln 2008.

Trüper, Ursula: Das Afrikanische Viertel in Berlin-Wedding, in: Oumar Diallo/Joachim Zeller (Hrsg.): Black Berlin. Die deutsche Metropole und ihre afrikanische Diaspora in Geschichte und Gegenwart, 2. überarbeitete Aufl., Berlin 2014, S. 177–182.

Verdrängte Geschichte – Spuren kolonialer Vergangenheit in Neukölln. Eine Ausstellung des Mobilen Museums Neukölln, Kulturnetzwerk Neukölln e. V. u. a., 2010 (Faltblatt).

Voß, Susanne/Pilgrim, Cornelius von: Ludwig Borchardt und die deutschen Interessen am Nil, in: Charlotte Trümpler (Hrsg.): Das große Spiel. Archäologie und Politik zur Zeit des Kolonialismus (1860–1940), Köln 2008, S. 294–305.

Zeller, Joachim: Kolonialdenkmäler und Geschichtsbewußtsein. Eine Untersuchung der kolonialdeutschen Erinnerungskultur, Frankfurt a. M. 2000.

– „Stätte des deutschen kolonialen Wollens". Das Afrika-Haus der Deutschen Kolonialgesellschaft, in: Ulrich van der Heyden/Joachim Zeller (Hrsg.): Kolonialmetropole Berlin. Eine Spurensuche, Berlin 2002, S. 44–50.

– Das Deutsche Kolonialhaus in der Lützowstraße, in: Ulrich van der Heyden/Joachim Zeller (Hrsg.): Kolonialmetropole Berlin. Eine Spurensuche, Berlin 2002, S. 84–93.

– Das Ende der deutschen Kolonialgeschichte. Der Einzug Lettow-Vorbecks und seiner „Heldenschar" in Berlin, in: Ulrich van der Heyden/Joachim Zeller (Hrsg.): Kolonialmetropole Berlin. Eine Spurensuche, Berlin 2002, S. 228–232.

– Die Leiche im Keller. Eine Entdeckungsreise ins Innerste der Kolonialmetropole Berlin, in: Marianne Bechhaus-Gerst/Reinhard Klein-Arendt (Hrsg.): AfrikanerInnen in Deutschland und schwarze Deutsche – Geschichte und Gegenwart, Münster 2004, S. 89–108.

– „Dunkle Existenzen" in Berlin. Die Präsenz Schwarzer Menschen im Spiegel weißer Ikonographien, in: Marianne Bechhaus-Gerst/Sunna Gieseke (Hrsg.): Koloniale und postkoloniale Konstruktionen von Afrika und Menschen afrikanischer Herkunft in der deutschen Alltagskultur, Frankfurt a. M. 2006, S. 413–441.

– Frühe Kolonialkritik, in: afrika süd. Zeitschrift zum südlichen Afrika (Mai/Juni 2006), S. 35–37.

– Germany: The Latecomer, in: Robert Aldrich (Hrsg.): The Age of Empires, London 2007, S. 238–253.
– Berlin (post-)kolonial. Die deutsche Hauptstadt und ihre Vergangenheit als ehemalige Kolonialmetropole/(Post-)Colonial Berlin. The German Capital as a Former Metropolis of Colonial Power, in: Udo Kittelmann/Chika Okeke-Agulu/Britta Schmitz (Hrsg./eds.): Who Knows Tomorrow, Staatliche Museen zu Berlin, Nationalgalerie, Köln 2010, S. 241–252 und S. 569–579.
– Kunst und Kolonialismus. Das Afrikabild des Bildhauers Fritz Behn, in: Jahrbuch für Europäische Überseegeschichte 16 (2016), S. 135–158.
– Berliner Kongress „Restorative Justice after Genocide", in: Africa Positive, Nr. 64 (2017), S. 12–14.
– Weltkulturmuseum? Koloniale Schatzkammer? Das Berliner Humboldt Forum in der Krise. Plädoyer für eine radikale Ehrlichkeit, in: Marianne Bechhaus-Gerst/Joachim Zeller (Hrsg.): Deutschland postkolonial? Die Gegenwart der imperialen Vergangenheit, 2. aktualisierte und erweiterte Aufl., Berlin 2021, S. 552–579.
– Rückgabe von Gebeinen an Namibia – und wieder ein Eklat, in: Africa Positive, Nr. 71 (2018), S. 14 f.
– Von leeren Kisten und kolonialen Elefanten. Eine künstlerische Intervention von Philip Kojo Metz im Berliner Humboldt Forum provoziert Fragen zum (Post-)Kolonialismus und stößt auf ein geteiltes Echo, in: Africa Positive, Nr. 76 (2020), S. 40.
– Failed Museum, in: afrika süd. Zeitschrift zum südlichen Afrika (Jan./Febr. 2022), S. 35–37.
– In „erheblichem Maße Vorschub geleistet". Zur Rolle Wilhelm II. in der deutschen Kolonialpolitik, in: iz3w. informationszentrum 3. welt, Nr. 396 (Mai/Juni 2023), S. 44–46.

Zeuske, Michael: Der andere Entdecker: Alexander von Humboldt, in: Ulrich van der Heyden/Joachim Zeller (Hrsg.): Kolonialismus hierzulande. Eine Spurensuche in Deutschland, Erfurt 2007, S. 90–94.

Zwischenraum Kollektiv (Hrsg.): Decolonize the City! Zur Kolonialität der Stadt – Gespräche | Aushandlungen | Perspektiven, Münster 2017.

Links:

afrikahaus-berlin.de
berlin-postkolonial.de
dekoloniale.de
decolonize-mitte.de
no-humboldt21.de
kolonialismus-begegnen.de
afrotak.tv/black-berlin-biennale.html
justlisten.berlin-postkolonial.de
barazani.berlin
afrika-berlin.de
kolonialismusimkasten.de
eineweltstadt.berlin/publikationen/stadtneulesen
genocide-namibia.net
berlin-global-ausstellung.de
arcgis.com/apps/MapSeries/index.html?appid=9fb2779479e44fe391808 9636970029d
smb-digital.de
Digitalbenin.org
postcolonialpotsdam.org

Die Autoren

OUMAR DIALLO, geb. 1953 in Kankan/Guinea, Diplomsoziologe, Geschäftsführer des Afrika-Hauses in Berlin, lebt und arbeitet seit 1984 in Berlin. 2003 erhielt er für seine Arbeit den Integrationspreis der Bezirksverordnetenversammlung Berlin-Mitte. 2010 wurde er für die Hauptstadtkampagne „be Berlin. Berlin dein Gesicht – Berliner engagieren sich" ausgewählt.

JOACHIM ZELLER, Dr., geb. 1958 in Swakopmund/Namibia, Historiker in Berlin. Zahlreiche Veröffentlichungen, u. a.: Weiße Blicke. Schwarze Körper. Afrika(ner) im Spiegel westlicher Alltagskultur (2010); Wilde Moderne. Der Bildhauer Fritz Behn (2016); Deutschland postkolonial? Die Gegenwart der imperialen Vergangenheit (2018, 2. Aufl. 2021) (Mitherausgeber).